ハヤカワ文庫 NF
〈NF606〉

オッペンハイマー
〔中〕
原爆

カイ・バード&マーティン・J・シャーウィン
山崎詩郎監訳／河邉俊彦訳

早川書房
9027

AMERICAN PROMETHEUS

The Triumph and Tragedy of
J. Robert Oppenheimer

by

Kai Bird and Martin J. Sherwin

Japanese edition translated and supervised by
Shiro Yamazaki
Translated by
Toshihiko Kawanabe
Published 2024 in Japan by
HAYAKAWA PUBLISHING, INC.
This book is published in Japan by
arrangement with
ALFRED A. KNOPF,
an imprint of THE KNOPF DOUBLEDAY GROUP,
a division of PENGUIN RANDOM HOUSE, LLC.
through THE ENGLISH AGENCY (JAPAN) LTD.

「パーティーでの彼（ロバート）はすごかった。女性はみんなイチコロよ」。ドロシー・マッキビンは言う

オッペンハイマーはロスアラモスの山荘にマッキビン（左女性）とビクター・ワイスコップ（右）を招待した

上はロスアラモスでの科学セミナー。（左から右の順で）ノリス・ブラッドベリー、ジョン・マンリー、エンリコ・フェルミ、J・M・B・ケロッグが前列に座っている。その後ろにオッペンハイマー、リチャード・ファインマン、フィリップ・ポーターが見える

下は理論部門責任者のハンス・ベーテ

ロバートは弟のフランク（中央でアルファ・カルトロンを点検している）を1945年にロスアラモスへ呼び寄せ、最初の原爆実験「トリニティ」に参加させる

レスリー・グローブス将軍（右。国防長官ヘンリー・スティムソンと）はロスアラモスでの原爆プロジェクトの責任者にオッペンハイマーを選んだ

1944年末、「トリニティ」実験の場所探しのためニューメキシコ南部を移動中に、コーヒーを注ぐオッペンハイマー

ポークパイハットをかぶったオッペンハイマーが、実験数時間前に「トリニティ・サイト」の塔のてっぺんで「ガジェット」の上に身を乗り出している。下は原爆実験の爆発

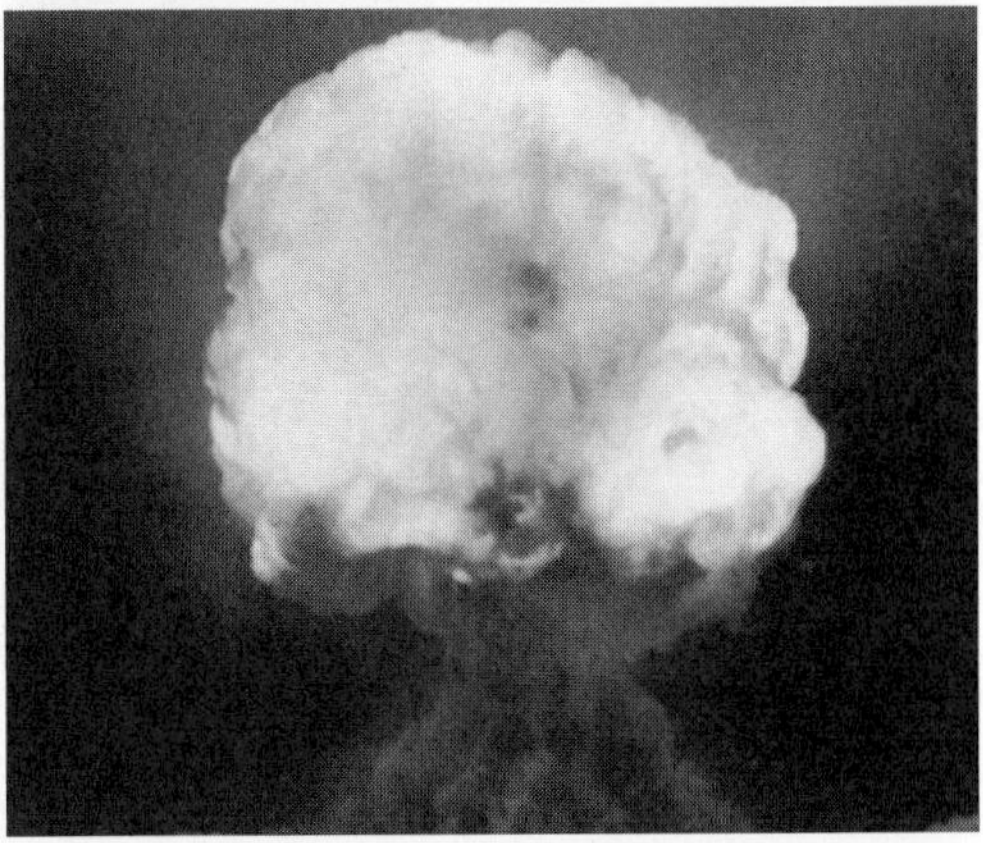

原爆投下後の広島。広島・長崎で殺された約22万5000人のうち95パーセント以上が民間人で、多くは女性と子供だった。被害者の少なくとも半分が、爆発後数カ月以内に放射線被害で死亡した。山端庸介による母子の写真（右）は、長崎原爆投下後24時間以内に撮影されたものである

アーネスト・ローレンス、グレン・シーボーグ、オッペンハイマー。「現代のプロメテウスたち、再びオリンポス山を急襲。人類のために文字通りゼウスの雷を持ち帰った」と《サイエンティフィック・マンスリー》誌は述べた

オッピーのポークパイハットを表紙に掲げた《フィジックス・トゥデイ》誌

ハーバード大学は（ジェームズ・コナント、バネバー・ブッシュと共に）オッペンハイマーを同大学監査理事会のメンバーに選出した

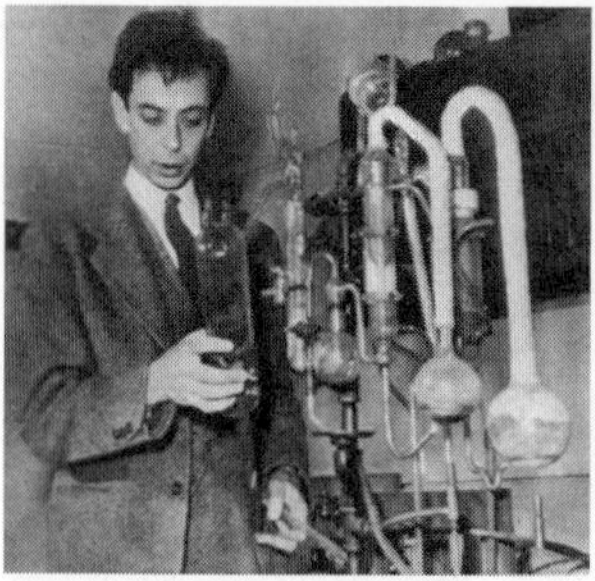

才能ある実験物理学者であったフランク・オッペンハイマー（上）は、過去の共産党員歴が明らかになり1949年にミネソタ大学の職を失った。コロラド州で牛の牧場主になる

アン・ウィルソン・マークスは、1945年にオッピーの秘書となる。その後オッピーの友人で弁護士のハーバート・マークス（上写真右・ボートのデッキで寝ている）と結婚

カルテックのリチャード・トールマンと妻のルース。彼女は著名な臨床心理学者で、ロバートが深く愛した女性の一人でもあった

目次

第Ⅳ部

＊訳者による注は〔　〕で示した。
＊口絵・本文写真クレジットは下巻にまとめて収録した。

【上巻　目次】

第Ⅱ部

【下巻　目次】

第Ⅳ部（承前）

第Ⅴ部

オッペンハイマー

〔中〕原爆

第Ⅱ部（承前）

第14章　シュバリエ事件

わたしはシュバリエに話し、シュバリエはオッペンハイマーに話した。オッペンハイマーはこれにかかわりたくないと言った。

ジョージ・エルテントン

人の一生は、ささいな出来事で変わるものだ。ロバート・オッペンハイマーにとって、この出来事は一九四二年から四三年の冬、イーグルヒルの自宅で起こった。それは友人との短い会話にすぎなかった。しかしそこで話されたこと、またオッピーが選んだ対処方法が、その後の彼の人生を形づくった様相は、ギリシャの古典悲劇、シェークスピアの悲劇と対比したくなるほどである。それは「シュバリエ事件」として知られることとなり、永い間にある意味で映画『羅生門』的な内容を帯びることになる。これは一九五一年の黒澤明の映画で、ある出来事の描写が登場人物それぞれの見方によって異なるという内容である。

シュバリエ一家が近くバークレーを離れることを知ったロバートと妻のキティは、静かに夕飯を食べようと彼らを自宅に招待した。彼らはハーコン・シュバリエとバーバラを特に親しい友人と考えていたので、特別にさよならを言いたかったのだ。シュバリエ夫妻が到着したとき、オッピーは台所に入ってマティーニのトレイを用意しようとした。ハーコンが後に続いて台所に入り、共通の知人ジョージ・エルテントンと最近交わした会話について話した。エルテントンは英国生まれの物理学者で、ケンブリッジを出てからシェル石油に勤めていた。

シュバリエとエルテントンが、それぞれ何を話したかは、正確には歴史のみぞ知るである。どちらもその場でメモを取っていない。話題は法外な提案であったかもしれないが、その時は二人とも重大な情報交換と考えた様子はない。シュバリエの話によると、エルテントンはシュバリエに、友人のオッペンハイマーがかかわっている科学的作業の情報を、エルテントンが知っているソ連大使館のある外交官に渡すよう、オッペンハイマーに頼んでほしいと要請したという。

シュバリエ、オッペンハイマー、エルテントンいずれの話でも、オッピーが怒って、「これは『反逆罪』だぞ。ぼくはエルテントンの計画にはかかわりたくない」と話したとされている。米国内の親ソ連派は命がけで闘っているのに、ワシントンの反動派はソ連が当然受ける権利のある支援を怠っている、という議論がバークレーの左翼の間で囁かれていた。エルテントンがこの議論を蒸し返したと聞いても、オッペンハイマーは動じなかった。

シュバリエは、単にエルテントンの提案をオッピーに伝えただけで、仲立ちをしているわけではないと常に主張した。いずれにせよこれは、友人が言ったことに対して、オッペンハイマーが加えた解釈である。そのような事情を知っていたのでオッペンハイマーは、ソビエトの存続について、ハーコンの過敏すぎる心配だとして、しばらくの間そのことを無視することができたし、最終的にはそのことを葬り去ることにした。彼は、すぐ当局に知らせるべきだったのだろうか？　もしそうしていたならば、彼の人生は非常に違ったものになっていただろう。しかしその時は、最悪の場合でも熱心すぎる理想主義者くらいに思っていた親友を巻き込むことになると思い、彼は当局に通報できなかった。

マティーニが出来上がり、会話は終わり、二人は妻たちのいる部屋に戻った。

彼の回顧録『ある友情の物語』の中でシュバリエは、彼とオッペンハイマーがエルテントンの提案について、短い話をしただけだと述べている。彼はオッピーに情報提供を強要したことはなく、単にエルテントンがソ連の科学者と情報を共有する手段を提案した、という事実を伝えたにすぎないと主張している。彼は、オッピーがそれを知っていることが重要であると考えた。「彼は目に見えて困った顔をした。われわれは意見を一、二交換した。それだけだ」。シュバリエは書いている。マティーニとともにリビングルームに戻り、妻たちに加わった。十九世紀初期にフランスで出版された菌類学に関する本を、キティが買ったばかりなのをシュバリエは思い出した。この本にはキティの好きな蘭が、手描き、色つきで載っていた。マティーニを飲みながら、二組のカップルは食事前にその美しい本を読んだ。その後シュバリエは、「さっきの話を全部、心の中から退けた」。

一九五四年の身分保証聴聞会でオッペンハイマーは、シュバリエが彼の後について台所に入ってくると、「最近ジョージ・エルテントンに会った」というようなことを言ったと証言した。シュバリエは続けて、「エルテントンには技術情報をソ連の科学者に渡すルートがある」と言った。オッペンハイマーは続けた。「私は、『それは反逆罪だ』と『シュバリエに』言ったように思う。しかし確かではない。いずれにしろ何かは言った。『これは、大変な行為だ』と、シュバリエは言ったか、あるいは完全な合意を表した。それで話は終わった。短い会話だった」

ロバートの死後、キティはこの物語について別の面から語った。ロンドンでバーナ・ホブソン（オッピーの以前の秘書でキティの友人）を訪ねたとき、キティは次のように話した。「シュバリエが家に入ってきたとき、何かが起こっていると分かった」。彼女は男性たちを二人きりにしないよう心がけた。とうとうシュバリエは、ロバートと二人になれないことが分かると、彼女のいる前で、エルテントンとの会話について話した。「しかし、それは反逆罪になるわ！」と、口にしたのは自分だと、キティは言った。この見方によると、オッペンハイマーはキティを巻き込まない決心だったので、彼女の言葉を自分のものだとし、エルテントンの話が出たとき台所にいたのは、あくまで自分とシュバリエだけだったとしている。他方シュバリエは、彼とロバートがエルテントンの提案を議論している間、キティは台所に決して入ってこなかったと常に主張したし、バーバラ・シュバリエの記憶でもキティは含まれていない。

数十年後バーバラは離婚した妻としての敵意もいくらか含んで、やや異なる見方を「日記」に書いている。「ハーコンがオッピーに話したとき、わたしは、もちろん台所にいなかった。しかし、彼が何を話そうとしていたか、わたしは知っていた。また、オッピーがやっていることを見つけては、エルテントンに報告することについても、一〇〇パーセント賛成していたことも知っている。オッピーがロシアに協力することに賛成するだろうと、ハーコンは信じていたとも思う。前もって二人で、その問題について大喧嘩したから覚えている」

バーバラがこれを書いたのは四十年近く後のことだったが、先夫に対するバーバラの採点は厳しかった。彼女は先夫のことを、「先の見えない、観念が固定した、習慣も変えられない」愚か者だと考えた。エルテントンのアプローチがあった直後、「ロシア人が知りたがっている」と、ハーコンは彼女に話した。彼女が覚えているかぎり、オッペンハイマーの問題を深追いしないよう、彼女は夫を説得しようとした。

「状況が不合理でおかしいことだと、彼の心に浮かばなかった」と、彼女は未発表の回顧録に一九八三年に書いた。「このおめでたい現代フランス文学の先生は、オッピーがやっていることをロシアへ報告するパイプになろうとした」

オッペンハイマーがエルテントンを知ったのは、建築・技術・化学・工学労働者同盟（FAECT）のために、組合が主催したミーティングに二人が出席したときだった。エルテントンは、オッペンハイマーの家で開催されたこの組合ミーティングの一つに出席したことがあった。彼は四、五回エルテントンに会っている。

エルテントンは、やせて北欧系の顔つきをした男性で、彼の妻ドロシア（ドリー）はイギリス人だった。ドリーは英国貴族ハートリー・ショークロス卿のいとこであったけれども、エルテントン夫妻の政治観は明らかに左翼だった。一九三〇年代中ごろ、ジョージ・エルテントンが英国系の会社に勤めていたレニングラードで、彼らは直接ソビエトの社会的実験を見聞した。

シュバリエは一九三八年、ドリー・エルテントンに初めて会った。そのとき、彼女はサンフランシスコにあったアメリカ作家連盟のオフィスに乗り込んで、秘書サービスをやらせてほしいと申し出た。ドリーの政治信条は、どちらかというと夫よりも急進的で、サンフランシスコの親露的な組織、米露協会で秘書として働いていた。バークレーへ移っても、カップルは自然に左翼のサークルに引きつけられた。シュバリエは、オッペンハイマーが参加する同じ基金調達パーティーで、何度も彼らに会った。

それである日、エルテントンが彼に電話をかけ話がしたいと言うと、シュバリエは一両日のうちに、クラグモント通り九八六番地にあったエルテントンの家まで出向いた。エルテントンは、戦争とその未だ不確かな先行きについてまじめに話をした。彼の指摘によると、ドイツ国防軍の五分の四は東部戦線に投入されているため、ソビエトはナチ猛攻の矢面に立たされており、アメリカ人が武器と必要な技術で、どれくらい効果的に同盟国のロシアを援助できるかが、大きなカギを握っているし、ソビエトとアメリカの科学者の間に、緊密な協力体制が存在することが、非常に重要だという。

エルテントンにはピーター・イワノフが接近してきた。彼はサンフランシスコのソ連総領事館の書記官と見られていた（実は、イワノフはソビエトの情報将校であった）。イワノフは、「ソ連政府としてはさまざまな点で、当然得られるべき科学的・技術的な協力を得ていないと感じている」と述べた。それから彼はエルテントンに「丘の上で」何が行われているか知らないか、と尋ねた。バークレー研究所のことだ。

一九四六年に、FBIがシュバリエ事件についてエルテントンを調べたとき、彼はイワノフとの会話を次のように再現した。「何が行われているか個人的にはほとんど知らないと、わたしは彼（イワノフ）に話した。すると彼は、ローレンス博士、オッペンハイマー博士、思い出せないが後一人の名前を挙げて、知っているかと訊いた（その後エルテントンは、イワノフが挙げた三人目の科学者はルイ・アルバレスであったと思い出した）。オッペンハイマーだけは知っている、しかし問題を話し合うほどではない、と答えた。イワノフはもう一押しして、オッペンハイマーに接近できる人を他にだれか知らないか、と尋ねた。問題をじっくり考えて、たった一人考えつくのは、共通の友人ハーコン・シュバリエだ、とわたしは言った。この問題をシュバリエと議論してくれる気があるかどうか、彼はわたしに訊いた」

エルテントンによると、シュバリエは「かなり逡巡《しゅんじゅん》したうえで」、オッペンハイマーに接近することに同意した。もしオッペンハイマーが何か役立つ情報を持っていたら、イワノフにはそれを「安全に移送する」方法があることを、エルテントンはシュバリエに保証した。エルテントンの話からすると、二人は何をしようとしているか、はっきりと分かっていた。「報酬の問題をイワノフ氏は持ち出したが、自分は仕事に対して見返りを受け取りたくなかったので、金額には触れなかった」

二、三日後、シュバリエはオッペンハイマーに会ったことを彼に知らせ、「データを手に入れるチャンスはまったくなかったこと、またオッペンハイマー博士はうんと言わなかったと伝えた」。エルテントンは一九四六年にFBIにこのように話した。イワノフは後でエルテントンの家に寄って、同様に、オッペンハイマーが協力しないと聞かされた。

エルテントンの話の正確性は、もう一つのFBI聴取記録からも確認できる。FBI捜査官がエルテントンを調べていた同じ時期に、もう一つのチームはシュバリエを連行して類似の質問をした。彼らの事情聴取が進行するにつれて、二つのチームは電話によって彼らの質問内容を調整し、各々の男の記憶を他のものと照合して、矛盾がないかを徹底調査した。結局は、彼らの陳述には小さな相違があっただけであった。シュバリエは記憶しているかぎり、エルテントンの名前をオッペンハイマーには漏らさなかったと言っている（もっとも回顧録の中では漏らしたと言っているが）。そして、エルテントンがローレンスとアルバレスに言及したことを、シュバリエは質問者に言わなかった。「わたしの現在の知識と記憶に基づくかぎり、わたしは放射線研究所の仕事に関する情報を求めて、オッペンハイマー以外にはだれにも接近しなかったことを申し述べたい。わたしは、この情報を得られたらよいと、特定できない何人かに言ったことはあるかもしれない。わたしはこれに関して、別の具体的な提案をしたことは決してないことを確信している」。彼が言うには、オッペンハイマーは、「わたしのアプローチを議論もせずに拒否した」。

言い換えると二人の男は、科学的情報をソビエトに漏らすことについて、相談したことを告白しているが、オッペンハイマーはそのアイデアを即座に拒絶したことを、それぞれが確認している。

永年にわたって歴史家は、エルテントンがソビエトのエージェントで、戦時中にリクルーターとして働いたと推測してきた。一九四七年に、彼の聴聞の詳細がＦＢＩ側から漏れ始めたとき、彼は英国へ逃げ、生涯この件について話すことを拒否した。エルテントンはソビエトのスパイだったのか？　確かに、彼が戦争プロジェクト周辺の科学情報をソビエトに漏らすことを提案した事実は、だれも異議を唱えることができない。しかし、一九四二年から四三年の彼の行動を調査したものを見ると、重大なソビエトのエージェントというより、むしろ道を誤った理想主義者であった可能性が強いことを示唆している。

一九三八年から一九四七年までの九年間、エルテントンは隣人のエルベ・ボーグと毎日、車を乗り合わせてシェルの仕事場に通っていた。かつてオッペンハイマーの講義を聴いたことがある物理化学者のボーグも、バークレーから車で八マイルの距離にある、エメリーベルのシェルの施設に勤務していた。一九四三年には、その他に四人の男性が彼らと車の相乗りをしていた。政治理念はかなり中道なイギリス人のヒュー・ハーベイ、政治的には左翼であったリー・サーストン・カールトン、それにハロルド・ラックとダニエル・ルーテンであった。彼らは相乗り仲間を「燻製《くんせい》ニシン・ドライブ・クラブ（デマ情報クラブ）」と呼んだ。ルーテンが彼らの活発な議論の中で、いつもデマ情報を持ち込んだからである。ボーグは、これらの「ドライブ・クラブ」での会話を鮮やかに思い出す。「バークレーの放射線研究所で、何か重要なことが進行していることは、皆が知っていたと思う。それは明らかだった。人々が集まっては、ヒソヒソ話をしていた」

ある日彼らが車で出勤の途中、エルテントンは戦争のニュースについて講説して言った。「ぼくはナチよりもロシアが戦争に勝ってほしい。その助けになるなら、できることは何でもやる」。ボーグによると、エルテントンは次のように主張したそうである。「ぼくは、シュバリエかオッペンハイマーに話をして、ロシア人の役に立ちそうなどんな情報でも、喜んで送るつもりだ」

ボーグは、エルテントンが主張する政治的見解を、良く言って単純、未熟であると思った。最悪の言い方をすれば、彼は「ロシア領事館のカモ」であった。エルテントンは、サンフランシスコのソビエト領事館の友人について公然と話し、情報は領事館との接触を通じてロシアに送ることができると自慢した（事実FBI捜査官は、一九四二年中に彼が何度もイワノフと会っているのを見た）。エルテントンが、一度ならずこの話を取り上げたことを、ボーグは思い出す。「彼は絶えず言っていた。『あのね、われわれはロシア人と同じ側で戦っているんだよ。なぜ、彼らを助けてはいけないのだ』と」。同乗している仲間のだれかが、こういった問題は公式なチャンネルを通さなくてはいけないのでは、と質問したとき彼は答えた。「ぼくは自分ができることをやるよ」

しかし数週間後に、彼はボーグやその他の人に告げた。「ぼくはシュバリエと話し、シュバリエがオッペンハイマーに話した。オッペンハイマーの反応は、これには関係したくないということだった」。エルテントンは失望した様子だったが、ボーグはこれでエルテントンの小さな計画は終わったと、かなり確信した。

この話は、ボーグが一九八三年に筆者マーティン・シャーウィンに語ったものだが、一九四〇年に彼がFBIに語ったことを補強している。戦後ボーグは、エルテントンとの関係が災いして失職同然だった。もし彼がFBIの情報提供者の役を引き受ければ、彼の名前をリストから消去してもよいとFBIが持ちかけたとき、ボーグはこれを断った。

しかしFBIは彼を説得して、エルテントンに関する次の陳述に署名するよう求めた。以下はその抜粋である。「ジョージとドリー・エルテントン夫妻は、明らかに疑わしい性格である。彼らはソビエト連邦に住んでいたことがあり、かの体制に公然と同情的だった。ジョージは第二次世界大戦中、ロシア国民を援助する公然たる努力を行った」。「燻製ニシン・ドライブ・クラブ」におけるエルテントンとの会話を記述したボーグは、次のように書いている。「われわれは共産主義の悪をジョージに納得させることは絶対できなかった。そして、彼はわれわれのだれをも自分の意見に同調させたことはない」

何年も後になって、エルテントンの名前が一九五四年のオッペンハイマー聴聞会で出たとき、ボーグは政府がまったくエルテントンのことを誤解しているように思った。「彼が本物のスパイだったならば、公然とそれを話すことはなかっただろう。もっと違ったタイプの人間のフリをしたはずだ」

第Ⅲ部

第15章　彼は非常な愛国者になっていた

わたしは彼と一緒にいると、人物が大きくなる気がした。わたしは非常なオッペンハイマー好きになり、まさに彼を偶像視した。

ロバート・ウィルソン

ロバートは新しい人生を始めていた。広範囲にわたるマンハッタン計画の多様な仕事を統括し、使用可能な核兵器を早急に形づくる兵器研究所の責任者として、彼は未だ備えていなかった能力も振り絞り、これまで想像もしなかった問題に対処し、以前のライフスタイルとは相反する仕事の習慣を身につけ、感情的にはすっきりしない未経験の態度や振る舞い（たとえばセキュリティへの配慮など）に適応しなければならなかった。三十九歳のロバート・オッペンハイマーが成功するためには、知性までもとは言わないが、人格の相当部分を組み立て直さなければならなかったと言っても過言ではないだろう。しかも、それを短時間にやらねばならなかった、新しい仕事のあらゆる局面が、急速に進展した。オッペンハイマーの変貌を含めて、このスケジュールどおりに進められるものは不可能でほとんどないと思われた。それでも、彼の献身と意欲によって、かなり達成された。

ロバートは、物理学への情熱と、ニューメキシコの砂漠高地に強く引き付けられる気持ちをつなぎ合わせることを、夢見ることがしばしばあった。そしてチャンスが巡ってきた。一九四二年十一月十六日に、彼と同じくバークレーの物理学者エドウィン・マクミランは、ジョン・ダドリー少佐に同行して、サンタフェの北西四〇マイルにある深い峡谷へメススプリングまで出かけた。提案されている新しい兵器研究所にふさわしい場所として、ダドリーは米国南西部の候補地を何十も調べ上げたうえで、ヘメススプリングに白羽の矢を立てた。オッペンハイマーは、馬での旅行の記憶からここが「素敵な場所で、あらゆる点で満足できる」ことを覚えていた。

しかし、三人がヘメススプリングに着いたとき、オッペンハイマーとマクミランは、峡谷の底の蛇状の土地があまりに狭く限られており、建設を構想していた町には適さないとして、ダドリーと議論を始めた。オッペンハイマーは、すばらしい山岳風景が見えず、峡谷が急すぎてフェンスで囲い込むことはほとんど不可能だと不満を述べた。「われわれが議論しているとき、グローブス将軍が現れた」。マクミランが回想する。グローブスは現地を見るなり、「これは駄目だ」と言った。彼はオッペンハイマーを振り向いて、見込みのある場所が近くにあるかと尋ねたとき、「オッピーは、まるで真新しいアイデアであるかのように、ロスアラモスを提案した」。

「峡谷を登っていくと、メサの上に出ます。そこに牧童を教育する学校があり、候補地として使えるかもしれません」。男たちはしぶしぶ車に乗り込むと、パハリト（小鳥）と呼ばれる溶岩台地を横切り、北西に三〇マイルほどドライブした。彼らがロスアラモス牧場学校に着いたときは、すでに午後遅くであった。こぬか雨のような雪のもやを通して、オッペンハイマー、グローブス、マクミランは、ショートパンツでグラウンドを走り回っている一団の男子学生を目にした。八〇〇エーカーある学校の敷地には、本館である「ビッグハウス」、八〇〇本の太いポンデローサ松材を使って一九二八年に建てられた、フラー・ロッジと呼ばれる美しい元地主の邸宅、素朴な寄宿舎、その他二、三の小さな建物が建っていた。ロッジの後方に、生徒が冬場はアイススケート、夏場はカヌーに使う池があった。学校は、標高七二〇〇フィートに建っていたが、これはほぼ樹木限界線である。西には雪を頂いたヘメス山脈、一万一〇〇〇フィートが聳《そび》えている。フラー・ロッジの広々としたポーチから、オッペンハイマー最愛のサングレデクリスト山脈が、リオ・グランデ峡谷を挟んで四〇マイル東に見える。高さは一万三〇〇〇フィートである。一説によると、グローブスはこの景色を見るや、「これだ！」と突然声を発したという。

二日の内に、軍は学校買収の書類準備を始め、急いでワシントンを往復したオッペンハイマーは、四日後にはマクミラン、アーネスト・ローレンスと共に再び現地へ調査に戻った。その土地には「サイトY」という名前が付けられていた。カウボーイブーツをはいたオッペンハイマーは、ローレンスと共に校舎巡りをした。機密保持のために、彼らは偽名で自己紹介した。しかし、ロスアラモスの学生スターリング・コルゲートは、科学者がだれであるか見破った。「突然われわれは戦争がここまでやってきたことを理解した」と、コルゲートは思い出して言う。「これら二人の人物、スミス氏とジョーンズ氏が現れた。一人はポークパイハットを、もう一人は普通の帽子をかぶっており、二人はまるでここの所有者のように歩き回っていた」。ハイスクールの最上級生であったコルゲートは物理学を勉強しており、教科書でオッペンハイマーとローレンスの写真を見たことがある。まもなく、ブルドーザーと建設関係者一団が校庭を占拠した。もちろんオッペンハイマーはロスアラモスを熟知していた。ペロカリエンテは、台地を横切って馬で四〇マイル行ったところにある。オッペンハイマーとフランクは夏休みになると馬に乗って、何度もヘメス山脈を探検したことがあった。

オッペンハイマーは、サングレデクリスト山脈のすばらしい眺望という、自分が望んでいたものを手に入れた。そして、グローブス将軍は、細い曲がりくねった砂利道と電話線一本しかない孤立した土地を手に入れた。建設班は次の三ヵ月間で、屋根板かトタン葺《ぶ》きの安っぽいバラックを建設した。類似した建物が建設され、化学と物理の応急の研究所として使われた。一切が、アーミーグリーンに塗られた。

当時ロスアラモスに降りかかったまったくの混沌に、オッペンハイマーは気づかないかに見えた。しかし何年もたってから、「美しい場所を駄目にしたのはわたしの責任だ」と告白した。プロジェクトに必要な科学者を集めることに夢中で、小さな町の建設にかかわる管理的な仕事に割く時間はなかった。オッピーがアシスタントの一人として採用した実験物理学者ジョン・マンリーは、この場所に重大な不安を持っていた。マンリーはシカゴから到着したばかりだった。シカゴではイタリアから亡命した物理学者エンリコ・フェルミがチームを率いて、一九四二年十二月二日に、世界初の制御された核連鎖反応実験を行った。シカゴは大都市で、有名な大学、世界水準の図書館があり、経験豊かな機械工、ガラス職人、エンジニア、その他技術者の大きな連合体を利用できた。ロスアラモスには何もなかった。マンリーは書いている。「われわれがやろうとしていたのは、ニューメキシコの荒野に新しい研究所を建てることであった。元からある施設といったら、牧場学校の生徒用図書館くらいで、蔵書も生徒が読んだホレイショ・アルジャーとかそんな程度の本しかなかった。彼らが乗馬旅行に行くとき使うパック用具はあるが、どう見たって中性子製造加速機を造る役に立つとは思えなかった」。マンリーは思った。オッペンハイマーが実験物理学者であったならば、「実験物理学の実に九〇パーセントは配管工事である、ということが分かっていただろうに」。そして彼は、このような場所に研究所を造ることに決して同意しなかった。

資材の輸送は難渋《なんじゅう》を極めた。オッペンハイマーと当初の科学者グループは、一九四三年三月中旬までにロスアラモスに着任する計画であった。その時までには、都市エンジニアが運営する生存可能なコミュニティが出来上がっているはずだと、ロバートはハンス・ベーテに保証していた。独身者用区画と、一ベッドルームから三ベッドルームまでの家族用住宅が用意される。これらの家具付きの区画にはすべて電気が通っているが、機密保持の理由から電話はなかった。台所には、薪《まき》ストーブと湯沸かしヒーターが備えてある。暖炉と冷蔵庫も付くはずだ。使用人が用意され、家事や重労働があれば依頼できることになっている。子供のための学校や図書館、洗濯屋、病院が造られ、ごみ収集もしてくれる。陸軍のPX（売店）が、地域のスーパーマーケットの役割を果たし、通信販売も扱うことになっている。レクリエーション担当は定期的な映画会と、近くの山へのハイキング旅行を催す。そして、ビール、コーク、簡単な昼食が手に入るバー、独身者用に定期的に開く食堂と、夫婦が夜に外食することができる「洒落た」カフェを造るとオッピーは約束した。

研究所のために彼らは、ミシガン大学からヴァンデグラフ起電機二台を、ハーバード大学からサイクロトロンとイリノイ大学からコッククロフト-ウォルトン装置をそれぞれ一台ずつ注文した。どれも欠かせないものだった。ヴァンデグラフ起電機は、基本的な物理学の測定のために用いられる。コッククロフト-ウォルトン装置（最初の粒子加速器）は、いろいろな元素を他の元素に人工的に変換する実験のために必要だった。

ロスアラモスの建設、科学者の採用、世界初の核兵器研究所のために必要なすべての器材の組立ては、非常に注意深くてさらに忍耐強い管理者を必要とした。一九四三年初めのオッペンハイマーは、このどちらでもなかった。彼は大学院生のセミナーより大きなものを監督した経験はなかった。一九三八年、彼は一五人の大学院生を預かっていたが、今では科学者と技術者合わせて数百人の仕事を指示しており、まもなくこれが数千人になろうとしていた。それに仲間も、彼がこの仕事に性格的に向いているとは思っていなかった。

「わたしが知っている一九四〇年以前の彼は、ちょっとした変わり者、ほとんど職業的な変人だった」。当時アーネスト・ローレンスの下で研究していた若い実験物理学者ロバート・ウィルソンは回想する。「彼は管理者というタイプでは、まったくなかった」。一九四二年十二月になっても、ジェームズ・コナントはグローブスに手紙を書いて、コナントとバネバー・ブッシュが、「リーダーとして適切な男を選んだかどうか疑問に思っている」と、述べている。

ジョン・マンリーにさえ、オッピーの代理として務めることについての大きな不安があった。「わたしは彼の明白な博識と、ありふれたものに対する関心の不足を、いくぶん怖く思った」と、マンリーは振り返る。マンリーは、特に研究所の組織について心配した。「何カ月たっても、これはだれの仕事、あれはだれの仕事という、いわゆる組織図がはっきりしないので、わたしはオッピーにうるさく言った」。オッペンハイマーが彼の嘆願を無視したので、ついに一九四三年三月のある日、マンリーはルコント・ホールの最上階まで上がって、オッペンハイマーのオフィスのドアを開いた。オッペンハイマーは顔を上げマンリーが立っているのを見た瞬間、彼が何を望んでいるか正確に理解した。一枚の紙をつかみ机の上にそれを置くと、次のように言った。「これがあなたの言う組織図だ」。オッペンハイマーは、研究所の中に四つの大きな部門を想定した。実験物理学、理論物理学、化学と冶金学、それと最後に兵器の四部門だ。これらの部門内のグループ・リーダーが部長に報告する。そして、部長はオッペンハイマーに報告するというのだ。これはほんの始まりだった。

一九四三年前半に、オッペンハイマーは二十八歳のロバート・ウィルソンをハーバードに派遣し、ハーバードのサイクロトロンが無事ロスアラモスに出荷されるよう手配させた。三月四日に、ウィルソンはロスアラモスに到着し、サイクロトロンを設置する建物を点検した。彼が見たのはまったくの混沌であった。スケジュール表はなく、計画もなく、命令系統も確立していないように見えた。ウィルソンはマンリーに状況を説明して不満を言った。そして二人は、オッペンハイマーに文句を言わなければならないことで意見が一致した。バークレーでの彼らのミーティングは惨憺《さんたん》たるものだった。オッペンハイマーは怒って、彼らを汚い言葉でののしった。びっくりしたウィルソンとマンリーは、なぜオッペンハイマーが挑戦する気満々になったか分からないまま立ち去った。

代々にわたってクエーカー教徒であるウィルソンは、ヨーロッパで戦争が勃発したときは平和主義者であった。「だから、このような恐ろしいプロジェクトで働いていることは、わたしにとって実は大変な変化であった」。しかしロスアラモスで知っているだれもそうだが、ウィルソンが最も恐れていたのは、ナチスが先に核兵器を造って戦争に勝つかもしれないという見通しであった。そして個人的には未だに、原子爆弾は不可能であるとだれかが証明してくれないかと望んではいるが、もし可能であれば造りたいと考えていた。勤勉で生まじめなウィルソンは、まずオッペンハイマーの傲慢な態度に悩まされた。「わたしは、彼のことがちょっと嫌いだった」と、彼は後に言った。「彼は生意気な男で、ばかな人間は我慢ならなかった。そして、多分わたしは彼が我慢ならなかったばかの一人だったのだろう」

ロスアラモスへ移るまで、彼の性格と責任とがどれほど乖離《かいり》して見えていたとしても、最終的に彼は変化する能力を急速に示すことになった。数カ月後ウィルソンはロスアラモスで、彼のボスがカリスマ的で有能な管理者に変身したのを見て驚いた。かつては、変わり者の理論物理学者、長髪で左翼の知識人だったのが、今や第一級のきわめて組織されたリーダーになっていた。「彼には流儀があり、また彼には気品があった」とウィルソンは言う。「彼は非常に賢い男だった。そして、われわれが何か欠けているところを感じると、数カ月のうちにその欠点を直してしまった。そして管理の手続きについては明らかに、われわれ以上に知っていた。われわれの不安がどんなものであっても、たとえ何であっても、もちろん、すぐに和らげられた」。一九四三年夏までにウィルソンは気がついた。「彼と一緒にいると、自分が人間として大きくなった気がした。わたしは非常なオッペンハイマー好きになり、彼をまさに偶像視した。見方が一八〇度変わった」

それでも、これら初期の計画段階を通じて、オッペンハイマーはしばしば信じられないほど単純だった。彼がマンリーに示した組織図のうえで、彼は自分自身を研究所の責任者兼理論部門の長としていた。しかし両方の仕事をこなす時間がロバートにないことは、すぐに仲間に分かり、最終的には彼も分かった。そこで理論部門の長はハンス・ベーテに任すことになった。必要なのは、一握りの科学者だけであることも、彼はグローブス将軍に話した。ダドリー少佐の言うところによると、最初の敷地探しのときオッペンハイマーは、六人の科学者に大量のエンジニアと技師をあてがえば、仕事は完成できると言ったそうである。これは多分誇張だとしても、問題点は明白である。つまりオッペンハイマーは、最初仕事の規模をずっと過小評価していたのだ。当初の建設請負契約予算は三〇万ドル。しかし一年もたたないうちに、支出額は七五〇万ドルに膨れた。

ロスアラモスが一九四三年三月に開所したとき、一〇〇人の科学者、エンジニア、スタッフが新しいコミュニティに集まった。六カ月以内にそれが一〇〇〇人になり、一年後には、メサの人口は三五〇〇人になった。一九四五年夏までにオッペンハイマーの荒野の前《ぜん》哨《しょう》基地は、少なくとも民間人四〇〇〇人と、軍人二〇〇〇人の小さな町になった。彼らは三〇〇棟のアパート、五二の寄宿舎、約二〇〇台のトレーラーで生活した。「技術部」だけでプルトニウム精製所、鋳造工場、図書館、オーディトリアム、その他何十という研究室、倉庫を含む三七棟の建物が並んだ。

ほとんどすべての同僚の狼狽をよそに、オッペンハイマーは当初、新しい研究室のすべての科学者は認定軍人にならなければならないという、グローブス将軍の提案を受け入れた。一九四三年一月中旬オッペンハイマーは、自分の大佐任官辞令を受け取るために、サンフランシスコのプレシディオ陸軍基地を訪問した。彼は、実際に軍の身体検査を受け、不合格になった。軍医の報告によれば、体重一二八ポンドのオッペンハイマーは最低基準より一一ポンド少なく、彼の年齢と身長から測定した理想的体重より二七ポンド低かった。彼には一九二七年にさかのぼる「慢性の咳症状が」あることに軍医は気づき、また胸部レントゲン撮影の結果、結核の症例を確かめた。彼も、「腰椎と仙椎のゆがみ」の前歴を報告した。その説明によると、十日ごとくらいに左足を穏やかな痛みが下がっていくのを感じたという。これらすべての理由から、軍医は彼を「永久に、現役勤務不適格」と見なした。しかしすでに、オッペンハイマーには任務の関係から許可が下りなければならないことが、グローブスにより前もって医者に指示されていたので、彼は「上記の身体の障害」の存在を認め、そのうえで現役勤務の継続許可を要求する旨のメモに署名を求められた。

身体検査の後オッペンハイマーは、彼に合わせて仕立てた軍人の制服を支給された。彼の心中は複雑だった。おそらく、大佐のユニフォームを身に着けることは、自分のユダヤ人としての出自を気にしていた男性にとって重大な意味のある、目に見える受容のしるしであった。しかし制服を着ることは、一九四二年時点ではなすべき愛国的な行為でもあった。国中で男も女も、民族と国家を防衛する象徴的で原始的儀式として軍服を着た。制服を着ることはこの決意の表明であった。ロバートの精神は愛国心でいっぱいだった。「オッピーは、よく夢見るような表情をした」と、ロバート・ウィルソンが思い出した。「そして、この戦争はこれまでのどんな戦争とも違っているとわたしに話すのだった。それは、自由の原則についての戦争であった。戦争遂行の努力は、ナチスを倒して、ファシズムをひっくり返す大規模な努力であったことを、彼は確信していた。そして、彼は人民の軍隊と人民の戦争について話すのだった。話は、ほとんど変わらなかった。それは昔と同じ種類の（政治的な）話であった。しかし、昔はただ過激な味であったものが、そのころは愛国的な味わいを持っていた」

しかしながらオッペンハイマーが、物理学者をロスアラモスに招聘するための行脚を始めた直後、科学者たちは軍の規律の下で働かなければならないと聞いただけで、にべもなく拒絶反応を示した。一九四三年二月までに旧友イシドール・ラビほかの数人の物理学者は「研究所は非武装化すべきだ」と、彼を説得した。ラビは、オッピーが愚かなことをしたときに、彼を諫《いさ》めることができる数少ない一人だった。「今は戦争中だから、制服を着て仕事をするのは良いことだ、われわれを米国民にいっそう近づける、といったたわごとを彼は考えたのだ。戦争に勝ちたいと真剣に思っていることは分かるが、そんなことで爆弾は造れない」。彼は「非常に賢いと同時に、非常に愚かだった」。

その月末までに、グローブスは妥協案に同意した。研究室の実験中の科学者は一般人のままとする。しかし、兵器をテストするときには全員が制服を着る。ロスアラモスはフェンスで囲い駐屯《ちゅうとん》地と指定するが、研究所自体の「技術部」内において、科学者は「科学責任者」としてのオッペンハイマーに報告する。軍はコミュニティへの接近を管理するが、科学者間の情報交換は管理しない。その管理はオッペンハイマーの責任である。ハンス・ベーテはオッピーの軍との折衝結果を祝して、次のように手紙を書いた。「高度外交論の学位取得、おめでとう」

この問題に限らず、その他の組織上の問題でもラビは重要な役割を演じた。ベーテが後に次のように言った。「そもそもオッピーは、組織など持ちたくなかったのだから、ラビがいなかったら収拾がつかなかったはずだ。ラビと（リー・）デュブリッジ（当時MITの放射線研究所チーフ）がオッピーのところに来て言った。『組織を持たなければいけない。研究所を部に分け、部をグループに分ける。さもないと、絶対何も生まれない』。まあ、オッピーにとっては、まったく新しいことだった。ラビは、オッピーをより実用的に改造したのだ。彼はオッピーを説得して制服を脱がすことに成功した」

オッペンハイマーの大きな期待はずれの一つは、イシドール・ラビをロスアラモスに連れてくることができなかったことだ。彼はラビが参加してくれることを切望していたので、研究所副所長のポストを提案したが、ラビを説得できなかった。ラビは爆弾を造るという考え自体に、基本的な疑いを持っていた。「わたしは一九三一年以来、日本人が上海の郊外を爆撃している写真を見てからずっと爆撃には強く反対してきた。爆弾を落とせば、それは正義にも不正義にも、同じように降りかかる。それからは脱出しようがない。思慮分別のある人も、正直な人も逃げることができない。ドイツとの戦いの間、（放射線研究所の）われわれは確かに爆破装置の開発を手伝った。しかし、これこそが本当の敵であり、深刻な問題であった。しかし原子爆弾の投下は、こうした行動規範をさらに一歩遠くへ運んだ。当時爆弾が嫌いだったわたしは、今でも爆弾が嫌いだ。おぞましいものだと思う」。ラビの考え方によれば、これよりはるかに当たり前の技術、すなわちレーダーで、この戦争を勝つことはできるはずだった。ラビは思い出して語った。「わたしは、それ（招聘のこと）を何度も考えた、そして辞退した。わたしは言った。この戦争については非常に真剣に考えている。われわれは不十分なレーダーでは、この戦争に負けるおそれがあると」

ラビは招聘に応じなかった理由について、実務的でない、もっと深遠な理由を述べた。「三世紀にわたる物理学の最高到達点を、大量殺戮兵器で飾りたくなかったんだ」と、オッペンハイマーに話した。これはただならぬ声明だった。オッペンハイマーのような哲学的志向を持った男性には十分伝わるとラビが知っていた声明でもある。しかし、ラビが原子爆弾の道徳的な結果についてすでに考えていたとしても、オッペンハイマーにはこの戦争の最中に、形而上学的なものを考える余裕は一度たりともなかった。彼はそして、友人の反対を払いのけた。彼はラビに手紙を書いた。「このプロジェクトがこの三世紀における物理学の到達点であるという、あなたの意見を信ずるとしても、わたしとしては異なる立場を取るべきと思います。わたしにとって、基本的にこのプロジェクトは若干の影響をもたらす軍事兵器を、戦争に間に合うよう開発することです。ナチスのことを考えたら、この開発の遂行をやめるという選択肢はあり得ないと思います」。その時オッペンハイマーにとって重要だったことはただ一つ、ナチスより早くこの兵器を造ることであった。

ラビはロスアラモスへ移ることを拒否したが、オッペンハイマーはそれでも彼を説き伏せて、最初の討論会に参加すること、その後もときどきプロジェクトのコンサルタントを務めることを承知させた。ハンス・ベーテの言い方を借りると、ラビは「オッピーの父親のようなアドバイザー」になった。「わたしがロスアラモスから給料をもらったことは一度もない」と、ラビが言った。「わたしはそれを拒否したのだ。わたしはコミュニケーション系統を明白にしておきたかった。重要な委員会とか、そういったもののメンバーにはならず、単にオッペンハイマーのアドバイザーであった」

さらにラビは、ハンス・ベーテ他大勢をロスアラモスへ引き抜くことに尽力した。ラビはまた、ベーテを理論部門の部長に任命するようオッペンハイマーに訴えた。彼はこの部門を「プロジェクトの中枢」と呼んだ。オッペンハイマーはこれらすべての問題についてラビの判断を信じ、素早く彼の提案を実行した。

プリンストンの物理学者の間で「士気が停滞している」とラビが警告したとき、オッペンハイマーはプリンストンの二〇人の科学者チーム全員を、ロスアラモスに導入するよう決定した。結果として、この決定は予期せぬ効果を生むことになる。プリンストン・グループにはロバート・ウィルソンだけでなく、リチャード・ファインマンという、才能があり、陽気で、いたずら好きの二十四歳の物理学者が含まれていた。オッペンハイマーはファインマンの天才をすぐに認めて、彼をロスアラモスにほしいと考えた。しかし、ファインマンの妻アーリーンは結核療養中で、その妻を残してロスアラモスへ移れないことを、ファインマンは明らかにした。ファインマンはこれで話は終わったと思った。しかし、一九四三年早々のある冬の日、彼はシカゴから長距離電話を受けた。それはオッペンハイマーからだった。アーリーンのために、アルバカーキに結核サナトリウムを見つけたという内容だった。ロスアラモスで働き、週末にアーリーンを訪ねることができると、オッペンハイマーはファインマンに保証した。ファインマンは感動して説得に応じた。

オッペンハイマーは、メサ（まもなくザ・ヒルと愛称で呼ばれるようになる）で働く人間を引き抜く際、容赦がなかった。一九四二年の秋、まだロスアラモスが「サイトY」に決まる前から、彼は行動を開始している。彼はマンリーに手紙を書いた。「めぼしいと思う人材は何の遠慮もなく徴用するという方針を、今からスタートすべきです」。初期のターゲットの一人に、MITの管理者で実験物理学者のロバート・バッカーがいた。何カ月にも及ぶ熱心な採用運動の結果、ついにバッカーは一九四三年六月にロスアラモスへ赴任し、プロジェクトの実験物理部門の責任者になることに同意した。その春の初めオッペンハイマーは、バッカーに次のような手紙を書いた。「あなたの資格は他に類を見ないほどユニークです。だからこそわたしは、何カ月も必死になってあなたのことを追いかけたのです」。またオッペンハイマーは、バッカーの「安定性と判断力を強く信じており、これらの資質は今回のような波乱万丈の事業において、非常に高く評価される」とも書いている。バッカーは着任したが、もし軍服の着用を強制されたら辞任すると、前もって警告した。

一九四三年三月十六日、オッピーとキティはサンタフェ（人口二万人の眠ったような町）行きの列車に乗り込んだ。彼らは町で最高のラフォンダ・ホテルにチェックインした。オッペンハイマーはここに数日逗留し、研究所のための連絡事務所を運営する人を採用した。四十五歳のスミス大学卒業生ドロシー・スカリット・マッキビンは、ある日ラフォンダのロビーに立って採用の面接を待っていた。仕事の内容は一切知らされていなかった。「一人の男性が足の母指丘〔親指の付け根の膨らみ〕を使って歩いてくるのが目に入った。トレンチコートを着てポークパイハットをかぶっていた」と、マッキビンは言う。オッペンハイマーは「ブラッドリー氏」として自己紹介し、彼女の経歴について尋ねた。十二年前に未亡人となったマッキビンは、軽い結核を治療するために初めニューメキシコへ転居したが、オッペンハイマーのようにここのすばらしい美しさに夢中になった。一九四三年までに、マッキビンは町の付き合いの中で、知るべき人とはだれとも知り合いになった。マッキビンがサンタフェとその近郊を自分より詳しく知っていることを知って、ダウンタウンのイースト・パレス通り一〇九番地に開設する目立たないオフィスの運営を任せることにした。

マッキビンは、オッペンハイマーの人当たりの良い、上品で魅力的な振る舞いにすぐに参ってしまった。「彼が関係していたことは、すべてが生き生きとしていた。わたしは引き受ける決心をした。その人がだれであれ、一緒にやっていけるだけで最高だと思った。あれほど速く、あれほど完璧に引き付ける磁力を持った人に、わたしは会ったことがない。わたしは、彼が何をやっているのかも知らなかった。新しい道路を造るために溝を掘っているならば、わたしは多分喜んで一緒に掘っただろうと思う。このようなバイタリティとキラキラ輝く力の持ち主と組みたいと切に願った。それは、自分のためだった」

オッペンハイマーが何をしていたか、マッキビンはまったく分からなかったかもしれないが、まもなく彼女は「ロスアラモスの門番」になった。何の看板も掲げていないオフィスから、彼女は「ザ・ヒル」に向かう何百人もの科学者と、その家族を迎えた。日によっては、一〇〇回の電話をさばき、何十ものパスを発行した。彼女は新しいコミュニティのメンバーも仕事も分かるようになったが、彼らが原子爆弾を造っていることだけは、分かるまでに一年を要した。マッキビンとオッペンハイマーは、生涯の友人になった。ロバートは彼女を「ディンク」とあだ名で呼び、彼女の優れた判断力と仕事の処理能力に頼ることを学ぶまでに時間は掛からなかった。

三十九歳のオッペンハイマーは、この二十年間で年を取らなかったようだった。依然として長く、黒く、縮れた髪の毛は、ほとんど真っすぐに立ち上がっていた。「彼は、これまでに見たこともない青い目をしていた。それも非常に鮮明な青」。マッキビンが言う。その目は彼女に、サングレデクリスト山脈の傾斜に育った野生の花、リンドウの淡い、氷のような青を思い出させた。この目は魅惑的だった。ふさふさしたまつげと密生した黒い眉によって守られた、大きくて丸い目だった。「彼はいつも相手を見て話をした。彼はいつも、話している相手に、できる限りすべてを与えようとした」

彼はいつでも非常に穏やかに話した。そして、ほとんど何についても非常な博識で話すことができたにもかかわらず、彼にはまだ魅惑的な少年の感じが残っていた。マッキビンは後年思い出した。「彼は何かに感動すると、おやまあ、と言った。その、おやまあ、を聞くのがとてもすばらしかった」。ロスアラモスにおけるロバートのファンの数は、指数関数的に増殖していった。

その月の末までに、ロバート、キティ、息子のピーターは「ザ・ヒル」へ引っ越し、木と石で造った質素な一階建ての家に落ち着いた。この家は一九二九年に牧場学校の校長が、アーティストで生徒の保母を兼ねていた、妹のメイ・コンネルのために建てたものであった。「校長の小屋第二号」は、「バスタブ通り」の一番奥にあった。「バスタブ通り」という名前は、牧場学校の時代からこのメサで風呂場のある家は、「校長の小屋第二号」と他に五軒だけだったという、非の打ち所がない論理から名づけられたのだ。新しいコミュニティの中央で、静かな未舗装の通りにあるオッペンハイマー邸は、一部を灌木《かんぼく》の垣根で囲まれており、小さな庭が自慢だった。二つの小さなベッドルームと書斎の家は、イーグルヒル一番地の家と比較すると控え目だった。校長たちは学校のカフェテリアで食事をとったので、家には台所がなかった。この欠点は、キティの主張ですぐに解消した。高い天井、石造りの暖炉、庭を見渡せる巨大な板ガラスの窓を持ったそのリビングルームは快適だった。ここは一九四五年の年末まで、彼らの家となった。

一九四三年の春の初めは、大部分の新しい居住者にとって、ちょっとした予想外の悪夢であった。雪解けで至る所が泥だらけ、みんなの靴は絶えず厚く泥に塗られた。ときには、泥は流砂のように自動車のタイヤをのみ込んだ。四月までに、科学者の数は三〇人にまで膨れ上がった。到着した大部分の人たちは、ブリキ屋根の合板バラックに泊められた。彼の美学に対するたった一つの譲歩としてオッペンハイマーは、その土地の自然な起伏に沿って住宅を配置するよう、軍のエンジニアを説得した。

ハンス・ベーテは、到着して落胆した。「わたしは、かなりショックを受けた」と、彼は言った。「わたしは隔離状態にショックを受け、粗悪な建物にショックを受けた。だれもが常に心配したのは、火災が起きてプロジェクト全部が灰になってしまわないか、ということだった」。しかしそのベーテも、景色のすばらしさは認めなければならなかった。「完璧な美しさだ。後の山、前の砂漠、反対側にはまた別の山。それは晩冬であった。そして四月になっても、山にはまだ雪があるので、眺めるのは素敵だった。しかしはっきり言って、われわれは何からも遠く離れ、だれからも遠く離れていた。われわれは、それに耐えることを学んだ」

息を呑むような風景は、実利主義一辺倒の町の醜さを、ある程度補ってくれた。「われわれは鉄線で囲まれた町の向こうを見渡すことができた」。物理学者ロバート・ブロードの妻バーニス・ブロードが書いている。「そして、季節の移り変わりを見守った。秋になると、暗い常緑植物に対抗するかのようにポプラが金色に変わった。冬場にはブリザードが雪を積もらせる。春には淡い緑が芽を出す。そして夏には砂漠からの乾いた風が松林をヒューヒューと通り抜けた。メサのてっぺんに、見知らぬ町をつくり上げたというのは、まさに天才的仕事であったとは思うが、多くの分別のある人々は敏感に、ロスアラモスはつくってはならない町であった、と言った」。オッペンハイマーがシカゴ大学への新人採用に出かけ、メサの美しさについて話したとき、都会育ちのレオ・シラードの叫びが聞こえた。「そんな場所で、正しい思考などできっこない。行ったらだれでも、おかしくなる」

だれもが、それまで培ってきた習慣を変えなければならなかった。バークレーでオッペンハイマーは、午前十一時前にクラスをスケジュールに入れることを拒否していたので、夜は遅くまで付き合うことができた。ロスアラモスでは、毎日きまって午前七時三十分までには技術部へ向かっていた。技術部（あるいは単にTと呼んだ）は、高さ九・五フィートの金網フェンス（上部に二本の有刺鉄線が絡まっている）に囲まれていた。ゲートを守っている憲兵は、みんなの色分けしたバッジを検査した。白いバッジは物理学者か、または自由に「T」内を歩き回れる資格を持った科学者を表した。

他の皆と同様、オッペンハイマーも週六日働いて、日曜日は休日だった。しかし平日でさえ、彼はカジュアルな格好をした。ジーンズまたはチノパンに、タイ無しの青い仕事用シャツという、かつてのニューメキシコ衣装に戻った。彼の同僚も先例に従った。「勤務時間中に、磨かれた靴などお目にかかったことがない」と、バーニス・ブロードが書いている。オッピーが「T」へ歩いて行くと、同僚はしばしば彼の後に付いて、彼が朝の考えを小声で静かにつぶやくのを黙って聞いたものだ。「ほら、母鶏とひよこが行くよ」

一人のロスアラモスの住人が言った。「ポークパイハットとパイプ、それと彼の目から、何かオーラのようなものを発していた」。電話交換室で働いていた二十三歳の女性兵士は振り返る。「彼は決して格好をつけたり、叫び声を上げたりする必要はなかった。電話を優先的につなぐよう要求することもできただろうに、決してそれをしなかった。彼はこれ以上必要ないというくらい、本当に親切だった」

所長の周到な気安さによって、普通ならば所長がそばにいるだけで、びくびくするような人たちの多くが、彼のことを慕った。軍の特別技術顧問（SED）付の若い専門技術者であったエド・ドーティは戦後、両親への手紙の中で、オッペンハイマーが電話してきたときの様子を知らせている。「何度かオッペンハイマー博士が、いろんな用事で電話をしてきました。わたしが受話器を取って、『ドッティ』とだけ答えると、電話の相手は、『こちら、オッピー』と応じるのでした」。彼のざっくばらんな態度は、グローブス将軍の態度とはきわめて対照的だった。将軍は「注目と尊敬を要求した」。他方オッピーは、黙っていても自然に注目と尊敬を得た。

最初から、オッペンハイマーとグローブスは、みんなの給料を各々前職の給料の水準に合わせることで同意していた。これは結果として大きな不均衡を生ずることになった。というのは、民間企業から来た比較的若い者が、年上で身分保証のある教授よりも高い給料を取っていることがあるからだ。この不平等を補うためにオッペンハイマーは、家賃を給料に準じて変動させることに定めた。配管工がなぜ大学卒の賃金の三倍近くを稼ぐことができるのかと、若い物理学者ハロルド・アグニューがオッペンハイマーに説明を求めたとき、オッピーは答えた。配管工には戦争遂行における当研究所の重要性が分かっていないが、科学者はそれを知っている。これが賃金格差を正当化する、とオッペンハイマーは説明した。少なくとも科学者は、金のために働いてはいなかった。オッペンハイマー自身、ロスアラモスに来てから六カ月たったある日、所長は未だ給料を受け取っていませんが、と秘書が注意を促した。

だれもが、長時間働いた。研究所は二十四時間開いていた。そして、オッペンハイマーは人々が自分自身のスケジュール表を作るよう奨励した。彼はタイムレコーダーの設置には断固反対した。サイレンが使われ出したのは、グローブス将軍の能率担当官が、通常勤務時間の管理がルーズであると苦情を申し立てた、一九四四年十月になってからだった。「仕事は本当に要求が多かった」と、ベーテは思い出す。理論部門のリーダーは思った。「科学者としては、自分が手がけてきたどの仕事より、今の仕事の方がずっとやさしい」。しかし締め切り期限には、非常なストレスを感じた。「急な坂を登る、恐ろしく重い荷車の後を押している感じがあり、それが夢にまで現れた」と、ベーテは言った。科学者たちは資源は限られていても、ほとんど締め切りのない仕事に慣れていたのが、今では無制限の資源と正確な期限という世界に適応しなければならなかった。

ベーテは、オッペンハイマーのいる本部、Tビル（理論部門の頭文字のT）で働いていた。ここは緑色に塗られた単調な二階建ての構造だった。近くにはディック・ファインマンが座っていたが、ベーテがまじめなのと同じくらい社交的だった。「わたしには、ファインマンはまるでプリンストンの化身のようだった」。ベーテが思い出す。「それまでわたしは彼を知らなかったが、オッペンハイマーは知っていた。彼は最初から非常に元気だった。しかし、わたしを侮辱し始めたのは、到着からおよそ二カ月たってからだった」。三十七歳のベーテはだれか彼と議論してくれる人と一緒にいるのが好きだったし、二十五歳のファインマンは議論が好きだった。彼ら二人が一緒にいると、建物中のだれもがファインマンの叫ぶ声を聞くことができた。「ちがう、ちがう。あんたおかしいよ！」。あるいは「そりゃ、バカだ！」。するとベーテは、自分がなぜ正しいかを静かに説明する。ファインマンは二、三分間落ちつくが、再び噴火する。「それは不可能だ、あんたは狂っている！」。同僚たちはすぐに、ファインマンには「モスキート」、ベーテには「戦艦」というあだ名をつけた。

ベーテは言う。「ロスアラモスのオッペンハイマーは、それまでわたしが知っていたオッペンハイマーとは大違いだった。一つ例を挙げれば、戦争前のオッペンハイマーは、いくぶんためらいがあり、内気だった。ロスアラモスのオッペンハイマーは、決断力のある重役だった」。ベーテはその変わり様を説明しようと一生懸命だった。バークレーで見ていた「科学の申し子」のような男は、「神秘な自然の秘密」を解明することに全神経を集中していた。オッペンハイマーは工業関連事業といったようなものには、とんと興味がなかった。しかし、ロスアラモスで彼が指揮したのは、まさに工業関連事業であった。「それは異質の問題で、異質の態度を必要とした。そして、彼は完全に変化を遂げ新しい役割に適応した」。ベーテは説明する。

彼はめったに命令を下さなかった。その代わりに彼の欲求を伝えることを図った。物理学者ユージン・ウィグナーが思い出して言う。「目や、二本の手や、火の消えかかったパイプで、ごく簡単に、そして自然に表現した」。ベーテは思い出す。「オッピーは決して何をしろとは命令しなかった。良いホストがゲストを扱うときのように、われわれ全員の中の長所を引き出した」。ロバート・ウィルソンも、同じように感じた。「彼がそばにいると、わたしはより知的に、より口数多く、より激しく、より先見の明を発揮し、より詩的になった。普段は読み方の遅いわたしだが、彼がある手紙をわたしに手渡すと、わたしはそれをちらっと見て返したときには、もう手紙のニュアンスまで細かく議論する用意ができていた」。振り返ってみれば、これらの感情にはある程度の「思い込み」もあったと彼は認める。「彼が居なくなると、彼が語ったすばらしい言葉は、再構成も、あるいは思い出すことも難しかった。問題はなかった。トーンは確立されていた。やらねばならないことは何か、頭で考え出す方法が私には分かっていたのだ」

オッペンハイマーの弱々しい、苦行僧のような肉体が彼のカリスマ的な権威をいっそう強調した。「彼の体の繊細さは、その分だけ個性の力を強いものにしていた」。ジョン・ブラウンが何年か後に述べた。「彼が話していると、成長しているように見える。それは心の大きさが自己主張して体の小ささが忘れられるからだ」

彼はどんな理論物理学上の問題を解くときでも、直面する次の疑問を予想する才能があった。しかし今、彼はエンジニアリングのどんな側面でも、瞬間的と思える速さで理解する力を示して、同僚を驚かせている。「彼は書類を素早く読むことができた。わたしは何度も見た。タイプした一五ページか二〇ページの書類だよ。オッペンハイマーは言う。よし、これに目を通して議論しよう。それからオッピーは、およそ五分間ページをめくる、それから重要な点を正確に皆に説明する。彼には、とても速くものを吸収する、驚くほどの能力があった。研究所の周りで、オッピーが完全には精通していないか、何が進行しているか知らないものはなかっただろうと思う」。意見の相違があったときでも、オッペンハイマーには議論を先回りする才能があった。バークレーの哲学科の学生で、オッペンハイマーが彼の個人秘書として使うために採用したデビッド・ホーキンスは、活動中のボスを観察する機会が多かった。「まず根気よく、議論に耳を傾ける。そして最後にオッペンハイマーは要点をまとめる。このようにするので、意見の相違というものがなかった。それはまるでマジックのように見えたので、だれからも尊敬を獲得した。なかには科学的業績では、彼より上の人も何人かいた」

オッペンハイマーは自分の個人的な魅力を、「見せたり、引っ込めたり」できたことが役に立った。バークレー時代から彼を知っている人々は、他人を自分の軌道に引き入れる、注目に値する才能を持つ男であると、彼のことを理解していた。そしてドロシー・マッキビンのように、ニューメキシコで初めて彼に会った人々はだれも、そろって彼を喜ばせたいと考えていた。「彼にかかると、不可能が可能になってしまう」。マッキビンの言葉である。ある日彼女はサンタフェから「現場」へ呼び出された。「現場」は住宅難の最中で、これを解消するために、一〇マイル離れたところにあるロッジを改造して一〇〇人の従業員を住まわせるという。彼女にこのロッジの管理を手伝ってはもらえないかというのだ。マッキビンは抵抗した。「あのですね」、彼女が抗議した。「わたしはホテルを経営した経験がありません」。突然オッペンハイマーのオフィスのドアが開き、彼が顔を出して言った。「ドロシー、やってほしいな」。すぐに顔は引っ込み、ドアは閉まった。「やります」。マッキビンは答えていた。

「彼は人を利用することに、大きな抵抗がなかったようだ」と、ジョン・マンリーが思い出した。「人々が自分にとって有用であると見れば、その人々を使うのは彼にとって、まったく自然なことだった」。しかしマンリーは、彼のやり方がとても上手なので、自分を含めて多くの人々が、ロバートに使われることを楽しんだと思っている。「他の人がこれはうまく運ぶと思っていることを、彼は知っていたのだ。バレエのようなものだ。各人が自分のパートと役割を知っており、責任逃れは通じなかった」

彼は他人の話はよく聞き、よくアドバイスを受け入れた。参加自由の討論会を週一回開いたら、皆の役に立つだろうとハンス・ベーテが提案したとき、オッペンハイマーはすぐに同意した。グローブスは最初それを知ったとき、止めようとしたが、オッペンハイマーは、このような「白いバッジ」組科学者の自由な意見交換は不可欠であると主張した。

初の討論会は今は空になった学生図書室において、一九四三年四月十五日に開かれた。小さな黒板の前に立ったオッペンハイマーは、いくらか形式的な歓迎の言葉を述べ、次いで彼の元学生ボブ・サーバーを紹介した。出席した四〇人弱の科学者を相手に、サーバーは現在抱えている仕事について説明すると述べた。メモを見て、いつもどおりどもって話しながら、内気で不器用なサーバーは中央の演壇に立った。「セキュリティなんて、ひどいものだった」と、サーバーは後に書いている。「大工が廊下をばたばた歩いているし、時にはビーバーボード〔木繊維から作った軽くて堅い板〕の天井からにょっきり足が突き出していた。多分天井裏で作業中の電気工の足だろう」。数分もたたないうちに、オッペンハイマーの指示を受けたジョン・マンリーが演壇に向かい、サーバーの耳に何か囁いた。「爆弾」という言葉を使わずに、もっと中立な「道具」とでもいう言葉を使うよう注意したのだ。

「プロジェクトの目的は」と、サーバーが言った。「爆弾の形で実用的な軍用兵器を造ること。そこではエネルギーが、核分裂を示す一つまたは複数の材料における、高速中性子連鎖反応によって放出される」。オッペンハイマーのチームがバークレーの夏季セミナーで学んだ内容をまとめて、サーバーは次のように報告した。彼らの計算によると、原子爆弾一個は多分TNT火薬の二万トン分の爆発力があるだろう。しかしこのような「道具」には高濃縮ウランが必要である。濃縮ウランの芯は、およそメロンくらいの大きさで、重さはだいたい三三ポンドである。ウラン二三八を使った中性子捕獲反応によって造られた、より重たい元素のプルトニウムから兵器を造ることも可能である。プルトニウム爆弾は臨界質量がはるかに少なくて済み、したがってプルトニウムの芯は、重量一一ポンドしかなく、サイズはオレンジか、それより小さいくらいである。どちらの芯も、バスケットボールサイズの通常のウランの厚いシェル中に包む必要がある。これにより、どちらの装置も、総重量はおよそ一トンに達するが、それでもまだ航空機による搬送は可能である。*

サーバーの話を聴いていた大部分の科学者は、新しい物理学に関連する理論的可能性は理解していたが、（ウランとプルトニウムの）「区分け」ということになると、分からない人がたくさんいた。

基本的な問題のどれくらいに、たとえその概略だけでも解答が出ているか、ほとんどの人が理解していなかった。実用的な軍の兵器を造ることに未だ残されている障害は大きかったが克服不能ではなかった。原子爆弾を造る物理的過程のいくつかは、まだ不確かだったが、本当に評価不能な部分は製造技術と兵器設計の分野であった。ウラン二三五またはプルトニウムのどちらにしても、十分な量を生産するには巨大な産業努力が要求される。そして、爆弾製造に耐える品質の材料が、たとえ十分に生産できたとしても、能率的に爆発する原子爆弾を設計するにはどうしたらよいか、だれもまだよく分からなかった。しかしベーテのように以前は懐疑論者であった者でさえ、後年述べているように、「プルトニ

＊　リトル・ボーイ（世界初の戦闘用原子爆弾）は重量九七〇〇ポンドで、広島上空でエノラ・ゲイという名のB29爆撃機から投下された。

ウムができれば、原子爆弾も造れるというのは、ほとんど確か」だと理解していた。このように、サーバーの聴衆にとっての本当のニュースは、戦争遂行に大きく貢献することができる任務に携わっているということであった。この事実が士気を高揚させた。サーバーの初めての講演は、オッペンハイマーが望んだ効果があった。つまり歴史を変える手段を持っているという、使命感と認識をもたらした。しかし、ドイツ人より先に技術的問題を解決することができるだろうか？　本当に戦争に勝利する貢献ができるだろうか？

その後二週間にわたって、サーバーは一時間の講義を四回行った。そして、オッペンハイマーが望んだ建設的な対話を刺激した。ほかにも多くの論点がある中で、連鎖反応を引き起こすために必要なウランやプルトニウムをどのように一カ所に集めるかという問題……すなわちサーバーのいわゆる「シューティング」の実際的仕組みについてサーバーは簡略にまとめて述べた。サーバーは最も明らかな手段、ガンアセンブリ方式を説明した。それは、ウランの塊をもう一つのU‐二三五に撃ち込むことによって臨界を達成するというものだ。しかし彼は、次のようにも示唆した。「お配りしたスケッチにあるように、リング上に材料の断片を取り付けることができるかもしれない。もし爆発性物質がリング状に配置され点火されると、断片は内側に向けて吹き飛ばされ球状になるだろう」。核分裂可能物質を爆縮するアイデアは、オッペンハイマーの旧友リチャード・トールマンによって、一九四二年夏に最初に提案され、トールマンとサーバーは、オッペンハイマーのためにこの課題をメモに残した。トールマンはその後爆発に関してこの他に二つのメモを書き、一九四三年三月には、バネバー・ブッシュとジェームズ・コナントは、爆発のデザインを研究するようオッペンハイマーに訴えた。「それはサーバーが調べている」と、オッペンハイマーが答えたと伝えられている。トールマンの提案は、密度を増やすために、固体物質を実際に圧縮する概念を含まなかったけれども、そのアイデアは十分明確に形づくられており、たとえ添え物としてであっても、サーバーの講義ノートへ組み入れられるだけの価値があった。しかし、このアイデアはもう一人の物理学者セス・ネッダーマイヤーの関心を引き起こした。ネッダーマイヤーはその可能性を調査する許可を、オッペンハイマーに願い出た。まもなく、ネッダーマイヤーと科学者の小チームはロスアラモス近くの峡谷で、爆縮する爆薬をテストしているのが見られた。

サーバーの講義は長いこと効果を発揮した。サーバーのメモを使って、エド・コンドンは講義をタイプして二四ページの概要にまとめた。これは謄写《とうしゃ》刷小冊子になり、「ロスアラモス初級教本」と銘打たれて、新しく入ってくる科学者に配られた。その他、サーバーの講義を聴いた聴講者の中にエンリコ・フェルミがいた。彼はサーバーの講義のいくつかに出席して、オッペンハイマーに語った。「おたくの科学者たちは、本当に爆弾を造る気なのだね」。オッペンハイマーは、そう言ったときのフェルミの声に、驚きの調子があるのに感動した。フェルミはちょうどシカゴからやってきたばかりであった。オッピーのメサ研究所でしばしば遭遇する興奮状態に比べると、シカゴの科学者たちの雰囲気は妙に静まり返っていたように思えた。シカゴでもロスアラモスでも、または他のどこでも、原子爆弾が可能ならば、その製造競争はドイツ人が先んじるだろう、というのはだれもが考えたことだった。しかしロスアラモスでは、オッペンハイマーのカリスマ的指導力の下で、この認識がかえって仕事を進める役に立っていることを知り、シカゴの上級科学者の多くが悩んだり落ち込んだりしていた。

ある日フェルミはオッペンハイマーに内密の話をするため、脇に連れて行って、多数のドイツ人を殺すもう一つの方法を提案した。おそらく彼は、放射性核分裂生成物を利用すれば、ドイツの食料供給を妨げることができると言ったと思われる。オッペンハイマーは、深刻に提案を受け止めたようである。この問題は他のだれにも言わないよう、オッペンハイマーはフェルミに釘を刺した後、このアイデアをグローブス将軍に報告し、その後エドワード・テラーと話し合った。伝えられるところによるとテラーは、ストロンチウム－九〇を連鎖反応炉から切り離すことは可能であるとオッペンハイマーに話したそうである。

しかし、一九四三年五月までにオッペンハイマーは、ある恐ろしい理由から提案の実行を遅らすよう助言した。彼はフェルミに手紙に書いた。「われわれが五〇万人を殺すだけの十分な毒を食料に入れられないなら、この計画は試みてはならないと思っている。なぜなら、分散が非均一なことから、影響を受ける実際の数はずっと少ないと思われるからである」。このアイデアは採用されなかった。その理由は、敵の人口の相当部分に毒を盛る効率的な方法がなかったからだった。

戦時下では控えめな人間に対しても、かつては思いもよらなかったことを考えるよう強要された。一九四二年十月遅く、オッペンハイマーは旧友であり同僚であるビクター・ワイスコップから、「親展」と記された手紙を受け取った。それは、当時プリンストンに住んでいたウォルフガング・パウリから受け取った手紙の内容で、驚くべきニュースを知らせるものだった。ドイツ時代の同僚でノーベル賞受賞物理学者のヴェルナー・ハイゼンベルクが、カイザー・ウィルヘルム研究所（ベルリンの原子核研究所）の所長に任命されたと、パウリは書いた。さらにパウリは、ハイゼンベルクがスイスで講義をする予定であることを知った。ワイスコップはさらに、このニュースについてハンス・ベーテと話し合ったこと、そして二人は直ちに何か策を講ずべきことに同意したと報告した。「この状況下でなすべき最善のことは、スイスでハイゼンベルクの誘拐を図ることだとわたしは信じる」と、ワイスコップはオッペンハイマーに書いている。「たとえばあなたかベーテがスイスに現れたら、ドイツは同じことをすると思う」。ワイスコップは、その仕事を自分がやってもよいと、申し出さえした。

オッペンハイマーはすぐに、ワイスコップの「興味深い」手紙に対して御礼の返事を書いた。ハイゼンベルクがスイス旅行を計画していることは聞いており、この問題をワシントンの「適切な当局」と打ち合わせていると、彼は書いた。「わたしはあなたが、本件についてこれ以上耳にすることはないと思うが、あなたに感謝するとともに、適切な注意を払うことを約束するので安心されたい」。オッペンハイマーがこの問題について実際に話していたのは、バネバー・ブッシュとレスリー・グローブスであった。また、彼はワイスコップの手紙を彼らに渡した。しかし、たとえハイゼンベルクの誘拐に成功したとしても、連合国が核研究を最優先していることについてナチの注意を喚起することになるだろうとして、彼は提案に支持は表明しなかった。他方オッペンハイマーは、「提案されているハイゼンベルクのスイス訪問は、われわれにとってかけがえのない機会を提供するように思える」と、ブッシュに述べることは抑えられなかった。

だいぶ後になってからグローブスは、ハイゼンベルクの誘拐または暗殺を真剣に考えた。一九四四年、彼はOSSエージェント、モウ・バーグをスイスに送った。元野球選手のモウ・バーグは、一九四四年十二月にこのドイツ物理学者を尾行したが、最終的に暗殺はしないことになった。

第16章　あまりにも秘密主義

この方針は、後ろ手に縛られたまま、きわめて困難な仕事をやるような立場にあなたを追いやります。

エドワード・コンドン博士よりオッペンハイマーへ

管理者であり所長として初めての本当の危機は、最初の春早々に起こった。グローブス将軍の承認を得て、オッペンハイマーはゲッチンゲン時代の同級生エドワード・コンドンを副所長に任命した。コンドンの仕事は、オッペンハイマーの管理上の重荷をいくらかでも軽くすること、そしてロスアラモスに駐在する軍の指揮官との連絡係であった。オッペンハイマーより二歳年上のコンドンは、優秀な物理学者であり、年季の入った研究所管理者でもあった。バークレーで一九二六年に博士課程を修了した後、コンドンはゲッチンゲンとミュンヘンでポスドクの研究に従事した。次の十年間、彼はプリンストンを始めとするいくつかの大学で教え、英語で書かれた最初の量子力学の教科書を出版した。一九三七年、彼はプリンストンを辞め、ウェスティングハウス・エレクトリック社（産業研究センター大手）の副研究部長に就任する。その後数年間、彼は同社の原子核物理学とマイクロ波レーダーの研究を監督した。一九四〇年の秋までは、MIT放射線研究所で戦争関連プロジェクト（主としてレーダー）にフルタイムで取り組んでいた。要するに少なくとも経験から見るかぎり、ロスアラモスの新しい研究所を運営する資格としては、コンドンの方がオッペンハイマーより上というわけだ。

一九三〇年代のコンドンは、オッペンハイマーほど政治的には活発でなかったし、共産党にかかわっていなかったことも確かである。彼は自分を、「リベラルな」ニュー・ディール支持者と考えており、忠実な民主党員としてフランクリン・ルーズベルトに投票してきた。クエーカー教徒の家に育ったコンドンは、かつて友人に話したことがある。「ぼくは、崇高な目標を持つと思われる組織には、喜んで参加する。そこにコミュニストが加わっているかいないかは、問題にしない」。本質的に強い市民的自由主義者で理想主義者であったコンドンは、自由にアイデアを交わすことなしに良い科学は育たないと信じていた。そしてロスアラモスと他の国内研究機関の物理学者の定例的な接触を、活発に働きかけた。必然的に、彼がグローブス将軍の怒りを買うのに時間は掛からなかった。将軍はロスアラモス駐在軍人から、セキュリティ違反の報告を繰り返し受けた。「情報の区分こそ、機密保持の核心である」と、グローブスは主張した。

一九四三年四月末、オッペンハイマーがシカゴ大学へ出張し、そこでマンハッタン計画の冶金研究所責任者である物理学者アーサー・コンプトンと、プルトニウムの製造計画について議論したと聞いたグローブスは怒った。将軍は、明らかな保安基準違反としてコンドンを非難した。ロスアラモスに乗り込んだグローブスは、オッペンハイマーのオフィスで二人の男と対峙《たいじ》する。コンドンは将軍に対して自分の立場を主張した。しかし驚いたことに、オッペンハイマーが援護してくれないことに気づいた。一週間以内に、コンドンは辞任を申し出ることに決めた。彼はプロジェクトの終了までいるつもりだったが、六週間しかもたなかった。

「最も私を動揺させるものは、きわめて狭い保安方針です」と、彼は辞表の中でオッペンハイマーに書いた。「これらの知識を疑う資格が私にあるとは思いません。敵のスパイ活動と破壊活動の程度を、わたしはまったく知らないのですから。申し上げたいのは、極端なセキュリティの心配はうんざりするほど憂鬱であることが、わたしのケースではっきりしたことです。とくにメールと電話の検閲が議論されたことです」。コンドンは続けて説明した。「グローブス将軍がわれわれを叱責したとき、ショックを受けて、自分の耳を信じることができませんでした。わたしは強く感じます。この方針は、後ろ手に縛られたまま、きわめて困難な仕事をやるような立場にあなたを追いやるでしょう」。保安基準を犯さないと、彼とオッペンハイマーがコンプトンのような人物と会うことが本当にできないとするなら、「わたしはこのプロジェクトの科学的な立場は絶望的であると、申し上げたい」。

ウェスティングハウスに戻ってレーダー技術に取り組むほうが、戦争遂行により貢献できると、コンドンは結論した。オッピーがグローブスから自分を守ってくれる気が明らかになかったことを悲しみ、理解できないまま、コンドンは去っていった。オッペンハイマー自身が、保安許可を未だ受けていなかったことを、コンドンは知らなかった。セキュリティに関する軍の官僚機構は、未だにオッペンハイマーへの保安許可発行を妨害しようとしていた。オッピーが今の仕事を続けたい以上、保安許可を出すようグローブスに無理を言うことはできない、とオッペンハイマーは分かっていた。

オッペンハイマーは、グローブスとの関係を非常に大事にしていた。前年の秋、二人はそれぞれに相手を見定めて自分たちの関係において支配的立場に立てると傲慢に計算した。グローブスはプロジェクトの成功にとって、このカリスマ的な物理学者が必須であると思っていた。そして、オッペンハイマーが左翼の政治的バックグラウンドを背負っていることから、オッペンハイマーをコントロールするのに彼の過去が使えると、グローブスは思ったのだ。ロバートの計算も同じく素直だった。オッペンハイマーのことを、探し得る最高の所長であるとグローブスが思っているかぎり、仕事を確保できると考えていた。彼の共産主義とのかかわりが、弱みとしてグローブスに握られていることも彼は理解していたが、彼独自な能力を示すことによって、自分が適切と考える方法で研究所を運営することを、グローブスに説得できると信じていた。オッペンハイマーは、コンドンの意見に反対していたわけではない。面倒な保安規則が科学者を窒息させる可能性のあることは、彼も確信していた。しかし、時間がたてば彼の意見が通ると彼は確信していた。何といっても結局は、オッペンハイマーがグローブスの賛成を必要とするのと同じく、グローブスはオッペンハイマーの技術を必要としたはずであった。

振り返ってみれば、核兵器製造競争でドイツ人を打ち破るためのチームとして、二人は絶妙のコンビであった。ロバートのスタイルが、カリスマ的な権限によってコンセンサスを生んでいき、一方でグローブスが強圧によって彼の権限を行使していった。「基本的に、グローブスのプロジェクト運営法は、部下を脅かして盲目的に服従させるやり方だった」。ハーバードの化学者ジョージ・キスティアコフスキーは言う。グローブスにとって、「できるかぎり部下にひどい仕打ちをするのが彼の方針」であったと、ロバート・サーバーは考えた。オッピーの秘書プリシラ・ダッフィールドは、グローブスが大股で彼女のデスクの脇を通り過ぎながら、「やあ」でもなく、「ひどい顔だな」といった乱暴な言葉を吐いたのをよく覚えている。この粗野な振る舞いによって、グローブスはメサでの不満の大部分を引き受け、その分オッペンハイマーに対する批判がそらされる結果となった。しかしグローブスも、オッペンハイマーの回りではそのような振る舞いを控えた。そしてこのことが、彼らの関係におけるオッペンハイマーの有利な点であり、オッペンハイマーは通常は思いどおりにやれたのだった。

ロバートは、グローブスをなだめるのに必要なことをやった。彼は将軍が望む、器用で有能な管理者になった。バークレーでの彼のデスクには、普通一フィートくらいの書類の山ができていた。バークレーの医者で、ロスアラモスに来てオッペンハイマー夫妻の親友になったルイス・ヘンペルマン博士は、「ロバートはメサに来てから机の上がきれいになった、書類がなくなった」と、観察している。身体的な変化もあった。オッピーは、長く縮れた髪を短くした。「あまり短くしたので、彼だと思わなかった」と、ヘンペルマンは語った。

実際問題として、コンドンはロスアラモスを去っていったが、グローブスの分離方針は失敗しつつあった。オッペンハイマーはこの問題について面と向かっての対立を避けたのかもしれないが、方針は見せ掛けだけのものになっていった。作業が進行すると、「白バッジ」科学者全員にアイデアや問題点を自由に討議させることが、ますます重要になってきた。エドワード・テラーでさえ、分離が効率性にとっての障害であると思った。一九四三年三月の初めに、彼はオッペンハイマーに説明した。「以前から感じていた、秘密が多すぎるという懸念」についてオッペンハイマー宛に公式な手紙を書いたことがあるが、「これはあなたを悩ませるためではなく、必要なときには、いつでもこの言葉を利用していただけるように書いたものです」。テラーはこのように打ち明けた。グローブスは、直ちに彼が直面していた問題を理解した。抑えようとすればできないことはないが、それをやれば、責任あるトップの科学者たちの協力が得られなくなる。ある時、アーネスト・ローレンスがロスアラモスを訪問して、科学者の小グループに講義をすることになっていたとき、グローブスはローレンスを呼び寄せ、聴衆に言ってはならないことを慎重に説明した。その直後、黒板の前でローレンスがこう言うのを聞いて、グローブスは狼狽した。「これを言うと、グローブス将軍に叱られることは承知していますが……」。公式には何も変わらなかったが、実際には科学者間の分離は、ますます緩んでいった。

分離の崩壊は、オッペンハイマーがコンドンに影響されたせいだと、グローブスはしばしば文句を言った。「彼（コンドン）は、ロスアラモスの立ち上げ段階で、大きな損害をもたらした」と、グローブスは一九五四年に証言した。「分離方針を壊した責任が、基本的にオッペンハイマー博士にあったか、それともコンドン博士にあったか、はっきりとは分からなかった」。トップの二〇人から三〇人の科学者が、自由に討議するなら話は別だが、とグローブスは思った。しかし、何百人もの所員が方針を無視したら、分離方針は冗談のようになってしまう。

ロスアラモスでは科学の法則が軍の保安原則に勝ると、グローブスは結局認めることになった。「わたしは大方の状況を支配したかもしれないが、思いどおりにならなかったことが多くあった」。彼の証言である。「であるから、オッペンハイマー博士がセキュリティ規則を必ずしも厳に守らなかったと言うなら、他の主だった科学者たちも同じくらい、と言うのが公平だろう」

一九四三年五月に、オッペンハイマーはあるミーティングを招集し、そこで全員参加討議会を一週おきの木曜日の夕方に開催することが決まった。彼はテラーに会議を組織するよう説得した。議論の範囲の広さが「気に入らない」とグローブスが言ったとき、オッペンハイマーはきっぱりと、討議会に「すでに約束済み」と答えた。彼はただ一つだけ譲歩し、出席を科学者に制限することに同意した。

一九四三年の夏の終わりに、オッペンハイマーはセキュリティに関する彼の見解を、マンハッタン計画警備担当官に説明した。「本件全般に関するわたしの意見は次のとおりである。もちろん、われわれが携わっている（基本的な）情報は、知りたいと思っている全政府がすでに知っているものである。われわれが何をやっているかという情報は、あまり複雑すぎて、多分役に立たないだろう」。彼が言うには、危険なのは、爆弾に関する技術情報が他国へ漏れることではない。本当に秘密にしなければならないのは「われわれの努力の強さ」や「関係する国際的な投資のスケールなのだ」。他国の政府が、爆弾製造の努力にアメリカが傾注している人材と資源を理解したら、彼らは爆弾プロジェクトをまねしようとするかもしれない。この情報が「ロシアに何らかの影響を及ぼす」と、オッペンハイマーは思わなかったが、「ドイツには非常に大きい影響を及ぼす可能性がある。それに関しては、わたしは他のだれとも同じくらい確信している」。

オッペンハイマーがグローブスの警備担当官たちの要求に悩まされているのと同時に、若い研究員たちは、軍のマンハッタン計画の管理がお粗末なために貴重な時間が浪費されていると、不平をこぼしていた。ロスアラモスが一九四三年三月に開所したときは、核分裂の発見からすでに四年が過ぎており、プロジェクトに取り組んでいる大部分の物理学者の推定によれば、これに対応するドイツのプロジェクトは少なくとも二年先行していた。必死の緊急性を感じていた科学者は、軍の保安管理体制、重苦しい官僚主義、その他プロジェクトを遅延させる一切のことに対して怒っていた。その夏フィル・モリソンは「親愛なるオッピー」で始まる手紙で、冶金研究所の状況を報告した。「昨冬の仕事に充満していたあのやる気は、ほとんど消え去ったようです。研究所内の人間と契約会社の人との関係は、どうしようもないくらい悪いです。結果は耐えられないほどで、速やかな成功とは相容れません」。シカゴ研究室の一二人の若手科学者はびっくりして、ルーズベルト大統領に宛てられる手紙に署名した。そこには次のように報告されていた。「われわれは、このプロジェクトの時間が次第に失われていると、冷静に判断しています。軍の方針は便宜的でマンネリです」。スピードが重要だった。しかし軍は、「新規分野の有能な、数少ない科学的リーダーの意見さえ聞いていません。わが国の生命は、このような政策によって絶滅の危機に瀕《ひん》しています」。

一九四三年八月二十一日に、ハンス・ベーテとエドワード・テラーは、プロジェクトのペースに関する欲求不満をオッペンハイマーにぶつけた。「新聞およびシークレットサービスの両方から入る最近のレポートによると、ドイツが強力な新兵器を保有しており、十一月から一月の間に使用準備ができる徴候が見えます」。多分、新しい武器は英国のコード名で「チューブ・アロイ」と呼ばれる原子爆弾であろうと、彼らは警告した。「もし、これが本当であるとすれば、見込まれる結果はここに記述する必要もないでしょう」と、彼らは書いた。次に彼らは、爆弾級の高純度ウラン生産を担当している民間会社が、プログラムの進行を遅らせていると、不平を述べた。解決策は、「追加プログラムのために適切な資金を用意し、さまざまな段階の問題に精通した科学者たちにこの資金を利用させることである」と、彼らは論じた。

オッペンハイマーは、彼らの懸念に同意していた。彼もドイツ人に遅れをとることを心配しており、したがって自分自身も懸命に働き、部下たちにも同じように努力することを要求した。

科学部門責任者の肩書きで、ロスアラモス内のオッペンハイマーの権限は、ほとんど絶対的だった。表面上は駐屯地指揮官と権限を共有していたけれども、組織上オッピーはグローブス将軍の直接指揮下にあった。初の駐屯地指揮官ジョン・ハーモン中佐は、科学者と言い争うことが多く、その結果着任後わずか四カ月の一九四三年四月に更迭《こうてつ》された。後継者ホイットニー・アシュブリッジ大佐は、自分の仕事が摩擦を最小にして、科学者を満足させておくことだと理解した。アシュブリッジは、偶然にもロスアラモス牧場学校の卒業生であった。過労のため体を壊し、軽い心臓発作で一九四四年の秋に辞めるまでここに勤務した。彼の後任はジェラルド・タイラー大佐であった。こうやって、オッペンハイマーは三人の指揮官とうまく折り合いをつけていた。

セキュリティ問題は常に頭痛の種であった。あるとき、軍の保安係は、「バスタブ通り」にあるオッペンハイマーの家の外に武装した憲兵隊を配置した。MP（憲兵）は家に出入りする者については、キティも含めて全員のパスを点検した。キティはしばしば外出のときパスを家に忘れ、MPが家に入ることを拒否する光景がよく見られた。しかし彼女としては、MPの存在はそれほど嫌ではなかった。常に好機を得ることに機敏な彼女は時折、MPをピーターのベビーシッターとして使った。詳細を担当していた軍曹が状況を把握して、MPを引っ込めた。

グローブス将軍との了解事項として、オッペンハイマーは内部保安担当委員三人の任命に同意した。彼はデビッド・ホーキンスとジョン・マンリー、ならびに化学者のジョー・ケネディの三名をアシスタントに指名した。彼らは研究所（セクションT）内の保安に対して責任を持った。そこは第二の内部有刺鉄線で囲まれており、MPと兵士は立入禁止だった。内部保安委員会は、科学者がオフィスを出たとき、彼らがキャビネットをロックしたことを確認するといった、退屈な問題に対処した。だれかが机の上に、機密文書を一晩中置き去りにしたのを見つけられると、その科学者は次の晩、所内をパトロールして、他のだれかのミスを見つけることを要求された。ある日サーバーは、ホーキンスとエミリオ

・セグレが議論をしているのを見かけた。「エミリオ、君は昨晩秘密の論文を放置したね」と、ホーキンスが言った。「だから、君は今夜パトロールしなければならないよ」。セグレが言い返す。「あの論文、全部間違っているよ。あれでは敵は混乱するだけだ」

オッペンハイマーは、部下を「ザ・ヒル」内のセキュリティ制度から保護するため、絶えず奮闘した。彼とサーバーは、いろいろな人々を免職から「救う」方法に関して、数え切れないほどの議論をした。「彼らが思いどおりにやったならば」と、サーバーが保安担当部のことを言った。「残る人間なんていなくなるよ」。事実一九四三年十月に、軍の保安調査官はロバート・サーバーとシャーロット・サーバー両名に、ロスアラモスからの退去を勧告した。FBIは典型的な誇張でサーバー夫妻を告発した。いわく「夫妻は共産党の信条にどっぷり浸《つ》かっており、関係する同僚全員は名の知られた過激派であった」。

ロバート・サーバーの見解は確かに左翼的ではあるが、彼は妻ほど政治的に活発ではなかった。一九三〇年代後半シャーロットは、スペイン人民戦線への募金活動のようなプロジェクトに、エネルギーを注いだことがあった。しかしもちろん、オッペンハイマー自身はシャーロットよりも政治的に活発だった。軍にどのような圧力が掛かったか文書記録からは不明であるが、多分オッピーが個人的にサーバーの忠誠心を保証したのだろう。ある日、主任駐在警備官のピア・デ・シルヴァ大尉は、オッペンハイマーにサーバーの政治的な背景をぶつけた。しかしオッペンハイマーは重要問題にあらずとして、すべてを却下した。「オッペンハイマーは、以前サーバーが共産党員として正式に活動していたことは知っていたと進んで述べ、実際にサーバーがそう言ったと付け加えた」。オッペンハイマーはサーバーをロスアラモスへ連れてくるにあたって、政治活動はやめなければならないと説明したと言った。「サーバーはそうすると約束したのだから、わたしは彼を信じている」。オッペンハイマーのこの無邪気な根拠は、とても信じられないとデ・シルヴァは思った。いや、無邪気どころではないと思った。

「ザ・ヒル」に住む多くの妻たちと同様に、シャーロット・サーバーは技術部門で働いた。そして、サーバー夫妻に関するG-2保安ファイルは、彼女の家族の左翼的背景に触れていたけれども、科学図書関係の司書というシャーロットの職は、彼女を文字どおり「ザ・ヒル」の最も重要な秘密の門番にしていた。オッペンハイマーは彼女を大きく信用していた。ジーンズやスラックスといったカジュアルな服装のシャーロットは、「社交的たまり場」または「ゴシップ発信基地」としての図書館を牛耳《ぎゅうじ》っていた。

ある日オッペンハイマーは、彼のオフィスにシャーロットを呼んだ。メサの秘密施設についての噂がサンタフェに流れている、とオッピーは説明した。牽制《けんせい》として彼ら独自の噂を流したらどうか、とオッペンハイマーはグローブスに提案した。「それならば」と、オッピーが言った。「サンタフェ用に、われわれは電気ロケットを造っていることにしよう」。サーバー夫婦ともう一組のカップルに、サンタフェのバーにいくつか通ってほしいと、彼は説明した。「しゃべってくれ。しゃべりまくってくれ」と、オッピーは言った。「飲みすぎたような顔をして、しゃべってほしい。やり方は任せる。ただ、電気ロケットを造っているとだけ、言ってくれ」。ジョン・マンリーとプリシラ・グリーンを連れて、ボブとシャーロット・サーバーは、すぐにサンタフェまでドライブして、噂を広げようとした。だれも興味を持ってくれなかった。そしてG‐2も電気ロケットの噂をキャッチしなかった。

軍と科学者およびその家族との関係は常に不安定だった。グローブス将軍は基調を打ち出した。部下との非公式な場面では、グローブスは通常ロスアラモスの民間人を「子供たち」と呼んでいた。彼は部下の指揮官の一人に、「これら個性の強い連中が安心するようにせよ。住環境、家族の問題、その他のことで、彼らの気持ちが仕事から離れないようにせよ」と訓示した。民間人の大部分は、彼らがグローブスを唾棄《だき》すべき人間と見ていることを隠さなかった。そしてグローブスの方は、彼らが何を考えようと気にしなかった。

オッペンハイマーはグローブスとはうまくやっていたが、軍の防諜《ぼうちょう》将校たちのことは、ほとんどが鈍くて攻撃的だと見なしていた。ある日デ・シルヴァ大尉が、オッペンハイマーによって、グループ・リーダー対象に金曜日午後に開かれる定例ミーティングの一つに押し入って、「わたしは不満がある」と言った。デ・シルヴァは説明した。ある科学者が用事で彼のオフィスに入ってきた。そして彼の許可を得ることなく、彼の机の隅に腰を下ろした。「わたしは、気に入らなかった」と、大尉は息巻いた。部屋の中の他の面々が興味津々《しんしん》で見守る中で、オッペンハイマーが答えた。「大尉、この研究所では、だれでもだれかの机に腰を下ろしても構わないのです」

ロスアラモス駐在の中でただ一人ウェストポイント卒業生だったデ・シルヴァ大尉は、自分を突き離して見ることができなかった。「彼は、だれについても非常に疑い深かった」と、デビッド・ホーキンスが思い出した。元共産党員であったホーキンスを、オッペンハイマーが研究所の保安委員に任命したというだけで、デ・シルヴァの疑念は深まるばかりであった。オッペンハイマーはホーキンスが好きで、彼の能力を高く評価していた。ホーキンスが忠実なアメリカ人であるということも、オッペンハイマーは知っていた。ホーキンスの左翼的政治理念は、オッペンハイマーのそれと同様、革命的というより、むしろ改革派に近かった。

セキュリティ規制のいくつかは、だれにとっても腹の立つものであった。部下たちは、手紙が開封されることに文句を言っていると、エドワード・テラーが告げたとき、オッピーは苦々しく答えた。「いったい何をぼやいているのかね。わたしは、自分の弟と話をすることさえ許されていない」。彼は、監視されていると考えただけで、いら立った。「彼は電話が盗聴されていると、絶えず不満を言っていた」と、ロバート・ウィルソンは回想する。ウィルソンはこれを、「いくぶん妄想のように」感ずることもあった。オッピーが本当に、ほぼ全面的な監視下にあったのを彼が知ったのは、だいぶ後のことだった。

一九四三年三月に、軍の防諜部はフーバーFBI長官に命じて、オッペンハイマーの監視を中止させている。三月二十二日付で、フーバーはこれに応じたが、サンフランシスコのエージェントに対しては、共産党でオッペンハイマーと関係があったと見られる個人の監視は続けるように命じた。その同じ日に軍はオッペンハイマーの学術的、身体的な監視を、二十四時間体制で実施する旨、FBIに通告した。オッペンハイマーがロスアラモスに到着する前、すでに多数の軍の防諜部隊（CIC）将校が、秘密の任務に就いていた。その一人アンドリュー・ウォーカーは、オッペンハイマーの個人ドライバー兼ボディガードとして務めるよう命じられた。ウォーカーは後に、CIC将校がオッペンハイマーの手紙と家庭の電話をモニターしていたことを確認した。オッピーのオフィスには盗聴器が仕掛けられた。

一方オッペンハイマーは彼自身、非常にセキュリティを意識するようになっていた。かつては形式張らない大学教授だった人間が、今では機密メモを無くさないようズボンのポケットにピンで留めるという慎重さだった。彼は軍警備員に貴重な時間を提供して、彼らの要求をほとんど実行し、それによって彼らをなだめようとさえした。しかし、仕事の圧力、絶えず見られているという感じ、失敗の恐れ、これら全部が、あるいはこれ以上ものが犠牲者を生み始めた。一九四三年夏のある時点で、オッペンハイマーはロバート・バッカーに辞めようと思っていると告白した。自分の過去の調査によって、悩んでいたのだ。この他にも、仕事の重圧が大きすぎるとバッカーに語った。オッピーが自分の不適格さをリストするのに耳を傾けた後、バッカーはポツンと言った。「他にできる人はいない」

それで、オッピーは気を取り直した。しかし、一九四三年六月に一回だけ、当然オッペンハイマーがCIC将校の懸念を強めるようなことを、やってしまった。キティと結婚したにもかかわらず、ロバートは一九三九年から一九四三年にかけて、毎年およそ二回ジーン・タトロックと会っていた。「我々はお互いにとても深くかかわっていたし、会ったときには非常に深い感情が残っていることを感じた」。彼は後に説明した。彼とジーンは、一九四一年の大みそかごろ会っており、時折バークレーのパーティーで顔を合わせている。しかしオッピーは彼女のアパートや、精神科医として雇用されていた小児病院の彼女のオフィスにも、ジーンを訪ねていた。一度などは、イーグルヒル通りの自宅と目と鼻の先にある、彼女の父の家へジーンに会いに行った。また別の機会には、彼らはトップ・オブ・ザ・マーク（サンフランシスコで最高の景色を楽しめるエレガントなレストランの一つ）でドリンクを楽しんだ。

オッペンハイマーはこの期間に、ジーンとの愛情を再燃させたかもしれないし、そうでなかったかもしれない。われわれが知っているのは彼女との逢引《あいび》きは続いていたこと、二人の間の感情的結びつきは切れていなかった、ということだけである。ロバートが一九四〇年にキティと結婚したしばらく後、ジーンはすでに結婚していた旧友のエディス・アーンスタインを、彼女のサンフランシスコのアパートに訪ねている。ジーンはエディスの女の子マーガレット・リュドミラを抱いて、窓際に立っていた。そのときエディスは、オッピーとの結婚を拒んだことを後悔しているかと彼女に尋ねた。「ええ」と彼女は答えた。そして、「自分がこれほど（精神的に）混乱していなかったら」、多分彼と結婚していただろうと言った。

一九四三年春にオッペンハイマーがバークレーを去るまでに、彼女はジーン・タトロック博士になっており、やりがいのある医学の道に足を踏み入れたところであった。彼女はマウントシオン病院の小児科精神科医となり、そこの大部分の患者は精神的問題を抱えた子供たちであった。彼女は自分の気質と知性に合った職業を見つけたようだった。

その春オッピーとキティがロスアラモスへ発つ前に、どうしても会いたいとジーンが強く求めた。しかし、どういう理由かオッピーは断った。保安関係の問題があったはずはない。なぜなら彼は、スティーブ・ネルソンには、わざわざさよならを言っているからである。おそらく、キティが反対したのだろう。それはともかく、彼はジーンにさよならを言うこともなく、ロスアラモスに発った。そして、彼はそのことで気がとがめていた。文通はあったが、彼の手紙は不可解だとジーンは友人に話している。彼女は何通かの苦しい手紙の中で、彼に帰ってきてほしいと嘆願した。ロバートは彼女が、心理学者ジークフリード・バーンフェルト博士の治療を受けていることを知っていた。フロイトの弟子であるバーンフェルト博士は、オッペンハイマーの親友であり、彼が数年にわたって定期的に参加した研究会のリーダーであった。バーンフェルト博士がジーンの訓練療養士であることを、オッペンハイマーは知っていたし、「彼女がきわめて不幸な状態にある」ことも知っていた。

そこで、一九四三年六月にバークレーに戻る機会があったとき、オッピーはわざわざジーンに電話をして、彼女を夕食に連れ出した。軍の諜報部員は彼の訪問中、跡をつけて後に彼らが観察したところをＦＢＩに報告している。「一九四三年六月十四日、オッペンハイマーはキー鉄道でバークレーからサンフランシスコまで移動した。サンフランシスコではジーン・タトロックが彼を迎え、二人はキスした」。彼らは、それから腕を組んで彼女の車（一九三五年の緑のプリムス・クーペ）の方へ歩いていった。彼女は彼を、バー、カフェ、ダンスホールが一緒になった安っぽいソミルコ・カフェに案内した。彼らは夕食で二、三杯酒を飲み、それから午後十時五十分ごろにジーンは、サンフランシスコのモンゴメリー通り一四〇五番地まで二人で戻ってきた。ここの最上階のアパートが彼女の自宅であった。午後十一時三十分に、明りは消えた。そして、オッペンハイマーは、翌日午前八時三十分まで観察されなかった。翌八時三十分には彼とジーン・タトロックは、一緒に建物を後にした。FBI報告書は述べている。「オッペンハイマーとタトロックの関係は、非常に愛情深く親密に見える」。その晩エージェントは再び、サンフランシスコ中心部のユナイテッド航空営業所で、ジーンがオッペンハイマーに会ったのを目撃している。「タトロックが歩いてやってきた。そして、オッペンハイマーは彼女に会うために駆け出した。彼らは愛情をこめて挨拶をし、近くに置いてあった彼女の車へ歩いて行った。それからキット・カーソンで夕食を取った」。食後に、ジーンは彼を空港まで車で送り、そこで彼はニューメキシコ行きの飛行機に乗った。オッピーが彼女に会ったのは、これが最後だった。十一年後、彼は聴聞会で質問者に、「彼女がなぜあなたに会いたがったのか、知っていましたか？」と尋ねられた。彼は答えた。「彼女がまだわたしに恋していたからです」

オッペンハイマーが、共産党員として知られていたジーンを訪ねたという報告は、ワシントンへと伝えられ、まもなく彼女はソ連情報部に原子爆弾の秘密を渡す、パイプ役の可能性があるとされるようになる。一九四三年八月二十七日に、ジーンの電話盗聴を正当化するメモの中でFBIは、オッペンハイマー自身が「彼女を仲立ちとして利用したかもしれないし、するかもしれない。あるいはコミンテルン組織に影響を及ぼす重要な呼び出しを掛けるのに、彼女の電話を使ったかもしれない」と、示唆している。

一九四三年九月一日、FBI長官J・エドガー・フーバーは司法長官に手紙を書いている。ソビエト・コミンテルンのスパイ活動をFBIが調査した結果、「わが国の戦争遂行に関する重要な機密情報を所有している者の愛人に、ジーン・タトロックがなったことが確定された」。タトロックは、「サンフランシスコ地域のコミンテルン組織メンバーの接触点であり、彼女が接触している男性から機密情報を要求できる立場にいたばかりでなく、組織内のスパイにその情報を渡せる立場にあった」と、フーバーは主張した。フーバーは「コミンテルン組織中のスパイを特定する目的のために」、彼女の電話盗聴を推奨し、その夏遅くに一台の盗聴器が、軍の諜報機関もしくはFBIのいずれかによって設置された。

オッペンハイマーがジーンと一夜を過ごしてから、ほんの二週間しかたっていない一九四三年六月二十九日に、西海岸における軍防諜部の責任者であるボリス・パッシュ大佐は、ペンタゴンにメモを書いて、オッペンハイマーに保安許可を与えずに、解雇するよう勧告した。パッシュは、オッペンハイマーが「未だに共産党と関係があるかもしれない」情報を持っていると報告した。彼の証拠は、すべて状況証拠だった。彼はオッペンハイマーのジーン訪問と、デビッド・ホーキンスへの電話を挙げた。ホーキンスは「バーナデット・ドイルとスティーブ・ネルソンと接触のある党員」であった。

オッペンハイマー自身に、直接科学的な情報を党に送る気がなかったとしても、「その情報が他の接触者の手に入るようにすることはでき、その接触者が代わりにマンハッタン計画の知識をソビエト連邦へ提供できた」と、パッシュは信じていた。当然ながらパッシュは、タトロックが連絡役であったか否かについて考えた。彼はまたFBIの同僚から、一九四三年八月になっても、タトロックが共産党関係の政治的活動に活発だったとも聞いていた。

パッシュの心中でタトロックは主要なスパイ容疑者であり、彼女の電話を盗聴することでそれが証明できればよいと考えていた。それでも不十分な場合は、オッペンハイマーに対抗する武器として、タトロックとの関係という事実を持ち出すつもりだった。六月の末、彼はこれらの線に沿って、グローブスの新しい保安補佐官ジョン・ランズデール中佐宛の長いメモの中で、自分の考えを整理した。ランズデール中佐は、クリーブランド出身の頭のいい三十一歳の弁護士であった。もしオッペンハイマーをすぐクビにできないなら、彼をワシントンに呼びつけ、「スパイ活動防止法と関連規制」に基づいて個人的に締め上げるべきであると、パッシュはランズデールに言った。軍の諜報機関は彼の共産党との関係を全部知っていること、共産党内のどんな友人に対する情報のリークも政府は容赦しないことを、彼に伝えなくてはいけない。グローブス将軍が考えたと同様、オッペンハイマーの野心と誇りを逆手にとって、彼を抑制しておくことができるとパッシュも思った。これは自分の組織の意見であるとして、パッシュは次のように書いた。「当該人物の個人的性向は、自分自身の将来と評判、ならびに現在の仕事が成功した場合にもたらされる高度な名誉を守ることにあります。したがって、彼を現職に留めるものであれば、いかなる政府の計画にも応ずるものと感じております」

しかしその時までに、ランズデールはオッペンハイマーに会っており、そしてパッシュとは異なってオッペンハイマーのことを好きになり、彼のことを信用していた。

しかしその彼も、確かにオッピーはプロジェクトの中心人物ではあるが、彼の政治的な友人関係は問題だと理解はしていた。パッシュの提案を受け取った直後に、ランズデールはグローブス宛に、証拠を簡潔にまとめた二ページのメモを提出した。ランズデールは、米国市民自由連合から民主主義と知的自由に関する米国委員会までを網羅する、オッピーが過去何年かにわたって加入したすべての「前線」グループを、FBIの定義に従って列挙した。共産主義者として知られていたか、その疑いのある人物で、オッペンハイマーと関係のあった次のような人たちの名前を、彼は挙げた。ウィリアム・シュナイダーマン、スティーブ・ネルソン、ハンナ・ピータース博士（カリフォルニア州、アラメダ郡の共産党支部、医師専門部会のオーガナイザーとランズデールが認定した）、アイザック・フォルコフなどである。

また、オッペンハイマーが不適切な関係を結んでいたと疑われていたジーン・タトロックや、「共産党員と信じられていた」ハーコン・シュバリエのような個人的友人も含まれていた。なかでも最も有害なのは、スティーブ・ネルソンのアシスタントであるバーナデット・ドイルが、「非常に信頼できる情報筋（たとえば電話盗聴）によれば、オッペンハイマーと弟のフランクが共産党の正規党員であると言及したことである」と、ランズデールは述べている。

それでも、ランズデールはオッペンハイマーを解雇するような勧告はしなかった。その代わり彼は、一九四三年七月グローブスに助言した。「共産党がマンハッタン計画の情報を手に入れようとしていることを、オッペンハイマーに強く話すべきである」。ランズデールは書いた。「この活動に携わっている裏切り者の何人かがだれであるか、分かっている」。彼は続ける。その他の名前は未だ隠れている。だからこそ軍は共産党の信奉者と見られる個人を、プロジェクトから秩序だって排除しようとしているのだ。大量解雇はしない。実質的証拠に基づく慎重な調査だけだ。このために、ランズデールはオッペンハイマーを利用したかった。「この件で彼に計画を打ち明けるのを、われわれが躊躇したことも、彼に話すべきである。共産党に対する彼の関心と、共産党員の何人かと関連もしくは友好関係があったことは、すでに知られているからである」。このアプローチを採れば、オッペンハイマーは名前を挙げる気になるだろうと、ランズデールは思ったようだ。要するにランズデールがグローブスに話したことは、グローブスがオッペンハイマーを科学責任者として温存したかったら、情報提供者となるようオッペンハイマーに迫るべきだというのだ。

事実その後の数カ月、数年にわたってオッペンハイマーが政府に雇用されている間中、彼はこのパッシュ－ランズデール戦略のさまざまな策略に悩まされることになる。ロスアラモスで、彼には何人かのアシスタントがあてがわれたが、彼らは実は「特別な訓練を受けた防諜部隊のエージェントで、当該人物のボディガードを務めるだけでなく、このオフィスのためのおとり捜査官」も務めていた。彼のドライバー兼ボディガードのアンドリュー・ウォーカーは、パッシュ大佐直属のCICエージェントであった。メールはモニターされ、電話は盗聴され、オフィスには配線が巡らされた。戦争終了後でさえ、彼は詳細な物理的・電子機器的情報収集の対象とされた。彼の過去のかかわり合いは、議会委員会とFBIによって繰り返し採り上げられ、彼自身が共産党員であると疑われていることを、繰り返し思い知らされたのである。

第17章　オッペンハイマーは、真実を言っている

わたしが何か悪いことをしたというなら、喜んで銃殺刑になりましょう。

ロバート・オッペンハイマーより、ボリス・パッシュ中佐へ

グローブス将軍はランズデール中佐の提案に同意した。プロジェクトの科学的な責任者としてオッペンハイマーをとどめるが、ランズデールは彼の防諜網にオッペンハイマーを巻き込むこととする。もっともなことだが、パッシュはこの手ぬるい戦略に反対したが、一九四三年七月二十日、オッペンハイマーに保安許可証を支給するよう、グローブスはマンハッタン計画保安部に指示した。これは、「オッペンハイマー氏に関してどのような情報があるかにかかわらず実行されるべきものとする。同氏は本プロジェクトにとって絶対的に不可欠な人物である」。この決定に憤慨した保安担当官はパッシュだけではなかった。

グローブスの側近ケニス・ニコルズ中佐が、保安許可証の下りたことをオッペンハイマーに知らせたとき、ニコルズは警告した。「今後は問題ある友人との付き合いを慎んでいただきたい。それから、あなたがロスアラモスから外出されるときは、必ず跡をつけますからそのおつもりで」。ニコルズは、すでにオッペンハイマーに強い不信感を抱いていた。それは過去の共産党員との付き合いだけでなく、ロスアラモスに「疑わしい」人物を採用して保安を危険にさらしている、と信じ込んでいたからだ。オッペンハイマーに会えば会うほど、ニコルズは彼を軽蔑するようになった。グローブスがこれに同調せず、この物理学者を信用するようになったことがニコルズをいらいらさせ、オッペンハイマーに対する彼の憤りは増幅するばかりであった。

オッペンハイマーを排除することはできなかったとしても、被害を受けた人もいた。たとえば、オッペンハイマーの弟子ロッシ・ロマニッツなどである。一九四三年七月二十七日、この二十一歳になる物理学者はアーネスト・ローレンスのオフィスに呼ばれ、放射線研究所のグループ・リーダーに昇進させると告げられた。しかし三日後、パッシュによる調査報告書に基づいて、ロマニッツは管轄の徴兵委員会から速達を受け取った。そこには翌日、身体検査のために出頭すべしとあった。彼は、すぐにロスアラモスのオッペンハイマーに電話をして、何が起こったかを話した。オッピーはその午後、急いでペンタゴンに電報を打ち、次のように訴えた。「非常に重大な誤りが起きようとしている。ロマニッツは現在バークレーで、現在の職責を果たせるただ一人の人物である」。この介入も効なく、ロマニッツはまもなく入隊した。

数日後、ランズデールはロスアラモスのオフィスにオッペンハイマーを訪ね、長時間話し込んだ。ランズデールはオッペンハイマーに、これ以上ロマニッツを助ける努力をしないよう警告した。この若い物理学者は、「看過もしくは容赦しがたい無分別」の罪を犯したと見なされたというのだ。放射線研究所に入所後でさえ、ロマニッツは政治活動を続けていたと、ランズデールは明言した。「それは、けしからん」と、オッペンハイマーが言った。爆弾プロジェクトに参加したら政治的な仕事は慎むことをロマニッツは約束していた、とオッペンハイマーは言う。

それからランズデールとオッペンハイマーは、共産党についての一般的な話に入った。軍の情報将校として、個人の政治的信条に関心を持つものではないと、ランズデールは断言した。機密情報が許可されていない人間の手に渡るのを防ぐことをただ一つ考えている。ランズデールが驚いたのは、オッペンハイマーがこれに強く反対したことだ。このプロジェクトで一緒に働く人間は現在、共産党員であっては困ると言うのだ。このときの会話に関するランズデールの覚書によると、オッペンハイマーは「人には常に、引き裂かれた忠誠心という問題がある」と説明した。共産党内の規律は「非常に厳しくて、プロジェクトに対する完全な献身とは相容れないものである」。彼は、現在党のメンバーである人々だけについて話していることを、ランズデールに明らかにした。以前にメンバーであった者は別問題である。現在はロスアラモスで働いているが、以前党員だった人が何人かいることを知っていた。

元党員の名前は、とランズデールが訊こうとしたとき、だれかが部屋に入ってきて、会話は中断された。その後ランズデールは、オッペンハイマーが「自分は元党員であったこと、そしてこの仕事に従事するにあたって、この関係をはっきり断ち切ったと言おうとしていた」、という印象をはっきり持った。オッペンハイマーが「精いっぱいの誠実さを見せていた」というのが、ランズデールの全体的な印象であった。この科学者は「ほのめかし方が非常に微妙だった」が、同時に彼の立場を説明したいと「気にしていた」ようだ。それから数カ月、二人の男は時折セキュリティ問題についてやり合うことになるが、ランズデールはオッペンハイマーが国に忠誠で、献身的であると常に考えていた。

しかしオッペンハイマー自身は、ランズデールとこの会話をした後で心配になった。彼の仲介にもかかわらずロマニッツが研究所を解雇されたという事実は、頭の痛いことであった。この解雇の原因となった「無分別な行動」が何であったか分からないが、オッペンハイマーはＦＡＥＣＴのための組織活動であろうと、推測していた。これに関連して、シェルの技術者で、シュバリエを通じてソビエトへのプロジェクト情報提供を持ちかけてきたジョージ・エルテントンも、ＦＡＥＣＴで活躍していたことを思い出した。六カ月ほど前キッチンでシュバリエと交わした、エルテントン計画に関する会話はバカらしいとして退けたが、今になってみると深刻に思えてきた。かくして、ランズデールとオッピーの会談は、ある宿命的な決定の引き金となる。エルテントンの活動について当局に話さなければならないと、彼は決心した。

グローブス将軍は後に、オッペンハイマーが初めてエルテントンの名前を持ち出したのは、八月の初めか中ごろであったとＦＢＩに語っている。しかしオッペンハイマーはそこで止まらなかった。一九四三年八月、プロジェクトの用事でバークレーへ行ったときロバートは、放射線研究所の軍警備担当ライアル・ジョンソン中尉のオフィスに立ち寄った。ロマニッツに関する短い議論の後、シェル開発会社に勤めている男で、ＦＡＥＣＴで活躍している者がいるとジョンソンに話した。エルテントンという名前で、監視を要すると言った。エルテントンが放射線研究所の仕事に関する情報を得ようとしているかもしれないと、彼はほのめかした。それ以上は言わずに、オッペンハイマーは帰って行った。ジョンソン中尉は、すぐに上司のパッシュ大佐に電話した。パッシュはオッペンハイマーと会いたいから、明日また来るよう彼に手配を命じた。その夜中に、ジョンソンの机の電話には小さなマイクが仕込まれ、隣室の記録装置へ配線された。

その翌日再び出頭したオッペンハイマーは、後に彼の運命を左右することになる、ある質問を受ける。彼はジョンソンのオフィスに入ると、パッシュに紹介されてびっくりする。パッシュとは未だ面識はなかったが、それでも評判の男なので名前は知っていた。三人の男が腰を下ろすとき、パッシュ自身がこのインタビューを主導するのは明らかだった。

それからパッシュが、前日にジョンソン中尉とオッペンハイマーが交わした会話について尋ね始めたとき、オッペンハイマーはそれを遮って、自分が討議しようと考えていたロッシ・ロマニッツの件を話し始めた。ロッシに話をすべきであるか否かは、分からないとオッペンハイマーは説明した。しかし、自分が軽率だったと彼に話したいと、オッペンハイマーは言った。

パッシュはオッペンハイマーの話を遮って、もっと大きな懸念があると言った。放射線研究所に興味がある「他のグループ」が、あったかどうか？

「ああ、あったと思いますよ。しかしわたしには直接の知識がありません」。オッペンハイマーは答えた。しかし続けて言った。「ソビエト領事館付の名前を知らないある男が、このプロジェクトに関心を持っている仲介者を通して間接的に提供できる情報があれば、漏れたりスキャンダルになったりせずにこれを伝えられる立場に自分がいる、と表明したことは事実だと考えます」。それから彼は、同じサークルに参加するかもしれない人たちが、「思慮に欠けた」行動を取る可能性を心配していることを述べた。ソビエト領事館の何者かによる、放射線研究所の活動に関する情報を集める努力を「事実」として明らかにすることで、オッペンハイマーは一歩前に飛び出した。パッシュに遮られることもなく、オッペンハイマーは自分の個人的立場を説明したのだ。「ごく率直に言って、担当司令官がロシアに対して、われわれがこの問題に取り組んでいることを知らせる、というアイデアに賛成したいと思います。少なくとも、それをする議論の余地があるとは思いますが、このアイデアを除外させることには何としても賛成できません。それに目を光らせていても困らないのではないかと、わたしは思います」

ロシア共産党を嫌うために生まれてきたようなパッシュは、素っ気なく応じた。「正確にどんな情報を君が持っているか、もう少し具体的な情報をもらえないかね？　プロジェクト全体が君にとって関心があるのときわめて同程度に、この話（秘密情報の移送）がわたしにとって関心があることは、お分かりだろう？」。オッペンハイマーは答えた。「〝アプローチ〟は私以外のところで起きていました。その人たちはそれで悩み、わたしのところへ相談しにきたこともあります」

オッペンハイマーは複数形を使った。そして彼はこのアプローチの二件以上について詳細を述べ始めた。彼はこの会談に臨むにあたって準備はしていなかった。実は、ロマニッツに関するジョンソン中尉との会話の内容を詳細に聞かれると予想していた。突然、パッシュはオッペンハイマーを直視し一連の質問を浴びせてきたので、オッペンハイマーは心配になると同時に多弁になった。多弁になりすぎたというべきか。

六カ月前にシュバリエとキッチンで交わした短い会話は、記憶がかすんでいた。エルテントンが後にFBIに語ったように、おそらくシュバリエは、エルテントンが三人の科学者に接近することを提案したとオッペンハイマーに言ったのだろう。オッペンハイマーのほかに、ローレンスとアルバレスである。しかしおそらくオッペンハイマーは、ソビエトが新しい武器技術にアクセスすべしという考え方について交わした何回かの会話も頭にあっただろう。ごく当然のことだった。彼の友人、学生、同僚の多くは、ヨーロッパでファシストが勝利しないかと、毎日心配していた。ソ連軍だけがそのような災難を防ぐことができると、彼らは思った。その判断はまったく正しかった。当時放射線研究所で働いていた物理学者の多くは、軍に加わっていなかった。ただ一つの理由は、彼らの特別プロジェクトが戦争遂行に大きく貢献すると確信していたからであろう。この確信はオッペンハイマー自身によって高められた場合が多かった。これらの男性たちは、ファシストの猛攻撃の矢面に立っている人たちを助けるために、わが国の政府はできる限りのことをやっているか、しばしば議論した。何のかの言っても、ソビエトがアメリカの新聞紙上で英雄的同盟国として持ち上げられていたときであるから、オッペンハイマーもきっと、彼の同僚や学生の多くが、攻囲されたロシア国民を助けたいという願望を口に出しているのを聞いていたはずである。

したがってオッペンハイマーはそのとき、ソビエト支援に関連して彼にアプローチしてきた人たちにはだれも、「協力しているというより、迷惑している」といった態度であったことを、パッシュに説明しようとしたのだ。彼らは同盟国を助けるという考え方に同情的ではあったが、オッペンハイマーのいわゆる情報をリークする方法には悩まされていた。オッペンハイマーはそのとき、彼がグローブスとジョンソン中尉にすでに話した内容を報告した。つまり、シェル開発会社で働いているジョージ・エルテントンを見張るべきである、ということだ。「彼はおそらく、情報提供に関して最大限協力するよう要求されているはずである」。オッペンハイマーが言った。彼によるとエルテントンは、このプロジェクトにかかわっているある男性の知り合いである友人に話を持ちかけた。

パッシュが接近された相手の名前を明らかにするよう迫ったとき、その個人はまったく無実だという理由で、オッペンハイマーは丁重に拒絶した。「一つお話ししましょう」と、オッペンハイマーが言った。「わたしは二、三のケースを知っています。そのうち二人の男性は、ロスアラモスでわたしと非常に密接な関係があります」。これら二人のロスアラモス関係者は別々に、しかし一週間もおかずにアプローチを受けた。第三の男は放射線研究所の所員であったが、すでに退職していたか、テネシー州にあるマンハッタン計画のオークリッジ施設（サイトX）への異動が予定されていた。これらのアプローチはエルテントンからではなく、第三者からのものだった。オッペンハイマーは、「間違っているといけないから」として名を挙げることを拒否した。その男自身は無実であったというのが、自分の「正直な意見」であるとオッペンハイマーは説明した。この男はあるパーティーでエルテントンに紹介され、エルテントンが次のように言ったと、彼は推測した。「わたしを助けてもらえませんか。これは真剣な話です。ここで重要な仕事が進められていることを知っていますが、これを同盟国に利用させるべきだと思います。ここの人たちが協力してくれるかどうか、調べてもらえませんか？」

この「第三者」はバークレーの学部教師であるという以外、オッペンハイマーは頑として話を拒否した。それは次のような根拠からだった。「わたしはイニシアティブを取ったのはエルテントンだと、お話ししたと思います。その他のことはほとんどアクシデントのようなものです」。オッペンハイマーがエルテントンの名前を挙げたのは、この男が「国にとって危険」であると考えたからである。彼はその話の中で、友人のハーコン・シュバリエの名前を挙げることはなかった。彼は無実と信じていたからである。「エルテントンとプロジェクトの仲介者は、これはいけないことだが、状況からやむをえないと言っていました。彼はこの考えに賛成していませんでした。実際それは分かっていました」。オッペンハイマーはパッシュに語った。

エルテントン以外は、シュバリエもその他だれの名前も明かすことを拒否したオッピーではあったが、友人たちが経験したアプローチの真実については自由に、またかなり詳細に話した。これらの話のすべてを、当たり障りのない前後関係に置くように努力して、彼はパッシュに話した。「背景を説明しましょう。背景は次のようでした。これら二つの同盟国の関係がどれくらい難しいか、あなたはよくお分かりでしょう。ロシアに親近感を感じない人々がたくさんいます。したがってレーダーその他の膨大な機密情報はロシアには届きません。ロシアは命がけで戦っており、どこで何が行われているか知りたいと考えています。これは言い換えれば、両国のコミュニケーションの欠陥を補整することです。こういう形で提示されたのです」

「分かった」とパッシュが答えた。

「もちろん」と、オッペンハイマーは急いで認めようとした。「実際問題としては、本来のコミュニケーションではありませんから、それは反逆です」。しかし、アプローチの精神はまったく反逆ではなかったと、オッピーが続けた。同盟国ソビエトを援助することは、「多かれ少なかれ政府の方針でした」。関与した人間は、官僚機構におけるロシアとの公式コミュニケーションの「欠陥」を、補完するよう依頼されただけだ。オッペンハイマーは、情報がロシアに送られる仕組みさえ説明した。エルテントンの連絡係から接触を受けた友人の話によると、エルテントンとの面談が手配されるという。彼らはエルテントンを紹介し、「このエルテントンは、ソビエト大使館から領事館に派遣されている男と密接な関係がある。彼は大変信頼できる男で、マイクロフィルム作成その他あらゆることに有能である」と、語った。

「機密の情報」「反逆の可能性」「マイクロフィルム」。オッペンハイマーはこれらの単語をすべて使った。オッペンハイマーがカチカチの共産主義エージェントではないにしても、保安上危険な人物であると確信していたパッシュをさらに警戒させた。パッシュは、彼の前に座っている男を決して理解しなかった。彼とオッペンハイマーは隣接した街に住んではいたが、お互いに別世界の人間だった。ハイスクールのアメリカンフットボールの元コーチであった情報将校は、オッピーが反逆罪に結びつく可能性もある活動について話しながらも自信たっぷりに見えること、そして同じ話の中で、原則として無実と信ずる人の名前は言えないと説明したことは、驚きであったに違いない。

いくつかの点において、オッペンハイマーはシュバリエとの会話以来六ヵ月の間に人間が変わった。ロスアラモスが彼を変えたのだ。彼は今や、爆弾研究所の責任者、科学部門の管理者であり、プロジェクトの成否は彼の双肩に掛かっていた。しかし他の点においては、今までと変わらぬ自信があり、才能がある物理学教授であった。そして、驚くほど広範なテーマについて情報に基づいた意見を持っていることを、毎日のように証明して見せた。パッシュには彼なりの仕事があると、オッペンハイマーは理解した。しかしオッピーは、だれが危険人物（エルテントン）で、だれがそうでないか（シュバリエ）は自分独自の判断で決定できると確信していた。彼は自分の信念を次のようにパッシュに説明さえした。「共産党活動と関係を持つことは、秘密の戦争プロジェクトに携わる仕事と両立しません。要するに二つの忠誠心は共存できないということです」。さらにまた、「多くの才能があり思慮深い人々が共産党運動の中に何かを発見し、そこに所属することは、わが国にとって良いことかもしれないと思います。ただしそれが戦争関連プロジェクトでないことを祈ります」。オッペンハイマーはこのように述べた。

彼がほんの数週間前にランズデールに話したように、党紀はメンバーに二重の忠誠心を要求する圧力をかけた。例として彼は未だに「責任感」を感じているロマニッツを引き合いに出した。ロマニッツは、「サークル内（共産党の意）で軽率だったかもしれない。そのことが彼をトラブルに巻き込んだ」。人々がしばしばロマニッツに接近し、話がうまくいきそうな言葉か何かを得たので、「それを追求するのが義務」と考えたのだろうと、オッピーは確信していた。この理由から、共産主義者は秘密の戦争プロジェクトから隔離されるべきであると同意できれば、だれにとっても話はすっきりするだろう。

振り返って見ると、こういったアプローチを受けた経験のあるかなり多くの人々が悪気のない無実であることを、信じられないことだが、オッペンハイマーは繰り返しパッシュに納得させようと努めていた。「多分国から命じられた義務を遂行しているロシア人を除いて、ここに登場するその他の人物はだれもが、実はその方法を考える以外何もしなかったと感じていることを、わたしは確信しています。彼らはこの行為が、完全にわが国政府の政策と一致しており、国務省の数人の連中がこのようなコミュニケーションを妨げた事実を、単に埋め合わせるために行っていると見なしたのではないでしょうか」。米国は若干の情報を英国と共有している。したがってそのことと、類似の情報をソビエトと共有することとの間に、大きな相違があると多くの人は考えないと、彼は指摘した。「このようなことが、たとえばナチスとの間で引き続き行われたら、事情はいく分違ってくるでしょう」。彼はパッシュに言った。

パッシュの観点からすれば、この話自体が法外なことで、そのうえまったく本筋からずれていた。エルテントンおよび氏名不詳の教職員の少なくとも一人が、マンハッタン計画に関する情報を手に入れようとした。これはスパイ活動以外の何物でもない。それでもパッシュは、保安問題に関するオッペンハイマーの講説を根気よく聞いたうえで、会話の焦点をエルテントンと無名の仲介者に戻した。ロマニッツからオッペンハイマーの話に戻って、彼にもっと多くの名前を明らかにしてもらう必要があると、パッシュは説明した。オッペンハイマーは、自分はただ「合理的に行動」しようとしていること、またエルテントンのようにイニシアティブを取った人と、こういったアプローチに消極的に反応した人びとの間に、「線を引こうと」していることを再び説明した。

彼らは、その後少し長くやり合った。パッシュは少し皮肉を交えて言った。「わたしは頑固ではないが……（ハ、ハ、ハ）」。「あなたは頑固ですよ。まあ、それがあなたの義務ですけれど」と、オッペンハイマー。

質問の終わりころオッペンハイマーは、FAECT組合に対する彼の以前からの懸念に話を戻した。パッシュが知りたかった大事な点は、「監視をすべき何かがそこにある」ということだった。オッペンハイマーは、「このFAECT組合員のだれかに、何が起きるか、何が見つかるか報告させても問題ないだろう」とさえ示唆した。パッシュは、すぐにこの提案を取り上げ、組合の中で情報提供者として働いてくれそうな者をだれか知らないかと、オッペンハイマーに尋ねた。オッペンハイマーは、「知らない」と答えた。「(デビッド・)フォックスという男が委員長だということしか知りません」

またオッペンハイマーは、ロスアラモスの責任者としてパッシュに次のとおり明言した。「すべて完全に秩序を保っています。本当です」。それから強調して付け加えた。「わたしが何か不都合をしたら、銃殺されても構いません」

ロスアラモスを訪問してみようとパッシュが意思表示をしたとき、オッペンハイマーはからかった。「わたしのモットーは、神のご加護がありますように、です」。オッペンハイマーが立ち上がって帰ろうとしたとき、記録係はパッシュの言葉を捕らえている。「幸運を祈る」と、パッシュ。「ありがとうございます」と、オッペンハイマーが答えた。

それは奇妙であると同時に、最終的に壊滅的結果をもたらすパフォーマンスであった。オッペンハイマーはスパイ活動の赤旗を掲げて、エルテントンを罪人と確定し、無名の「罪のない」仲介者について説明し、この罪のない人が同様に罪のない他の数人の科学者に接触したと報告したのである。彼は自分の判断について確信があったので、名前を挙げる必要はないとパッシュに保証した。

オッペンハイマーが知らないうちに、この会話は記録され、書き記されていたことを忘れてはなるまい。それはオッペンハイマーの保安ファイルの一部となり、彼が後にアプローチの話は（二件だったか三件だったか確かでない）不正確であったこと、出所がどこか彼自身説明できない「まゆつばもの」と主張することになったので、オッペンハイマーがパッシュに嘘をついたのか、それともそのときは本当のことを言ったが後で嘘をついたか、証明できなくなってしまった。彼は知らないうちに時限爆弾を飲み込んだようだ。それが爆発するまでには十年がかかった。

パッシュとオッペンハイマーの出会いの余波として、ランズデールとグローブスは、ある深刻な問題を抱えてしまったことを認識する。一九四三年九月十二日に、ランズデールはもう一度オッペンハイマーと会い、長時間にわたって率直に話し合った。オッペンハイマー尋問の写しを読んだランズデールは、嫌疑のかかっているスパイ活動の真相を究明する決心をしたのだった。今回もまた、こっそりと会話を記録した。

オッペンハイマーをおだてることから始める、ランズデールの試みは明らかだった。「わたしは、お世辞で言うつもりはまったくないが、あなたは多分、わたしがこれまでに会った中で最も知的な人だ」。そう言った後で彼は、前回の会話でまったく率直というわけにいかなかったことを認め、今日は「完全に率直」な話をしたいと言った。ランズデールは説明した。「このプロジェクトに関する情報を、数人の人々がソ連政府に送っていたことを、われわれは二月からつかんでいた」。ソビエトはプロジェクトのスケールを知っており、ロスアラモス、シカゴ、オークリッジの施設について知っており、プロジェクトのおおまかな計画表について知っていると、ランズデールは主張した。

オッペンハイマーはこのニュースに、大きなショックを受けたようだった。「知りませんでしたね」と、ランズデールに言った。「情報を盗む話については、前に一件耳にしました。日付がいつだったか分かりません。調べたけど分かりませんでした」

話題はすぐに共産党の役割に移った。戦争遂行にかかわる機密任務にある者は、党籍を離脱するのが共産党の方針であると耳にしたという点では両者の意見が一致した。ロバートは、弟のフランクが党との関係を断ち切ったと、自発的に述べた。さらに、十八カ月前プロジェクトを立ち上げたとき、フランクの妻「ジャッキー」に共産党員との付き合いをやめるように話したと、ロバートは言った。「実際に彼らがそうしたかどうか、わたしは知りません」。弟の友達が「きわめて左派であることには未だに頭を痛めており、支部ミーティングをアプローチの非常によい機会だと見なすことは必要とは思いません」。オッペンハイマーはこのように告白した。

代わってランズデールが、保安の問題全体に対する彼の方策を説明した。

「共産主義を証明することがどれほど難しいことかは、わたし同様あなたも知っていると思う」。ランズデールが言った。それに、彼らのゴールは「ガジェット（道具）」を造ることであるから、ある男がプロジェクトに貢献しているかぎり、その政治信条は問わないことをランズデールは示唆した。結局、だれもが仕事を完遂するために命を賭けているが、「我々はこれ（プロジェクト）をとことん保護するつもりはない」。しかし、ある男がスパイ活動に携わっていたと考えたら、「彼を起訴すべきか、それとも単にプロジェクトから排除すべきか、あなたたちは決断をしなければならない」。

ここでランズデールは、オッペンハイマーがエルテントンについてパッシュに話したことを持ち出した。そしてオッペンハイマーはもう一度、自分に接近してきた個人の名前を挙げることは、正しいとは思わないと繰り返した。

「わたしが知っている他の名前は、いずれの件に関しても有罪とは考えられない人々ですので、これ以上名前を挙げることを躊躇します。彼らは、その他どんな形でも一切かかわりない人々です。つまり、わたしはこの状況は規則的でないし系統だってもいないと思います」。したがって彼は「義務感から」仲介者の名前の発表を控えることは「正当である」と感じていた。

方向を変えてランズデールは、バークレーでプロジェクトに取り組んでいる個人の中で、オッペンハイマーが共産党員と考える人の名前を尋ねた。オッペンハイマーは何人かの名前を挙げた。最後にバークレーへ行ったとき、ロッシ・ロマニッツとジョー・ワインバーグの両名が党員であることを知ったと、彼は言った。ジェーン・ミュアーという名の秘書も党員であると、彼は考えた。ロスアラモスでは、シャーロット・サーバーが一時期党員であったことを知っていると言った。彼の親友ボブ・サーバーに関して、ロバートは言った。「その可能性はあると思います。しかし知りません」

「デイブ・ホーキンスはどうかね?」と、ランズデールが訊いた。

「彼が党員だったとは思わないし、党員だったとは言えません」

「ところで」と、ランズデールが言った。「あなた自身、これまでに共産党のメンバーだったことがあったか?」

「いいえ」と、オッペンハイマー。

「でも西海岸のあらゆる前線組織に属していたのではないかね」。ランズデールが示唆した。*

「まあ、そんなところです」。オッペンハイマーは何気なく答えた。

「実際問題として、一時はあなた自身を同調者と考えたことがあったかね?」

「そうでしょうね」と、オッペンハイマーが答えた。

「わたしのかかわりは時間的に非常に短く、非常に激しいものでした」

その後ランズデールはオッペンハイマーに、まだ加盟もしていない党に、なぜ比較的短く激しいかかわりを持ったのか、説明を求めた。今われわれが取り上げている人々の多くは「善悪の非常に深い感覚から党に加わった」と、オッペンハイマーは述べた。何人かは「非常に深い情熱、ときには宗教的な関与と同類のもの」を持っていたと、オッペンハイマーは言った。

「しかし、わたしには理解できない」と、ランズデールが遮った。「ここには何か特殊なものがある。彼らは、一定した理想に固執しているわけでもない。マルクス主義に固執しているのかもしれないが、外国の外交政策を支援するために考案された線に沿って、ねじれたり、曲がったりしている」

オッペンハイマーは同意して言う。「この信念は、人をヒステリックにするだけではあ

＊　一九五四年の保安聴聞会の最中、これらの言葉はオッペンハイマーのものとされた。

りません。わたしには、共産党におけるわたしの党員資格など、まったく想像もできません（明らかに彼がここで言っていることは、実際に共産党に加入することなど、まったく想像もできないということである）。わたしが関係していたときは、党の修復（原文ママ）とか目的とか、わたしが熱烈に信ずることができる状況がたくさんありました」
ランズデール「どれくらいの期間ですか？」
オッペンハイマー「スペイン戦争のころから、ナチ・ソビエト協定までです」
ランズデール「協定までか。その時点で手を切ったというんですね？」
オッペンハイマー「わたしは、決して手を切ったことはありません。最初から、切るようなものはなかったからです。わたしは、いろいろな組織から、一つ、また一つと姿を消したのです（強調が加わった）」
ランズデールがもう一度名前を挙げるよう要求したとき、「関係していないと請け合える人を巻き込むことは、きたないトリックだと思います」。オッペンハイマーは答えた。ランズデールはため息をついてインタビューを終えながら言った。「わかりました」
二日後の一九四三年九月十四日に、グローブスとランズデールは、エルテントンについてオッペンハイマーともう一度会談した。彼らはシャイアンとシカゴ間の列車の中に居た。

そして、ランズデールは会話のメモを取った。グローブスはエルテントン問題を取り上げたが、オッペンハイマーは命令があった場合を除いて、仲介者の名前は明かさないと言った。一カ月後、オッペンハイマーは再び仲介者の名前を挙げることを拒否した。しかし奇妙なことに、グローブスはロバートの立場を認めた。「友人について告げ口するのは悪いこと、とするアメリカ男子生徒の典型的態度」と、グローブスは取ったからである。事の詳細をFBIに迫られたランズデールは、自分もグローブスも「オッペンハイマーは真実を言っていると信じた」と、担当官に述べている。

グローブスの部下の大部分は、オッペンハイマーを信用することに関しては、グローブスと意見を異にした。一九四三年九月の初め、グローブスはマンハッタン計画の別の警備担当官ジェームズ・マレーと、ある会話をした。オッペンハイマーが最終的に保安許可証を交付されたことに落胆したマレーは、グローブスにある仮定の質問をした。ロスアラモスで二〇人の個人が共産主義者であると確定し、その証拠がオッペンハイマーの前に突きつけられたら、オッペンハイマーはどのように反応するでしょうか？　グローブスは答えた。すべての科学者は自由主義者である。そして驚くことでもない、とオッペンハイマー博士は言うだろう。それからグローブスは、マレーにあることを話した。その何カ月か前オッペンハイマーは、秘密遵守宣誓書に署名するよう求められた。そこには色々と書かれていたが、中に「常にアメリカ合衆国に忠誠であること」という一項があった。オッペンハイマーは誓約に署名した。しかし、彼は最初に次のような言葉を口にし、それを書き足した。「わたくしは、科学者としてのわたくしの名声を賭けて誓います」。「忠誠」の誓いが個人的に不愉快であったとしても、オッペンハイマーはそれでも科学者としての絶対的信頼性を担保に入れるというのだ。それは傲慢な行動ではあったが、科学とはオッペンハイマーが祈りを捧げる祭壇であること、今回のプロジェクトの成功にオッペンハイマーが絶対的な言質《げんち》を与えていることを、グローブスに明らかにする意図を示したものであった。

グローブスはマレーに説明を続けた。ロスアラモスにおけるいかなる破壊活動も、オッペンハイマーは個人的な裏切りと見なすだろうと、グローブスは信じている。「言い換えると」、グローブスが言った。「それは国の安全の問題ではなく、むしろある人間が、OPP（オッペンハイマー）に反対して、プロジェクト完成の暁にはオッペンハイマーのものになるはずの評価を、得られないようにするか否かの問題である」。グローブスの目から見ると、オッペンハイマー個人の野心が彼の忠誠心を担保していると思われた。マレーの会話メモによると、グローブスは次のように説明した。「オッペンハイマーの妻は、夫が名声を獲得するようやかましく要求しており、またこの妻は、この分野では今まで、アーネスト・ローレンスがすべての脚光と栄誉を独り占めしてきたという見方をしている。彼女としては夫のOPP博士の方が、この栄誉を受けてしかるべきであり、また今回は、世界の歴史に彼自身の名前を残す大きなチャンスであると考えている」。この理由からグローブスは結論した。「彼は今後ともアメリカ合衆国に忠実であり続けると思われる」

激しい野心は、グローブスが尊敬し信用する一つの人間性であった。それは彼とオッピーに共通する特徴でもあった。それに彼らには、ファシズムを打ち破って戦争に勝つために、この根源的な兵器を造るという並外れた共通のゴールがあった。

グローブスは、自分には人の性格を判断する力があると考えており、オッペンハイマーには、ゆるぎない誠実さがあると信じていた。しかし、追加の名前が明らかにされないと、エルテントン事件についての軍とFBIの調査が進まないことも、彼は知っていた。そこでついに一九四三年十二月の初め、グローブスはオッペンハイマーに、エルテントンの要請で彼に接近した仲介者の名前を明らかにするよう命令した。命じられたなら率直に応えると公言してあった手前、オッペンハイマーはしぶしぶシュバリエの名前を明かした。そして、この友人は無実で、スパイ活動を犯していなかったと主張した。八月二十六日にロバートがパッシュに話したものとこの新情報をまとめて、ランズデール大佐は十二月十三日FBI宛に次のような手紙を書いた。「DSMプロジェクト（爆弾計画の初期の名称）に携わる三人のメンバーが、カリフォルニア大学の某教授から、スパイ活動をするようアプローチを受けた旨知らされたと、J・R・オッペンハイマー教授は述べた」。某教授の名前を挙げるよう命令されたとき、オッペンハイマーはシュバリエを仲介者と特定した、とランズデールは述べた。ランズデールの手紙は、他のいかなる名前も口にしなかった。その理由は、シュバリエが接近した三人の男の特定を未だにオッペンハイマーが拒否していたからか、またはもっと可能性があるのは、グローブスが仲介者の名前だけを尋ねたからかの、どちらかであった。これはFBIをいらいらさせ、二カ月後の一九四四年二月二十五日にFBIは、オッペンハイマーに「他の科学者の名前を明らかにさせるよう」、グローブスに迫った。グローブスはこの要請に応えなかったようだ。なぜなら、FBIの記録を見てもその回答を見つけることができないからである。

これにもまた『羅生門』風に、もう一つのバージョンがある。一九四四年三月五日に、FBIのエージェントであるウィリアム・ハービーが、「シンラッド（Cinrad）」という表題の総括メモを書いた。「一九四四年三月に、レスリー・グローブス将軍はオッペンハイマーと会談し相談した」と、ハービーは報告している。* ハービーは報告した。「オッペンハイマーは最後に、シュバリエがアプローチしたのは一人の人物だけで、その人物とは弟のフランク・オッペンハイマーであったと、レスリー・R・グローブス将軍は述べた」。このバージョンにおいては、一九四一年の秋にシュバリエがフランク・オッペンハイマーに接触したことになっている。フランクはすぐ兄のロバートに知らせ、ロバートは直ちにシュバリエに電話をして「怒鳴りつけた」と報告されている。

フランクが入ってくると、もちろん話はがらりと変わる。しかしこのストーリーは、疑わしいだけでなく、確実に間違っている。なぜシュバリエは、最も親しい友人のロバートではなく、ほとんど面識のないフランクに接近したのか？　それにだれであったとしても、一九四一年の秋、プロジェクトの情報をフランクに求めたという点がまったくおかしい。このプロジェクトは、どんなに早くても一九四二年夏にならないと始まっていない。さらにシュバリエとエルテントンは、FBIにより並行して行われた尋問において、イーグルヒルの台所での会話は、オッペンハイマーとシュバリエの間のものであり、一九四二年か

＊　ハービーは、日付を間違ったと思われる。

ら一九四三年の冬に起こったと確認している。さらにまた、三月五日付ハービーの覚え書きは、同時期の文書としては、フランク・オッペンハイマーに概略で言及しているただ一つのものである。そしてFBIはファイルを調査した後、「このフランク・オッペンハイマーが関係する報告書の出所は、FBIのファイルには見当たらない」と報告した。それでも、ハービーのレポートは現在、オッペンハイマーのFBI関係書類の一部になっているので、報告書のこの部分はそれ自体が強い影響力を持つことになる。*

＊ 何年にもわたって、リチャード・ローズ、グレッグ・ハーケン、リチャード・ヒューレット、ジャック・ホールといった思慮深い歴史家は、フランク・オッペンハイマーが何らかの形でエルテントン計画に関与していた可能性を示唆している。

第18章　自殺　原因不詳

すべてが、いやになった。

ジーン・タトロック
一九四四年一月

一九四三年の秋ボリス・パッシュ中佐は、ソビエト領事館に情報を流す件に関連して、だれがオッペンハイマーと話をしたか知ろうとして、いらいらして二カ月を過ごしていた。彼と配下のエージェントは、さまざまなバークレーの学生や教職員に聴取を繰り返したが、その甲斐もなく得るものはなかった。パッシュの調査は粘り強く断固としており、オッペンハイマーにきわめて敵対的であったため、グローブスは最終的に、結果の出ない調査にパッシュが軍の時間と資源を浪費していると結論した。このためグローブスは結局、一九四三年十二月の初めオッペンハイマーに命令して、接触者シュバリエの名前を出させることとなる。同時にグローブスは、パッシュの才能はどこかほかの、もっと良い用途に向けるべきだと決意する。彼は十一月、コードネーム「Ａｌｓｏｓ」という秘密の任務を帯びた軍指揮官に任命された。その任務というのは、ドイツの科学者を捕らえることによって、ナチ体制下における爆弾プログラムの状況を把握することであった。パッシュはロンドンへ異動となり、そこでヨーロッパの連合軍に従軍する、科学者と兵士の最高機密チームを準備するのに六カ月を費やした。しかしパッシュの転出の後も、サンフランシスコＦＢＩ事務所のパッシュの友人たちは、テレグラフ・ヒルのジーン・タトロックのアパートに盗聴器を仕掛け、通話をモニターし続けた。何カ月かが経過した。この若い精神科医が、オッペンハイマー（または他のだれか）からソビエトに情報を渡すパイプ役であったという疑惑を、彼らは確かめることができなかった。しかし、ワシントンのＦＢＩ本部のだれも、監視をやめるよう命令しなかった。

一九四四年の初め、休暇シーズンが終わったばかりのころ、ジーンはまた、憂鬱な気分と闘っていた。彼女が一月三日の月曜日に父をバークレーの自宅に訪ねたとき、父は彼女に「元気がない」のに気づいた。その日父と別れるときに、彼女は翌晩に電話をすると約束した。火曜日の夜に電話をしてこないので、ジョン・タトロックは自分の方から彼女に電話してみたが、ジーンは電話に出なかった。水曜日の朝、彼は再び電話を掛けてみた後で、テレグラフ・ヒルのアパートに娘を訪ねた。およそ午後一時に到着して、ドアのベルを鳴らしたが応答がなく、六十七歳のタトロック教授が窓をよじ登って部屋に入った。

アパートの室内で、彼はジーンを発見した。彼女は「浴槽の傍に置かれた枕の山の上で、頭の一部を浴槽に浸しながら」横たわっていた。どういうわけか、タトロック教授は警察を呼ばなかった。その代わりに、彼は娘を抱えてリビングルームのソファーに寝かせた。食堂のテーブルで彼は署名のない遺書を見つけた。それは鉛筆で封筒の裏に走り書きされており、ある程度は読めた。「わたしは、すべてがいやになった。わたしを愛してくれ、わたしを助けてくれた人たちに、すべての愛と勇気を。わたしは生き続け、与え続けたかった。でも、どうやらわたしの精神は麻痺していった。わたしは、理解しようと必死だった。しかしできなかった。わたしは生涯ずっと、重荷を背負ってきたように思う。少なくともこの戦いの世界から、麻痺した魂の重荷を取り除くことはできるだろう」。そこから文字は乱れ、読みにくくなった。

驚いたタトロックは、アパート中をくまなく捜し始めた。結局、ジーンの私信の束と若干の写真を見つけた。この手紙の中で何を読んだか知らないが、それに触発されて、彼は暖炉に火を入れる。死んだ娘をそばのソファーに横たえ、彼は丹念に彼女の手紙と写真を焼いた。何時間かが過ぎた。彼が最初に電話した先は葬儀屋だった。葬儀屋のだれかが、ついに警察を呼んだ。午後五時三十分、警察が市の監察医を連れて到着したとき、書類はまだ暖炉でくすぶっていた。タトロックは、手紙と写真が娘の所有していたものだと警察に話した。彼が娘の遺体を発見してから、四時間半が過ぎていた。

タトロック教授の振る舞いは、控え目に言っても尋常ではなかった。しかし愛する身内の自殺で動転した親類は、奇妙に振舞うことが多い。だが彼が丹念にアパート内を捜したことは、何を捜すべきかを知っていたことを示唆する。ジーンの遺書に書かれていたことが、彼に破棄させる行動に駆り立てたことは明白である。それは、政治の関連ではなかった。タトロックは娘の政治的主張の多くに共鳴していた。彼の行動の動機は、もっと個人的な何かに違いなかった。

検死官のレポートによると、死は少なくとも十二時間以上前に起きたとされている。ジーンは、一九四四年一月四日火曜日の夕方に死んでいたのだ。彼女の胃には、「最近摂取された半固形の食物がかなり」と、量は確定できないが薬品が含まれていた。「アボット・ネンブタールC」のラベルが貼られた瓶が一つ、アパート内で見つかった。その瓶には、まだ睡眠薬の錠剤二個が残っていた。白い粉の跡だけが残る「コデイン1/2グレイン」と記された封筒もあった。警察は、「アップジョン塩酸ラセフェドリン3/8グレイン」のラベルがついているブリキの箱も発見した。この箱には、まだ一一個のカプセルが入っていた。

検死官の毒物部門は彼女の胃の分析を行い、「バルビツール酸誘導体、サリチル酸の派生物、抱水クロラール（確証されていない）のかすかな痕跡」を見つけた。実際の死因は「肺うっ血による肺の急性浮腫」であった。ジーンは自宅の浴槽で溺死していた。

一九四四年二月の正式審理で、陪審はジーン・タトロックの死を「自殺　原因不詳」と決定した。彼女の精神分析医ジークフリート・バーンフェルト博士からの請求書、七三二ドル五〇セントがアパートから発見された。これは彼女が自身の悩みを、心理学者に相談していた証拠であると新聞は報じた。事実、精神科医としてトレーニング中のジーンが分析を受けて、彼女自身が代金を請求されていたのである。躁鬱病の症状が繰り返して、彼女を自殺に追いやったとしたら、それは悲劇だ。どこから見ても、彼女は人生の新しい安定期に到達したと、友人たちは思っていた。彼女の業績はかなりのものだった。精神分析医訓練センターとして、北部カリフォルニアで最高のマウントシオン病院での同僚は、彼女を「すばらしい成功者」と見ており、その彼女が自ら命を絶ったことに大きな衝撃を受けた。

ジーンの幼なじみプリシラ・ロバートソンは、ジーンの死を知ったとき、何があったかを理解しようとして、死者への手紙を書いた。ロバートソンは、「個人的失望」がジーンを自殺に追いやったとは考えなかった。「愛情には飢えることがなかったけれど、創造力については飽くことを知らない渇望を抱えていた。そして、あなたは完全無欠な自身を切望した。プライドのためではなく、より良い世界に奉仕するために」。「緩和されるにはあまりに深い」苦しみに駆き立てたのは、おそらく「必ず内省的な絶望をもたらす」この経験のためだったろうと、ロバートソンは推測した。

ジーンが彼女の性的な傾向に関する問題に苦しんでいたことを、ロバートソンと多くの他の友人は知らなかった。ジャッキー・オッペンハイマーは後に、ジーンの精神分析医が彼女の潜在的な同性愛傾向を明らかにしたと、ジーンから打ち明けられたことがあると報告している。その当時、フロイト派精神分析医たちは、同性愛を克服すべき病的状態と見なしていた。

ジーンの死後しばらくして、彼女の友人エディス・アーンスタイン・ジェンキンズは、《ピープルズ・ワールド》誌編集者のメーソン・ロバースンと散歩していた。ロバースンはジーンをよく知っていた。ジーンは彼に自分がレズビアンであると打ち明けたのだという。女性に引かれる自分に打ち勝とうと、手当たり次第「雄」と寝たと、ジーンはロバースンに語った。これを聞いてジェンキンズにも思い当たることがあった。ある週末の朝、シャスタ通りのメアリー・エレン・ウォッシュバーンの家を訪ねると、メアリーとジーンが「ダブルベッドの上で新聞を読みながら煙草を吸っていた」。レズビアンの性向を認識していたことを暗示する言葉として、ジェンキンズは後年に彼女の伝記の中で「ジーンは、メアリー・エレンを必要としているようだった」と、書いている。そして彼女はメアリー・エレンが次のように言ったと伝えている。「初めてジーンに会ったとき、彼女の（大きな）胸と太い足首に気後れした」

タトロックが死んだと聞いたとき、メアリー・エレン・ウォッシュバーンは打ちのめされる思いがしたが、それには特別な理由があった。彼女が友人に打ち明けたところによると、ジーンは死ぬ前の晩にメアリーに電話をかけて、来てほしいと頼んだという。ジーンは「とても落ち込んでいる」と言った。その晩は出かけられなかったことで、メアリー・エレンはその後、無理からぬことだが後悔と罪悪感に苛《さいな》まれた。

自分の命を絶つということは、生きている者にとっては常に評価不可能なミステリーである。オッペンハイマーにとって、ジーン・タトロックの自殺は深い喪失感を伴う悲しみであった。彼自身の多くを、この若い女性につぎ込んだ。彼女と結婚したかった。キティと結婚した後でさえ、ロバートはジーンが必要とするときは忠実な友人であり続けた。そして、ときには愛人であった。長時間一緒に散歩しては、彼女の「鬱」を忘れさせようと話し続けた。そして、彼女は去って行った。彼は失敗したのだ。

自殺が発見された翌日、ウォッシュバーンはロスアラモスのサーバー夫妻に電報を打った。ロバート・サーバーがオッペンハイマーに悲報を伝えに行ったとき、オッピーがすでにニュースを知っているとサーバーには分かった。「彼は深い悲しみに沈んでいた」と、サーバーが振り返る。それからオッペンハイマーは家を出ると、ロスアラモスを囲んでいる松林の奥深くへ一人で散策に出た。長年にわたる彼女の心理状態を知っている彼の胸に去来するものは、あふれるように痛ましい心の葛藤であったに違いない。後悔、怒り、いらだち、深い悲しみと同時に、彼は確かに痛恨と罪の意識さえ感じた。ジーンが「麻痺した魂」になったとするなら、彼女の人生にかかわった彼の存在は、何らかの形で彼女の「麻痺」の一因となったはずであった。

愛情と同情から、彼はジーンを精神的に支える主要メンバーであった。だが奇しくも、彼はいなくなった。彼はつながりを保とうとしたが、一九四三年六月以降、ジーンとの関係を続けると、ロスアラモスでの職を危うくせざるを得ないことが、彼にとってきわめて明白となった。彼は窮地の状況に陥った。彼には愛する妻と子供に対する義務があった。彼には、ロスアラモスの同僚に対する責任があった。この観点からすると、彼は適切に行動した。しかし、ジーンの目からすれば、まるで野心が愛を足蹴にしたように思えたかもしれない。この意味でジーン・タトロックは、ロスアラモスにおけるオッペンハイマーの仕事の犠牲者第一号と考えられるかもしれない。

タトロックの自殺は、サンフランシスコの新聞の第一面に掲載された。その朝、サンフランシスコのFBI事務所は新聞報道をまとめて、エドガー・フーバーに電報で報告した。電報は以下のように結論している。「好ましからぬ風評を提供する可能性を考慮して、当オフィスはいかなる直接行動も取らない。時間の経過を考慮して、直接の尋問を慎重に行う予定である。結果は本部宛に通知する」

その後何年にもわたって、何人かの歴史家とジャーナリストが、タトロックの自殺について推測をした。検死官によると、タトロックは死の直前に完全な食事をとっている。もし彼女が薬物を投与した後に溺死することを意図したとするなら、医者である彼女は、未消化の食物が薬物の組織中への代謝を遅らせることを、知っていたはずである。死体解剖報告書には、バルビツール剤が彼女の肝臓または他の生死にかかわる器官に達したという証拠が含まれていない。また同報告書は、彼女が十分な致死量のバルビツール剤を摂取したか否かについても示していない。反対に前述したとおり、死因は溺水による窒息であると確定した。これらの奇妙な状況は十分に疑わしいが、死体解剖報告書に含まれている困った情報は、検死官が「抱水クロラールのかすかな痕跡」を認めたと断定していることである。アルコールと共に吸入した場合、抱水クロラールは当時「ミッキー・フィン」とよばれていた「催眠薬入りの酒」の活性成分である。要するに、ジーンは「ミッキー」を知らぬ間に投与され」、それから強制的に浴槽でおぼれさせられた可能性があると、数人の調査官が推測したのである。

検死官のレポートは、彼女の血液中にアルコールは見つからなかったとしている（しかし検死官は、若干の膵臓《すいぞう》障害を見つけた。これはタトロックが大酒飲みであったことを示している）。このシナリオでは、タトロックは眠りを誘うために、多少のバルビツール酸塩とともに最後の食事を食べ、自分で抱水クロラールを吸入し、浴槽にひざまずいて倒れるのを待ったというのである。抱水クロラールの吸入が十分に多量ならば、タトロックは頭を浴槽水に突っ込むことができ、決して回復しない。それから彼女は、窒息死している。タトロックの「心理学的な検死」は、「抑鬱期」で苦しんでいる高い職務を有する個人というプロフィールに合致する。病院で働いている精神科医として、ジーンは抱水クロラールを含む強力な鎮静剤を手に入れることは容易だった。一方で、タトロックの記録を見せられたある医者は、「あなたが賢くて、だれかを殺したいと考えるならば、これは最高のやり方である」と言った。

一部の調査官ならびにジーンの兄ヒュー・タトロック博士は、ジーンの死の奇怪さを疑い続けた。一九七五年に米国上院チャーチ委員会による公聴会が、ＣＩＡの暗殺計画について調査結果を発表した後、彼らはますます彼女が自殺したという結論を疑うようになった。証言者の目玉の一人は、ほかでもないあの手に負えないボリス・パッシュであった。彼はジーンの電話の盗聴を指示しただけでなく、ワインバーグ、ロマニッツ、ボーム、フリードマンを「ロシア式に」尋問し、それから海上で彼らの死体を処分するつもりであった。

パッシュは一九四九年から一九五二年まで、CIA第七ブランチ（PB／7）のプログラム担当責任者を務めた。ここはCIA独特の秘密サービスである、政策調整部の中の特殊任務部隊である。パッシュのボス、OPCのオペレーション計画部長は上院調査委員会において、パッシュ大佐の第七ブランチは暗殺および誘拐、その他の「特別任務」を担当していたと陳述している。パッシュは暗殺を委任されていたことは否定したが、CIA内では彼の部門が「そのような計画を実行していたとの印象があったことは理解できる」と認めた。元CIA担当官ハワード・ハントJr.は一九五〇年代中ごろ、上司からボリス・パッシュが二重スパイの嫌疑者、ならびに類似の低階級役人の暗殺を任務とする特別部隊の責任者であることを聞かされたと、一九七五年十二月二十六日に《ニューヨーク・タイムズ》の記者に語っている。

暗殺にかかわったという記録はないとするCIAの主張にもかかわらず、上院委員会スタッフによる調査はパッシュの部隊が事実、「暗殺と誘拐の責任」を課されていたと結論した。たとえば、一九六〇年代初頭CIAの技術サービス部で働いている期間に、フィデル・カストロを狙った毒入り葉巻をデザインする試みにパッシュが関与していたと、記録に残っている。

明らかに、老練の反共産派であったボリス・パッシュ大佐は、防諜部門を仕切っており、冷戦時代のあるスパイ小説に登場するような、暗殺者に必要なすべての資格を備えていた。しかし、彼の興味深い履歴にもかかわらず、だれも彼とタトロックの死を関連づける証拠は示さなかった。事実一九四四年一月までに、パッシュはロンドンへ異動している。ジーンの署名のない遺書は、「麻痺した魂」となった彼女が自ら命を絶ったことを示唆しており、オッペンハイマーもそのように信じていたことは確かである。

第19章　彼女を養女に引き取ってくれない?

ここロスアラモスで、わたしはアテネの、プラトンの、理想的共和国の精神を見つけた。

ジェームズ・タック

ロスアラモスでは、すべてが異常であった。五十歳以上の人はほとんどいない。平均年齢はわずか二十五歳である。「ここには病弱な人、姻戚、失業者、有閑階級、そして貧者がいなかった」と、バーニス・ブロードが回顧録に書いている。運転免許証には番号だけで名前がなかった。住所は単に私書箱一六六三となっていた。有刺鉄線に囲まれた内側でロスアラモスは、米国陸軍が後援し保護する科学者の自己充足的なコミュニティに変わっていた。ルース・マーシャックは、ロスアラモスに到着したときの感じを次のように言っている。「後ろで大きな扉を閉められたようだった。私が知っていた友人や家族の世界は、私にとってもはや現実の世界ではなくなった」

一九四三年から四四年の最初の冬は、雪が早く降り始め、いつまでも解けなかった。「こんなにたくさんの雪が何週間も解けないなんて、プエブロ一番の年寄りくらいしか経験がないだろう」と、長くここに住んでいた人が手紙に書いた。朝方の気温は優に零度を下回り、眼下の谷は濃霧で覆われる。しかし冬の過酷さも、むしろメサの自然の美しさを強調し、移住してきた都会人たちを、この一風変わった新しい神秘の景色に引き付けるばかりであった。ロスアラモス居住者の中には、五月までスキーを楽しむ人たちもいる。いったん雪が解けると、びしょ濡れの高地にはラベンダーとともにマリポーサ〔ユリ科属のチューリップの総称〕や、その他の野生の草花が開花する。春と夏にはほとんど毎日、劇的な雷雨が山を越えてやってきて、午後遅くに一、二時間地面を冷やしては去っていく。ルリツグミ、ユキヒメドリ、トウヒチョウの群れが、ロスアラモスを囲む薄緑のハコヤナギの木に止まっている。「われわれはサングレ山系の積雪を眺め、ウォーターキャニオンで鹿を追うことを覚えた」と、フィル・モリソンが叙情的な筆致で書いているが、これは当時多くの住人の心を捕らえた感覚的な愛着を表現している。「ここの台地や渓谷には古くからの変わった文化があることにわれわれは気づいた。われわれの隣人（プエブロ集落の人々）がいたし、オトウィ渓谷には洞穴があった。昔の人が乾燥した土地で水を求めていたことを思い起こさせる」

ロスアラモスは軍のキャンプ地であったが、山岳リゾートとしての多くの特徴も備えていた。ロバート・ウィルソンは、到着直前にトーマス・マンの『魔の山』を読み終えたが、まるで本の中の魔の山に連れ込まれたような気がした。それはまさに「黄金時代」であった、と英国の物理学者ジェームズ・タックは言う。「ここロスアラモスで、わたしはアテネの、プラトンの、理想的共和国の精神を見つけた」。それは「空に浮かぶ島」であり、また後から来た人たちは「シャングリラ」と呼んだ。

ほんの数カ月の内に、ロスアラモスの住人はコミュニティの感覚をつくり上げ、妻たちの多くがオッペンハイマーを信頼した。早い段階から、（直接）参加民主主義の合意に基づき、オッペンハイマーは町議会を設置した。後にそれは選挙で選ばれるようになる。正式な権限はないが、定例議会を開催し、コミュニティのニーズをオッピーに伝える役割を果たした。ここではPXの食べ物の質、住環境、駐車券といった日常的な不満を発散することができた。一九四三年末までに、ロスアラモスにはニュース、コミュニティ発表、音楽を放送する低出力のラジオ放送局が設置された。音楽放送にはオッペンハイマーのクラシック・レコードの大コレクションが利用された。地味ではあるが、皆の犠牲を理解し感謝していることを知らせたかったのだ。プライバシーの欠如、質素な生活、水、ミルク、電気さえしょっちゅう不足する生活にもかかわらず、オッペンハイマー独特の洒落っ気が皆に浸透していった。地元の劇場グループが『毒薬と老嬢』を上演したとき、観衆は出演者の中に、小麦粉で白く化粧し硬直した死体になったオッペンハイマーを発見して大喜びだった。死体はステージ上に運ばれて、ジョセフ・ケッセルリングの脚本どおり、他の被害者と一緒に床の上に並べられた。そして、一九四三年の秋にあるグループ・リーダーの若い妻が突然に不可解な麻痺状態で死に、町中がポリオの伝染を恐れたとき、悲嘆に暮れる夫を一番先に弔問したのはオッペンハイマーであった。

家庭でのオッピーはコック役を務めた。当時でもナシゴレンのように異国風のピリカラ料理が特にお好みで、定番のディナーとしてはステーキ、新鮮なアスパラガス、ジャガイモが欠かせず、食前の一杯はジンサワーかマティーニとなっていた。一九四三年四月二十二日に、彼は三九回目の誕生日を祝う最初の大パーティーを「ザ・ヒル」で主催した。彼はとびきりのドライ・マティーニと高級食材で客をもてなしたが、食べ物の方がどうしても不足しがちだった。「標高八〇〇〇フィートでは、ひどくアルコールが回る」と、ルイス・ヘンペルマン博士が思い出した。「だから、ほとんど酒を飲まないラビのような人でさえ、ご機嫌のようだった。皆でダンスをした」。オッピーは例の腕を前でしっかり組んだ、古くさいスタイルでフォックストロットを踊った。その晩ラビは櫛《くし》をハーモニカに見立てて演奏しては、皆を楽しませた。

キティは、所長の妻としての社会的役割を放棄したようだった。「キティは、ブルーのジーンズとブルックスブラザーズのシャツという女子風にビシッと決めていた」と、あるロスアラモス時代の友人が思い出した。彼女は最初ヘンペルマン博士の下で、パートタイムの研究室技術者として働いた。放射線が健康に及ぼす危険を研究するのが仕事だった。「彼女はすごく仕切りたがりだった」と、博士は思い出す。ほんの時折、彼女は古いバークレーの顔なじみを夕食に招いたが、オープンなパーティーはあまりやらなかった。しかし、オッペンハイマー家の隣人パーソンズ夫妻、ディークとマーサは、お客を呼ぶのが好きで、よくパーティーを開いていた。オッピーはだれにも、よく働きよく遊ぶことを奨励した。「毎週土曜日になると、ドンチャン騒ぎをした」と、バーニス・ブロードが書いた。「日曜日には旅行をした。それ以外の日は働いた」

土曜日の夕方、ロッジはスクエアダンスを踊る人でしばしばいっぱいになった。男はジーンズ、カウボーイブーツ、カラフルなシャツ。女性はペティコートで膨れ上がった長いドレスを着た。もっともなことだが、独身者たちは狼藉《ろうぜき》極まりないパーティーを催した。これら独身パーティーのエネルギー源はというと、研究室のアルコールに同量のグレープフルーツ・ジュースを三二ガロンのGI缶に注ぎ、煙の立つドライアイスの塊を放り込んで冷やしたものだった。若い科学者の一人マイク・ミクノビッチは、皆のダンスに合わせてときどきアコーディオンを演奏した。

物理学者の中には時折、ピアノとバイオリンのリサイタルを開く人たちもいた。こういった土曜日夜の催しに、オッペンハイマーはツイードのスーツで盛装した。彼はきまってアトラクションの中心にいたと、ドロシー・マッキビンが回想する。「大きなホールの中で、大きなグループが固まっているとき、割り込んで入ってみると中心は必ずオッペンハイマーだった。彼はパーティーが大好きで、女性には大人気だった」。あるときだれかが、「来たれ！　抑圧された欲望よ」という題で、テーマ・パーティーを催した。オッピーは普段のスーツを着てやってきた。腕にナプキンを掛けているところは、単にウェイターになりたいという欲望を表しているように見えた。それは当然に、サービスに徹するという謙遜を表現するために考え出したポーズであって、名もない人間になりたいという内心の欲求ではなかった。戦争にとって最重要なプロジェクトの科学部門の責任者として、事実オッペンハイマーは「抑圧された」欲望の日々を送っていたのだ。

日曜日に、多くの居住者は近くの山にハイキングまたはピクニックに出かけた。またある者は、ロスアラモス牧場学校時代の厩舎《きゅうしゃ》で飼われている馬を借り出した。オッペンハイマーは、十四歳の栗毛の美しい自分の馬チコに跨《また》って、町の東側から西に山道をたどる、お決まりのルートを散策した。オッピーはチコに、蹄《ひづめ》を一本ずつ下ろす「一本足」トロットを、最も険しい山道でもやらせることができた。途中で人に出会うと、必ずカーキ色のポークパイハットを振り、挨拶の言葉を交わした。キティも、「非常に上手な女性騎手かつ、本当に訓練されたヨーロッパ人」であった。彼女は最初、ディクシーに乗った。この馬はかつてアルバカーキでレースに出場した正式なトロッター種で側対歩で歩く馬だった。後にサラブレッドに乗り換えた。武装した警備員が常に彼らに同行した。

馬上や山中のハイキングで見せるオッペンハイマーのスタミナには、仲間が一様に驚いた。「いつも、とても弱々しく見えた」と、ヘンペルマン博士が思い出した。「彼は痛々しいほどやせていたのはもちろんだが、驚くほど強かった」。一九四四年の夏、彼とヘンペルマンは一緒にサングレデクリスト山脈を越えて、ペロカリエンテの牧場まで乗馬旅行をした。「それは、死ぬ思いだった」。ヘンペルマンは言う。「彼は『一本足歩行』で、まったく快適に進んでいく。わたしの馬は追いつくために、ハードな速歩で駆けさせなければならない。最初の日、三〇マイルから三五マイル乗ったに違いない。わたしはほとんど死んだも同然だった」。めったに病気にはかからないが、一日に四箱から五箱という喫煙の習慣から、オッピーは喫煙者特有の咳をした。「彼はパイプも使ったが、それはチェーン・スモーキングの合間を埋めるためだったと思う」。彼の秘書の一人が言った。彼は対策も講じないまま、長引く咳の発作に取り付かれていた。咳の合間に無理に話を続けようとして、彼の顔はときどき紫になることがあった。うやうやしくマティーニを作るときも、オッピーは奇妙なスタイルでタバコを吸い続けた。普通の男性はタバコの灰を落とすのに人差し指を使うが、彼は小指でタバコの先の灰を落とすという、奇妙な習慣があった。この習慣から、彼の小指の先はタコができており、ほとんど黒く焦げているように見えた。

メサでの生活は豪華とは言えないまでも、徐々に快適になった。兵士は薪を割って、各々のアパートの台所と暖炉用に積み上げてくれた。軍はまたゴミを回収し、暖炉には石炭をくべてくれた。毎日、近くのインデフォンソ先住民保護施設から、家政婦として働くプエブロ・インディアンの女性をバスで運んできた。鹿皮で覆われたブーツと、カラフルなプエブロ・ショールを着用し、大量のトルコ石と銀細工の飾りを身に着けたプエブロ女性は、すぐに町の景色に溶け込んだ。毎朝早く、町の給水塔近くにあった軍のメイドサービス事務所でチェックインした後、彼らは指定されたロスアラモスの家庭に向かって、未舗装の道路を歩いていく。仕事は半日だったので、町の人は彼らのことを「半日さん」と呼んだ。メイドサービスは軍が管理し、オッペンハイマーも了承しているアイデアであるが、軍としてはこれによって、プロジェクトに参加している科学者の妻たちに働いてもらおうというのだ。仕事としては秘書、研究室のアシスタント、学校の先生、技術部門の計算装置のオペレーターなどがあった。またこれによって軍はロスアラモスの人口を最小限に保つことができ、多くの知的でエネルギーにあふれる女性のモラル向上にも役立つと考えた。メイドサービスは主に必要性に応じて提供された。つまりプロジェクトでの勤務の時間や重要性、子供の人数、ならびに病気などである。必ずしも完璧ではなかったが、軍による「社会主義」はメサでの生活を大いに助け、孤立した研究所を完全雇用の効率的なコミュニティに変えるのに役立った。

ロスアラモスは常に独身男女の割合が異常に高く、当然のことながら軍が男女を切り離そうとしても、ほとんど成功は覚束なかった。研究室のグループ・リーダーの中で最年少のロバート・ウィルソンは町議会の議長であった。憲兵が女性寄宿舎のうち一つの閉鎖と、そこの女性居住者の追放を命じた。涙ぐんだ若い女性グループが、断固たる独身男性グループに支えられて町議会に押しかけ、この決定を訴えた。ウィルソンは当時の事件を思い出した。「われわれ青年の基本的ニーズを満たす古くからのビジネスを、女の子が行ったようだ。それも代金を取って。軍も大目に見ていたが、病気が頭をもたげるに及んで、ついに介入に踏み切ったのだ」。町議会は結局、商売に励んだ女性の数は少数だったと決定。保健処置がとられ、寄宿舎の閉鎖は沙汰止みとなった。

ザ・ヒルの住民は、二、三週間ごとにサンタフェで午後の買い物が許可されていた。この機会を利用してラフォンダ・ホテルのバーに立ち寄り、一杯飲む人もいた。オッペンハイマーはしばしば、旧サンタフェ街道にあった、ドロシー・マッキビンの厚いアドビーレンガ造りの壁が美しい家で夜を過ごした。一九三六年にマッキビンは一万ドルを投じて、サンタフェのちょうど南に当たる一エーカー半の土地に、古典的なヒスパニック風牧場土の家を建てた。彫刻のあるスペイン風のドアと半円形のポーチによって、その家は何十年もそこに建っていたように見えた。ドロシーは、屋内を地元の骨董品家具とナバホ族の敷物で満たしていた。プロジェクトの「門番」として彼女は保安バッジ「Q」(トップレベル)を持っていたため、オッペンハイマーはサンタフェで機密の高いミーティングを開くのに、彼女の家をしばしば使ったのである。マッキビンもこういう場合、「下宿のおかみさん」を演ずるのが好きだったが、同時に彼女はオッペンハイマーと過ごした多くの静かな夜も、とても大事にした。彼の好物のステーキとアスパラガスの夕食を準備している間、彼は「今まで飲んだこともない最上のドライ・マティーニ」を用意した。オッペンハイマーにとってマッキビンの家は、ザ・ヒルで耐えている絶え間ない監視からの避難所であった。「ドロシーはロバート・オッペンハイマーを愛していた」と、デビッド・ホーキンズが後年語った。「彼は彼女の特別な人であり、そして彼女は彼にとっても特別だった」

ロスアラモスに暮らす大部分のカップルは、メサの厳しい気候や、リズムにかなり適応したが、キティはますます窮屈に感ずるようになる。ロスアラモスが夫にもたらすものを彼女は必死で欲しかったが、植物学者になるという野心を持つ賢い女性として、この生活は職業的には障害であると感じた。ヘンペルマン博士の下で血液分析を手伝ったが、一年後に辞めた。彼女は社会的にも孤立していると感じた。機嫌のよいときの彼女は、友人や見知らぬ人に対してチャーミングであり、温かだった。しかしだれもが、彼女の持っている鋭い「かど」を感じ取った。彼女は気が張り詰め不幸に感ずることがしばしばあった。社交的な集まりで、世間話はできたかもしれないが、ある友達によると、「彼女は、自慢話をしたがっていた」と言われている。

オッペンハイマーの秘書プリシラ・ダッフィールドは、キティを観察する絶好の位置にいた。「彼女は非常に激しく、非常に知的で、非常に生命力の強い人であった」と、ダッフィールドは回想する。しかし同時に、キティが「非常に扱いにくい人間」であったとも考える。隣人で、別の科学者の妻であるパット・シャーは、キティの一時的にかっとする性格に圧倒される思いがした。「表面上は非常に朗らかで、ある種の温かさを滲ませていた」と、シャーは思い出す。「それが人々に対する本当の温かさではなく、自分に注目してほしい、自分を愛してほしいという彼女の切実な願望の一部だということを、後になって理解した」

ロバートと同様に、キティも人々に気前よく贈り物をする傾向があった。ある日シャーが自分の家の灯油ストーブについて不満を言ったとき、キティは彼女に古い電気ストーブをあげた。「彼女はわたしに贈り物をして、わたしを囲い入れようとした」と、シャーは言う。他の女性は、彼女の無愛想な態度が侮辱に近いと思っていた。キティは、どちらかと言うと男性と一緒の方を好んだようだが、それでも多くの男性が女性と同じ感じ方をしている。「男性、それも立派な男性が女性を『くそったれ』と呼ぶのを聞くなんて、ほとんどないことだが、彼女がそう呼ばれているのを耳にしたことがある」。ダッフィールドが思い出して言った。しかし自分のボスがキティを信用しており、あらゆる種類の問題について彼女にアドバイスを求めたことも、ダッフィールドは明確に分かっていた。「オッピーは彼女の判断を、他の人の判断と同じ程度に尊重した」と、彼女は言う。キティは夫の話を遮ることを何とも思っていなかった。しかし、ある親しい友人は思い出した。「遮られても彼は決して悩むことがなかった」

一九四五年の初め、プリシラ・グリーン・ダッフィールドに子供ができ、オッペンハイマーは急に新しい秘書が必要になった。グローブスは順番に数人の慣れた秘書を推薦したが、オッペンハイマーは全部拒否した。ある日彼はグローブスに、ワシントンのグローブスのオフィスで会った、ブロンドで青い目をした二十歳のアン・ウィルソンを希望すると申し出た。「彼（オッペンハイマー）は、将軍のドアのすぐ横にあったわたしのデスクに立ち止まり、わたしと会話を交わしました」。ウィルソンはオッペンハイマーについて言った。「あの伝説的な人物がここにいる、というだけでわたしはほとんど動転してしまいました。伝説というのは、彼の前に出ると女性はだれも顔を伏せてしまうということです」

おだてられたウィルソンはロスアラモスへの転勤に同意した。しかし彼女がロスアラモスへ出発する前に、グローブスの防諜担当チーフ、ジョン・ランズデールは、ある提案を持って彼女に接近した。その提案とは毎月一回だけ、オッペンハイマーのオフィスで見たことを手紙で報告してくれたら、月に二〇〇ドルを払うというものだった。ショックを受けたウィルソンは即座に拒絶した。「わたしは彼に言いました。ランズデールさん、今のお話はなかったことにしてください」。グローブスはそれを保証した。いったんロスアラモスへ行ったら、オッペンハイマーに誠意を尽くすと彼女は言うのだった。しかし驚くにはあたらないが、彼女がロスアラモスを離れたときは必ず監視するよう、グローブスが命令していたことを彼女は戦後知った。グローブスのところで働いていたアン・ウィルソンは知りすぎた女であり、放置するわけにはいかなかったのだ。

ウィルソンはロスアラモスに到着すると同時に、オッペンハイマーが水痘で寝込んでいることを知る。約四〇度の高熱である。別の学者の妻が書いている。「われらがやせっぽちの禁欲的な部長は、赤い斑点と無精ひげに覆われた顔から、熱に冒された目玉が凝視しており、まるで十五世紀の聖者の肖像画みたいだった」。彼が回復した直後、ウィルソンはオッペンハイマーの家でお酒を振る舞われた。ホストのオッピーは、お得意のマティーニを次々と彼女のために作った。未だ高地に慣れていなかった彼女にとって、強い酒は回り方が速かった。ウィルソンは、部屋のある看護師宿舎まで付き添ってもらったことを憶えている。

アン・ウィルソンはカリスマ的な新しいボスにすっかり魅了されて、深く彼を称賛した。しかし一九四五年の彼女は二十歳であった。倍も年齢の違う妻帯者のオッペンハイマーに、ロマンチックな気分になることはなかった。それでもアンは若く美しく、スマートで元気がよかった。部長と新しい秘書が噂になり始めた。彼女が到着した数週間後、花瓶に挿した一輪のバラがアンに届けられるようになった。三日ごとにサンタフェの花屋から届くのだ。不可解なバラに、カードは付いていなかった。

「困ってしまって、わたしは無邪気に言いふらしたものです。『秘密の恋人ができた。こんなゴージャスなバラを贈ってくれるのはだれでしょうねって』。わたしにはだれだか分かりませんでした。しかしとうとう、ある人がわたしに言いました。『こんなことする人は一人しかいないわ。部長よ』。そんなばかな！　とわたしは言いました」

　小さな町にはありがちだが、オッペンハイマーはウィルソンとできている、という噂がすぐに広まった。それは決してあり得ませんでしたと彼女は言う。「わたしがあまりに若すぎて、彼を評価できなかったということです。多分四十歳の男性なんて、年寄りに見えたのでしょうね」。噂は当然ながらキティの耳に入った。ある日彼女はウィルソンに面と向かって単刀直入に、ロバートに対して下心があるかどうか尋ねた。アニーは仰天した。

「彼女は、わたしの驚きを間違いなく読み取りました」と、ウィルソンが思い出す。

　その後アンは結婚して、ようやくキティはほっとした。そして、二人の間には友情が生まれ、これが発展し長続きすることになった。ロバートがアンに引き付けられていたとしても、匿名の赤いバラ一輪は軽いジェスチャーであって、性格から出たものではない。彼は性的な征服を自分から始めるようなタイプの男性ではなかった。ウィルソン自身が述べているように、女性の側がオッペンハイマーに「引きつけられた」のだ。「彼は本当に女性好みの男性でした」と、ウィルソンが言う。「わたしは自分でもそう思いますし、大勢の人からそれを聞きました」。しかし同時に、当の本人はまだ痛々しいほど内気で、世間離れしていた。「彼は、人の気持ちが分かりすぎました」と、ウィルソンが言った。「これが、彼が女性にもてた秘密だったと思っています。つまり、女性の心を読めるように思えたのです。多くの女の人がわたしにそう言いました。ロスアラモスの妊婦たちは、ロバートだけが理解してくれるとさえ思います。彼には、本当に人々への聖人のような感情移入がありました」。彼は他の女性に引き付けられながらも、結婚生活にまだ気持ちを捧げていた。「彼らは、本当に緊密だった」と、ヘンペルマンはキティとロバートについて語る。「彼は、できるかぎりいつも夕食に家に帰った。オッピーはキティの誇りだったとわたしは思うが、彼女はすべてにおいて、もっと中心にいたかったのでないだろうか」

ロバートを取り囲んでいた保安のネットは、当然ながら彼の妻にも掛けられていた。ほどなくキティは、ランズデール大佐から穏やかながら尋問を受けていることに気づいた。巧妙で人の気持ちが分かるインタビュアーであるランズデールは、オッピーを理解するヤーとなる洞察力をキティが提供できると、速やかに決断した。「彼女の経歴は芳《かんば》しくなかった」と、彼は後に証言する。「そのために、わたしはできるかぎり機会を捕らえて、オッペンハイマー夫人と話すようにした」。彼女がランズデールにマティーニを出したとき彼は意地悪く、あなたはお茶を出すようなタイプではないねと言った。「オッペンハイマー夫人は強い信念を持った強い女性として、わたしの印象に残っている。彼女はコミュニストだったと言われても当然なタイプで、確かにコミュニストに見えた。本当の共産主義者であるには、非常に強い性格が必要だ」。それでも、彼らの取留めのない会話の間に、キティは最終的に彼女の夫に誠実であるとランズデールは理解した。彼女は丁重に自分の役割を演じてはいるが、彼女が「ランズデールのすべて、ランズデールが代表しているものすべて」を憎んでいることも彼は感じた。

まとまりのない質問が終わると、ダンスに変わった。「業界用語で言うと、わたしが彼女を縛ろうとしたのと同様に、彼女もわたしを縛ろうとしたのだ」。ランズデールが後に言った。彼女は信じたもののためには、とことんやるとわたしは感じた。わたしが採った戦術は、自分がバランスの取れた人間であること、正直言ってオッペンハイマーの立場を評価したいと考えていることを、彼女に示すことであった。そういうわけで、われわれの話し合いは延々と続いたのだ。

「わたしは彼女がかつて共産党員であったと確信しており、彼女の抽象的な見解がその後大きく変わったとは信じられなかった。彼女はオッペンハイマーに会う前の自分の前歴を、わたしがどれくらい知っていようと、どんなふうに映ろうと、気にしていなかった。彼女の過去のどんな出来事も、以前の夫たちにかかわる出来事も、オッペンハイマーに比べたら彼女にとって何の意味もないことを、わたしは徐々に理解し始めた。彼女は共産主義に対するより強い絆を彼に感じており、共産主義よりも彼の将来の方を大事にしていると、わたしは確信するようになった。オッペンハイマーは彼女の人生そのものであるという気持ちを、わたしに納得させようとした。そして、わたしは納得した」。後にランズデールは、彼の結論をグローブスに報告した。「オッペンハイマー博士は彼女の人生で最も重要なものであった。彼女の意志の強さは、オッペンハイマー博士が、われわれの言う危険な関係から距離を置くのに、強力な影響力を持っていた」

有刺鉄線に囲まれながらキティは、ときどき自分が顕微鏡で覗かれながら生きているように感じた。軍の物資補給所では、配給切符さえあれば一般の人でも食料や商品が手に入った。映画館は週に二本の映画を上映し、入場料は一五セントだった。医療は無料だった。だから、多くの若いカップルが子供を産んだ。最初の一年間が八〇人、その後はだいたい月一〇人のペースだった。入院部屋が七つしかない小さな病院には、「ＲＦＤ」（地方無料配達）の看板が下げられた。新しい赤ん坊が多すぎるとグローブス将軍がこぼしたとき、オッペンハイマーはにやりとして言った。「科学部長の仕事には産児制限は入っていませんね」。それはオッペンハイマーの個人生活でも真実であった。そのとき、キティは再び妊娠していたのだ。一九四四年十二月七日、彼女はロスアラモスの軍事病院で娘のキャサリンを出産した。あだ名を「タイク」（チビちゃん）とつけた。ベビーベッドの上には「オッペンハイマー」の札が掛けられ、それから数日間、ボスの赤ちゃんを一目見ようと人々が列を作った。

四カ月後キティは、「実家の両親のところに行きます」と宣言した。産後の鬱状態のせいか、オッペンハイマー家のマティーニが多すぎたか、結婚生活の状況によるのかは不明だが、キティは感情的に崩壊寸前だった。「キティは自制心を失い始めた。そして酒量がとても増えた」と、パット・シャーが思い出した。キティとロバートは、二歳の息子にも問題も抱えていた。どこの幼児も同じだが、ピーターは手が掛かった。そしてシャーによれば、キティは「ピーターのことで非常にいらいらしていた」。心理学の心得があるシャーは、キティが「子供を直観的に理解しなかった」と考えた。キティは常に移り気だった。彼女の義妹ジャッキー・オッペンハイマーは、キティが「子供たちをメイドに預けたまま、アルバカーキ、ときには西海岸まで買い物に出かけ、何日も帰ってこないことがあった」と述べている。そしてピーターに山のようなプレゼントを持って帰ってくるのだった。

「とても気がとがめ、不幸に感じたに違いない。かわいそうな人」。ジャッキーは言う。

一九四五年の四月、キティはピーターだけ連れてピッツバーグに出かけた。しかし生後四カ月の女の子は、友人のパット・シャーに預けて行くことにした。シャーは流産したばかりだった。ロスアラモスの小児科医ヘンリー・バーネット博士は、子供の世話をすることがシャーにとって良い効果があると提案した。かくして、「チビちゃん」（その後トーニに変わったが）はシャーの家に引っ越した。キティと小さいピーターは、一九四五年七月まで三カ月半にわたり家を空けた。ロバートは、もちろんその間も長時間労働だったので、娘の顔を見に訪ねるのは週二回だけだった。

これらの信じられないほど厳しい二年以上にわたる重圧のツケは、ロバートに回っていた。肉体的にそのツケははっきりしていた。咳は絶え間なく、身長五フィート一〇インチ（一七八センチメートル）にしては、体重が一一五ポンド（五二・二キログラム）まで下がり、骨と皮ばかりだった。エネルギーのレベルは決して衰えなかったが、文字どおり毎日少しずつ姿を消していくような感じだった。精神的な負担は肉体ほど外には表れないが、どちらかと言えば、もっときつかった。ロバートは、精神的ストレスの処理と管理に、その生涯を費やしてきた。それでも、「チビちゃん」の誕生とキティの家出は、彼をとてもストレスに弱くした。

「それは、非常に奇妙だった」と、シャーが思い出す。「うちに来ると、座って、わたしと話しはするが、赤ちゃんに会わせてとは言わない。どこにいるかさえ聞かない」

「とうとうわたしはある日、お嬢さんに会いたくない？　すくすく育っているわよ、と言ったの」そしたら彼は「うん、うんと言うだけだった」。

二カ月がたった。ある日シャーの家に来たオッペンハイマーは言った。「君はチビちゃんがかわいくなったみたいだね」。シャーは当然のことだと返事をした。「ええ、わたしは子供たちが好きなの。赤ちゃんの世話をしていると、それが自分の子であれ他人の子であれ、人生の一部になってしまうの」

次にオッペンハイマーが口にした言葉にシャーはびっくりした。「養女に引き取ってもらえないだろうか？」。「とんでもない！」と、彼女は答えた。「あの子には立派なお父さんとお母さんがいるじゃない。なぜそんなことを言うの」と、彼女が尋ねたときロバートは答えた。「わたしはあの子を愛せないからだ」

そのような感情を持つのは、子供から離された親によくあることで、時間がたてば赤ちゃん「べったり」になるわよと、彼女はロバートを安心させた。

「いいや、わたしはべったりになるようなタイプじゃない」と、オッペンハイマー。このことはキティと話し合ったかどうか、シャーが尋ねたときロバートは言った。「いや、いや。最初にあなたの気持ちを聞こうと思ったのだ。というのは、愛する家を持っていることが、この子には大事だし、君は彼女にそれを与えてくれたから」

シャーはきまり悪くなり、この会話で動揺してしまった。その提案がいかに異様であっても、純粋な感情的動機から出ているということが、彼女にとってはショックだった。「わたしにこのように言うことができるのは、彼が大きな良心を持った男性であるからだと、わたしには思えた。この人は、自分の感情を意識しており、同時にその感情を持つことに罪の意識を感じている。何とかして子供に、自分が与えられない正当な扱いを与えたいと願っている」

キティが一九四五年七月にやっとロスアラモスに戻ったとき、彼女は例によって山のような土産をシャーに贈った。キティは、ロスアラモスが高度の緊張状態にあることに気づいた。男たちは長時間働き、妻たちはこれまでより一段と孤立していると感じた。キティは、女性の小グループを毎日のようにカクテルに招くようになった。ジャッキー・オッペンハイマーは、一九四五年にロスアラモスを訪問し、そのような場面を覚えていた。「わたしたちが仲良くなかったことは知られていた」と、ジャッキーは言う。「それで彼女は一緒にいるところを見せなければ、と決心しているようだった。あるとき、彼女はカクテルを飲みに来ないか、と誘ってきた。もう夕方の四時だった。わたしが到着すると、キティのほかに飲み仲間の女性が四、五人いた。腰を下ろして、おしゃべりをして飲んだ。ひどかった。わたしは二度と行かなかった」

そのときパット・シャーは、キティがアルコール中毒だとは思わなかった。「彼女は飲むことは飲んだ」と、シャーが思い出す。「四時になると彼女は飲み始め、飲み続けた。しかし言葉が不明瞭になることはなかった」。キティの飲酒は彼女の人生後半において、はっきり問題となるが、もう一人の親友ヘンペルマン博士によると、「彼女はロスアラモスのだれよりも、たくさん飲んだということはない」。メサではアルコールが自由に手に入った。そして、月日がたつにつれて、住民の中には小さな町の孤独感に苛まれる人たちもいた。「最初は、大変楽しかった」と、ヘンペルマンが回想する。「しかし、時がたつにつれて、だれもが疲れ緊張し、いらいらするようになる。それほど快適ではなくなった。だれもが相手の財布に頼って平気だった。仕事場で一緒だった人と、夜また一緒に遊ぶことになる。ある友人が夕食にあなたを誘ったとする。あなたは何もやることはないが、ちょっと行きたくなくて断る。だけどその友人があなたの家の前を通ると、車が止まっているのが分かってしまう。だれもが、他人のことは何でも知っていた」

サンタフェへの定期的な午後の遠足のほかに、ロスアラモスから脱出を許される数少ないチャンスは、ミス・エディス・ワーナーの家での夕食だった。このレンガ造りの家はくねくねと曲がった道をおよそ二〇マイル下っていくと、水が音を立てて流れている、リオグランデのオトウィにあった。オッピーが初めてミス・ワーナーに会ったのは、フランク夫婦と一緒にフリホレス・キャニオンからパック旅行をしていた途中のことであった。彼らの馬の一頭が逃げだし、オッピーが追跡した。馬を捕まえたのは、ミス・ワーナーの「ティーハウス」だった。「われわれは、お茶とチョコレートケーキをご馳走になって話し込んだ。それは忘れられない最初の出会いだった」と、オッペンハイマーが後に書いている。ブルーのジーンズにカウボーイブーツのロバートは、「ひょろりとした西部劇の主人公のようだった」と、ミス・ワーナーが回想を語った。

フィラデルフィアの牧師の娘だったミス・ワーナーは、三十歳で神経衰弱に苦しんだ後、一九二二年にパハリト台地に初めてやってきた。彼女の仲間、年取ったアメリカインディアンのアティラーノ・モントーヤ（プエブロでは通称ティラーノ）と、自宅で観光客向けにいわゆる「ティーハウス」なるものを開いていた。彼女の生活は、極端にシンプルだった。

ある晩、メサに移ってからまもなくのころ、オッペンハイマーはグローブス将軍を誘って、オトウィ橋の家でお茶を飲んだ。牧場学校は閉鎖されるわ、戦時でガスは配給制になるわで、観光客はぱったりだった。エディスは今後どうやって暮らそうか迷っていると、それとなく告白した。お茶をすすりながら、グローブスは彼女にザ・ヒルの給食全般を任せようと申し出た。それは大きな仕事だし、給料もよかった。エディスは考えてみますと言った。帰りがけ、ロバートはグローブスに付き添って車まで送ると、また戻ってエディスの家のドアをノックした。帽子を手に、月光を顔一面に受けて立っていたオッピーは彼女に告げた。「さっきの話は受けないように」。それから、急に回れ右すると彼の車に歩いて戻った。

数日後、オッペンハイマーは再びミス・ワーナーの戸口に立った。そして毎週三回、一〇人を超えない小さな夕食会を主催しないかと提案した。ザ・ヒルの科学者たちに、日常生活からの束の間の気晴らしを提供することによって、彼女が戦争遂行に真に貢献できる、とオッピーは説明した。グローブスもこの案を承認し、エディス自身にとってはまさに天の恵みであった。

「四月ころから」と、その年の末にミス・ワーナーは日記に書いている。「X夫妻は週に一度、ロスアラモスから夕食に下りてくるようになった。その後他の人々も来るようになった」。一日中料理を作った後、彼女は簡素なシャツドレスと、インディアンのモカシン靴といういでたちで食事を取り仕切った。皆が、食堂の中央にしつらえた、手彫りの長い木のテーブルについた。食堂の壁は白く塗られたレンガで、低い梁《はり》には斧の跡が見えた。五十一歳になるミス・ワーナーは、「空腹の科学者たち」に、たっぷりと家庭料理を供した。ろうそくの明かりで、インディアンの伝統工芸である黒い陶器の皿とボウルから、ラム・シチューを食べた。この食器は、地元の陶芸家マリア・マルティネスの手作りであった。食事の後お客は、しばらく暖炉のそばに暖を求めてうずくまり、それからメサまで、また長い道のりをドライブして帰った。ろうそくに照らされた、れんが壁の雰囲気代として、ミス・ワーナーは一人二ドルという形だけの請求をした。これらの不可解な人々は、「何か非常に秘密のプロジェクトのために働いている」ということしか、彼女は知らなかった。「サンタフェでは、それを潜水艦基地と呼んでいた。推測だもの、何とでも言えるわね」

ミス・ワーナーの夕食は大人気となり、五組のカップルは毎週決まった日を半永久的に予約していた。オッペンハイマーとキティは、エディスの日程表に関して優先権があると念を押してあったが、すぐにパーソンズ夫妻、ウィルソンズ夫妻、ベーテ夫妻、テラー夫妻、サーバー夫妻、その他が常連となった。多くのロスアラモスのカップルが、この招待の特権にあずかろうと競い合った。奇妙なことに、穏やかで静かなミス・ワーナーが、活発で辛辣なしゃべり方をするオッペンハイマーの妻と、特別相性がよかった。「キティとわたしは、お互いを理解し合った」と、ワーナーは後に述べている。「彼女は、わたしと非常に親しく、そしてわたしも彼女を近しく感じた」

一九四四年早々のある日、オッピーはデンマークのノーベル賞学者ニールス・ボーアを連れてきて、「ニコラス・ベーカー氏」としてミス・ワーナーに紹介した。オッペンハイマーが決めたボーアの変名だった。この穏やかで気取らないデンマーク人を、だれもが「ニックおじさん」と呼んだ。静かに、モグモグ話すボーアの会話は、途中でつまずき文章が途切れてしまうことがあった。しかしミス・ワーナーもたいした話し手ではなかった。ボーアは何年も後になって、この最もありそうもない友情の存在を証明した。ワーナーの妹に送った手紙にはこう書かれていた。「あなたのお姉さんとの友情を感謝しつつ」。ミス・ワーナーは、ボーアとオッペンハイマーを神様のように尊敬していた。「彼（ボーア）は偉大な静かさを持っていた。穏やかで無尽蔵な泉のようだった。ロバートも同じものを持っている」

ミス・ワーナーのテーブルで食事をした忘れがたい人物は、もちろんボーアだけではなかった。S・1すなわち科学研究開発局第一部の部長ジェームズ・コナント、ノーベル賞受賞者でシカゴ大学の冶金研究所の所長アーサー・コンプトン、それにノーベル賞受賞者のエンリコ・フェルミがオトウィ橋を訪問している。しかし後年、ミス・ワーナーがフィラデルフィアの自宅ドレッサーの上に飾っていたのは、額に入ったオッピーの写真だけだった。一九四五年後半にフィル・モリソンはミス・ワーナーに長い手紙を書き、彼女の家でのたびたびのもてなしを感謝しているが、この手紙はオッペンハイマーの気持ちを十分代弁しているものと思う。「われわれが過ごしてきた人生を振り返ると、その少なからぬ部分に、ミス・ワーナー、あなたが居ました。川に近いあなたのお宅での夕べは、きちんと整ったテーブルの脇で、あるいは慎重に工夫された暖炉の前で、あなたが下さった小さな安らぎであり、われわれに仲間意識を持たせ、青ペンキの仮住まいと、ブルドーザーの通る道路をしばし忘れさせてくれました。われわれは忘れません。われわれの峡谷の麓《ふもと》に、ボーアの精神を理解してくれた家があって嬉しかったことを」

第20章　ボーアは神、オッピーはその預言者であった

彼らは原爆を製造するのに、わたしの援助を必要としなかった。

ニールス・ボーア

原爆製造の「競争」は、おおむねばらばらに始まった。一九三九年、ほとんどがヨーロッパからの亡命者であった数人の科学者は、ドイツの元同僚たちが核分裂の発見を軍事利用することで、先行するかもしれないと聞いて狼狽した。彼らはアメリカ政府にこの危険を知らせ、政府は会議と小規模な原子核研究プロジェクトを支援した。科学者の委員会は研究をし、レポートを書いた。しかし、ドイツから亡命してきて英国で働いていた物理学者オットー・フリッシュとルドルフ・パイエルスが、実用可能な原子爆弾を、今回の戦争に間に合うよう早急に造ることができると考えたのは、ドイツにおける核分裂の発見から二年以上たった一九四一年春のことであった。それからずっと、アメリカ・英国・カナダ

の原子爆弾共同プロジェクトに関係しているだれもが、この死闘に勝つことに完全に焦点を合わせた。核武装した世界が戦後どのような意味を持つかという考え方は、一九四三年十二月ニールス・ボーアがロスアラモスに到着するまで、だれも採り上げなかった。

オッペンハイマーは、ボーアが身近に来てくれたことを非常に喜んだ。五十七歳のデンマーク人物理学者は一九四三年九月二十九日の夜、コペンハーゲンから発動機艇でこっそりと連れ出された。問題なくスウェーデンの海岸に到着したボーアはストックホルムに連れて行かれ、そこでドイツの諜報部は彼の暗殺をたくらんだ。十月五日、彼の奪還を命じられた英国の飛行士は、無印の英国モスキート爆撃機の爆弾倉にボーアを隠して救出した。合板製の飛行機が高度二万フィートに近づいたとき、パイロットはボーアに革製ヘルメットに組み込まれた酸素マスクを装着するよう命じた。しかしボーアはこの命令を実行しなかった。後年彼が語ったところによると、彼の大きな頭に比べ問題のヘルメットが小さすぎ、まもなく酸素欠乏で失神したということである。それでもこの「空輪」を生き延びたボーアは、スコットランドに着陸したとき、ああ良く眠った、と言ったそうだ。

飛行場のエプロンで彼を迎えたのは、彼の友人であり同僚であるジェームズ・チャドウィックであった。彼はボーアをロンドンへ連れて行き、英米爆弾プロジェクトについて説明を始めた。核分裂の発見が原子爆弾を可能にしたと、ボーアは一九三九年以降理解してきたが、ウラン二三五の分離技術には、膨大な、したがって非現実的な産業努力が必要であると信じていた。さて彼は、アメリカが莫大な産業資源を、まさにこの目的に投ずることになったと聞かされる。「ボーアには、まったくすばらしいことに思えたようだった」と、オッペンハイマーが後に書いた。

ロンドンへ到着後一週間で、ボーアの二十一歳になる息子Aage（アワと発音）が合流する。アワは後に自身がノーベル賞を受賞する、有望な若い物理学者であった。

次の七週間にわたって、コード名を「チューブ - アロイ」と呼ぶ英国の原子爆弾プロジェクトが、父と息子に詳しく説明された。ボーアは英国のコンサルタントになることに同意した。そして英国は彼を米国に送ることに同意した。十二月の初め、彼と息子はニューヨーク行きの船に乗り込んだ。グローブス将軍は、ボーアをこのプロジェクトに参加させるという考えに不満だった。しかし、物理学の世界におけるこのデンマーク人の名声を考え、グローブスはしぶしぶ、ニューメキシコ砂漠の不可解な「サイトY」を訪問する許可を与えた。

グローブスの不快感は、ボーアが問題児であると示唆した情報機関からの報告によって噴出した。一九四三年十月九日付《ニューヨーク・タイムズ》は、デンマークの物理学者が「核爆発に関係する新しい発明計画を持ってロンドンに到着した」と報じている。グローブスは激怒したが彼にできたのはボーアの行動を規制することまでだった。これは見込みのない仕事であることが分かった。ボーアは感情を抑えられる人間ではなかった。デンマークで国王に会いたいときは、宮殿に出かけてドアをノックしたという人だ。やがて彼は、ワシントンでもだいたい同じことをやってのけた。彼は英国大使ハリファックス卿と、最高裁判所判事でルーズベルト大統領の親友フェリクス・フランクフルターを訪ねた。これらの男性への彼のメッセージは明白だった。原子爆弾製造は既定の結論であったが、その開発後に何が起こるかは、今からすぐに考えても早過ぎることはない。彼が心から恐れていたのは、その発明が西側とソビエトとの間に、致命的な核兵器開発競争を引き起こすということであった。これを防ぐためには、ロシア人に爆弾プロジェクトの存在について話すことが不可避であると主張し、またこれはロシア人にとって決して脅威ではないと、確信を持って話すのであった。

もちろん、グローブスはこのような見解にぞっとし、ボーアをロスアラモスに連れ出すよう必死になった。ロスアラモスなら、この口数の多い物理学者を孤立させることができると考えたのだ。保安を損なうことなく確実にボーアをロスアラモスへ到着させるため、グローブスは個人的にボーアとその息子に同伴して、シカゴ発の列車に乗り込んだ。カリフォルニア工科大学のリチャード・トールマン（グローブスの科学アドバイザー）も同行した。グローブスとトールマンは、交替でデンマークからの客人を見張ることに同意し、ボーアが客室からふらふら出歩かないよう気をつけた。しかしながら、ボーアと一緒に一時間を過ごしたトールマンは、疲れきって客室から出てくるとグローブスに訴えた。「将軍、わたしはもう我慢できません。わたしは手を引きます。あなたは軍の人なのだから、あなたがやってくださいよ」

そこでグローブスは、ボーアの特徴ある「囁くような、もぐもぐした言葉」を聞きながら、ときどき中断をしては、隔離の重要性を彼に説明するのだった。それは失敗を運命づけられた、むなしい努力であった。ボーアには、マンハッタン計画の広い視野と、科学の社会的・国際的な意味に関する飽くなき懸念があった。それだけでなく、二年以上前の一九四一年九月には、彼の元の学生でドイツの原子爆弾プログラムをリードしたヴェルナー・ハイゼンベルクに会った。グローブスは、ボーアがドイツのプロジェクトについて知っていることを尋ねたが、グローブスとしては、他の人に話してほしくなかったことは確かである。「わたしは十二時間くらいぶっ続けに話したと思うが、その内容は他の人にしゃべってほしくなかった」

彼らは一九四三年十二月三十日の夕方遅くロスアラモスに到着し、オッペンハイマー主催の小さなボーア歓迎パーティーに、そのまま向かった。グローブスは後になって、「到着後ものの五分もしないうちに、ボーアは口外しないと約束したことを、すべて話していた」と、こぼした。オッペンハイマーにボーアが最初にした質問は、「それは十分に大きいかね？」だった。つまり、新しい兵器は、将来の戦争を考えられなくするくらい強力かということだ。オッペンハイマーは、すぐに質問の趣旨を理解した。オッピーは一年以上もの間、新しい研究室を建てて運営することに関連した細かな管理に、エネルギーのすべてを集中してきた。しかしこれから数日、および数週間にわたって、ボーアはオッピーの心を爆弾が戦後に及ぼす結果に集中させた。「そのために、わたしはアメリカに行ったのだ。原子爆弾を製造するのに、わたしの援助は必要なかった」。ボーアが言った。

その晩ボーアは暴走性の連鎖反応をもたらし、これによって巨大な爆発を引き起こすことができるウラン原子炉に、ハイゼンベルクがきわめて活発に取り組んでいると、オッペンハイマーに話した。オッペンハイマーはその翌日、一九四三年の大みそかに、ミーティングを招集してボーアの懸念を討論した。出席者はボーア、息子のアワ、その他エドワード・テラー、リチャード・トールマン、ロバート・サーバー、ロバート・バッカー、ビクター・ワイスコップ、ハンス・ベーテを始めとするロスアラモスきっての知性たちであった。それからボーアはこれらの男性たちに、一九四一年九月のハイゼンベルクとの遭遇が持つ、まったく驚異的な本質を伝えようとした。

ボーアは、この優秀なドイツ人の弟子が、ドイツ占領下にあったコペンハーゲンでの会議に出席する許可を、ナチ体制から得られた理由について語った。彼自身はナチ党員でなかったハイゼンベルクは、ナチスドイツに残ることを選択したドイツ愛国者であることは間違いなかった。彼は疑う余地もなく、ドイツで最も傑出した物理学者であった。ドイツに原子爆弾プロジェクトがあったら、ハイゼンベルクは明らかに、その責任者候補であった。ハイゼンベルクがコペンハーゲンに到着したとき、彼はボーアを捜し出した。二人の旧友が互いに何を話したかは、永遠の謎になってしまった。ハイゼンベルクはウラニウムの問題点を用心深く述べ、核分裂兵器は原則的にはまったく可能だが、「恐ろしいほどの技術的努力を必要とし、ただ希望だけで今回の戦争中には実現できない」ことを旧友に示唆しようとしたと、後に言い張った。彼ならびにドイツの物理学者たちは、今回の戦争に間に合うようこの兵器を開発することは無理であると、ナチ政権を説得したいと思っていることをボーアに暗に分からせようとしたが、ドイツ側の監視と、自分の生命の危険が心配であったと彼は主張した。

しかしこれがハイゼンベルクのメッセージであるとするならば、ボーアは正しく聞いていなかったことになる。ニールス・ボーアが聞いたことのすべては次のような内容であった。すなわち、核分裂兵器は実現可能で、もし開発に成功すれば今の戦争の行方を決定するほどのものとなると彼に語った、ということである。びっくりして、腹を立てたボーアは会話を短く打ち切った。

後にボーア自身、ハイゼンベルクが何を言わんとしたか、未だ定かでないと報告している。何年か後に、ボーアはハイゼンベルク宛の手紙の下書きを何通もこしらえたが、結局投函しなかった（手紙の下書きを書くのはボーアの習慣だった）。どの手紙の下書きを見ても、ハイゼンベルクが核兵器を口にするだけでボーアにとってはショックであったことが、非常にはっきりと分かる。たとえば一つの下書きの中で、ボーアは次のように書いている。

一方会話の初めにあなたは、何の前触れもなく、この戦争が十分長く続いた場合、その大勢を決めるのは核兵器であると言われました。その内容がわたしに残した印象をきわめて明瞭に思い出します。わたしはまったくこれに反応しませんでした。多分、あなたはこれを疑問の表明と取られたと思いますが、それまでの年月にあなたがどれくらいその問題に没入して、これが完成可能であると確認されたことを話されました。しかしあなたは、このような開発を阻止するために、ドイツの科学者の側がどのように努力したかについては、何のヒントも出しませんでした。

ボーアとハイゼンベルクの間で言われたこと、言われなかったことは今でもかなりの論争のもとになっている。オッペンハイマー自身は、後にひっそりと次のように書いている。「ボーアは、彼ら（ハイゼンベルクと同僚カール・フリードリヒ・フォン・バイツゼッカー）がやってきたのは、自分らが知っていることをボーアに伝えるためではなく、自分たちの知らないことをボーアが知っているかを確かめるためだという印象を持っていた。それは引き分けだったと、わたしは思っている」

しかし、ただ一つはっきりしていることがある。それは、会議から戻ったボーアが、ドイツが核兵器によって戦争を終了させるかもしれない、と大きな恐れを抱いて去ったことである。彼はニューメキシコで、オッペンハイマーはじめ科学者のチームにこの恐れを伝えた。ハイゼンベルクがドイツの爆弾プロジェクトの存在を確認したことを伝えただけではなく、ボーアはハイゼンベルク自身がスケッチした爆弾の図面とされるものも示した。しかし、ちらと見ただけで、爆弾のスケッチではなく、ウラニウム反応炉のスケッチであることがだれの目にも明らかだった。「なんてことだ」、図面を見てベーテが言った。「ドイツ人はロンドンに原子炉を投下しようっていうのか」。ドイツ人が本当に爆弾プロジェクトに取り組んでいることを知るのは、だれにとっても不安であったが、彼らが追いかけているのはきわめて非実用的なデザインであるらしい、と一安心した。議論が終わると、このような「爆弾」は失敗作であると、ボーアでさえ納得していた。その翌日オッペンハイマーはグローブスに手紙を書いて、ウランの塊を爆発させても「軍事兵器としてはまったく役に立たないだろう」と説明した。

オッペンハイマーはかつて、「歴史が証明しているように、賢い人間でさえ、ボーアの言っていることを理解できないということは容易に起こり得る」と、述べたことがある。ボーアと同様、オッペンハイマーは決して単純あるいは直接的な人間ではなかった。ロスアラモスで二人の男は、ときどき互いの擬態を演じているかのように見えた。「ロスアラモスのボーアはすばらしかった」と、オッペンハイマーが後に書いた。「彼は、技術的な関心が非常に強かった。しかし彼がわれわれのほとんどに及ぼした本当の働きは、技術的なものではなかったと、わたしは思う」。オッペンハイマーが説明するように、ボーアはむしろ政治的な大義を推進するために、「きわめて密やかに」やってきたのだ。その大義とは科学の面からも、国際関係の面からも、開放性を尊重する考え方で、これこそが戦後の核兵器開発競争に前もって対処できるただ一つの希望であった。オッペンハイマーには、このメッセージを聞く下地ができていた。ほぼ二年の間、彼は複雑な管理者としての責任に没頭してきた。月日が流れていくにつれて、彼はだんだん理論物理学者ではなく、科学的管理者になりつつあった。この変化は彼にとって、知的には息苦しいものにならざるを得なかった。メサへ現れたボーアが、きわめて哲学的な言葉で、プロジェクトが人類へ及ぼす影響について語ったとき、オッペンハイマーは若返ったような思いがした。ボーアの存在が士気を大いに高めたと、彼はグローブスに保証した。オッペンハイマーが後に書いたところによると、そのときまでは、仕事を「身の毛もよだつ」と感じたことがしばしばあった。ボーアは短時間に、「多くの人々が不安に駆られていたこの仕事を、希望あるものに感じさせた」。ボーアはヒトラーについて軽蔑して語り、彼を敗北させるのに科学者が演ずることができる役割を強調した。「彼が高く掲げた希望、つまり結果が善であること、複数の科学分野の客観性と協力が役立つという希望は、われわれ全員が信じていた」

ビクター・ワイスコップは、ボーアが彼に次のように話したのを忘れない。「この爆弾は恐ろしいものであるかもしれないが、それは『偉大な希望』であるかもしれない」。その年の春の初め、ボーアは自分の懸念を文書にしようと考え、何度もメモを書き直した。それからオッペンハイマーの意見を求めた。一九四四年四月二日までに、彼はいくつかの基本的な洞察を含む草案を完成した。物事が最終的にどのような結果になろうと、「われわれが科学と技術の最も大きな勝利の一つを提示されており、それが人類の将来に深く影響することが運命づけられていることは、もはやすでに明白である」。ボーアはこのように論じた。非常に近い将来、「他に類を見ない威力を持つ兵器が出現し、それが将来の戦争の条件を一変する」。それは、よい知らせであった。悪い知らせも同じく明白で、予言的であった。「事実、この新しい活性のある物質の使用制限について、何らかの合意が妥当な期間内に達成できない場合は、一時的な利点がいかに大きくても、人類の安全に対する恒久的な脅威がこの利点を上回る恐れがある」

ボーアの心の中で原子爆弾はすでに事実であり、これが人類に及ぼす脅威を管理するには、「国際関係という問題への新しいアプローチ」が要求された。来る原子力時代には、秘密主義がぬぐい去れないかぎり人類は無事であり得ない。ボーアが描いた「開かれた世界」は、空想的な夢ではなかった。この新しい世界は、科学の多国籍コミュニティに、すでに存在していた。非常に実用主義的な意味で、コペンハーゲン、キャベンディッシュ、その他の研究所が、この新しい世界の実際的なモデルになるとボーアは信じていた。原子力の国際管理は、科学の価値に基づく「開かれた世界」でのみ可能であった。それはボーアにとって、進歩、理性、ならびに平和さえ生み出す共同体文化であった。「知識はそれ自体が文明の基礎である。しかし、われわれの知識の境界を少しでも広げることは、人間生活の条件を形作る可能性と引き換えに、個人と国家に一段と大きな責任を強要するものである」と、彼は書いた。続いて彼は言う。戦後世界において各国は、潜在的な敵国が核兵器を持っていないことを確信する必要がある。これは、国際的な査察官がどんな軍事施設、産業コンビナートでも完全な立ち入りを認められ、新しい科学的発見に関する情報に完全なアクセスが認められる「開かれた世界」でのみ可能である。

国際管理のこのように広範な新体制を戦後開始するためには、この爆弾が現実となる前、戦争が終結する前に、戦後原子力計画の策定作業に今すぐソ連を招聘するしか方法はない、というのがボーアの最終的結論であった。スターリンにマンハッタン計画の存在を知らせ、それがソ連に対する脅威をもたらさないことを確信させていたら、戦後の核兵器開発競争は防止できたというのが、ボーアの信念であった。戦後原子力国際管理のために、戦時同盟国が早い段階で合意することが、核装備された世界をつくらないただ一つの道であった。オッペンハイマーはこれに賛成だった。事実、彼は前年の八月、大統領が爆弾プロジェクトについてソ連に話をするというアイデアに「親近感を持つ」とパッシュ大佐に話して、この防諜担当将校に衝撃を与えたことがある。

ボーアがオッペンハイマーに及ぼした影響は、容易に見ることができた。「彼はずっと昔からボーアを知っていたし、個人的にかなり近かった」。ワイスコップが言った。「これらの政治的、倫理的な問題について本当にオッペンハイマーと話し合ったのはボーアだけだった。時期は多分一九四四年の初めだったろう。オッペンハイマーが真剣にこのことを考え始めた時期だ」。その冬のある午後、オッペンハイマーは彼のオフィスにホーキンスを呼び、カギ付きキャビネットからあるフォルダを取り出して彼に読ませた。そこにはボーアがフランクリン・ルーズベルトに宛てた手紙がファイルされていた。オッピーは明らかに、この貴重な文書を大切にしていた。ホーキンスによると、「オッピーの話では、ルーズベルトは完全に了解したということであった。これは大変喜ばしいことであり、希望の持てることであった。面白いことに、その後ロスアラモスでは全員が、ルーズベルトは了解したという、この幻想の下で生きたのだった」。

ボーアは量子物理学の彼独特のコペンハーゲン解釈を、だいぶ前から哲学的世界観に転換して、名称も「相補性理論」と変えていた。ボーアは常に、世界の物理的特性を洞察し、その結果を人間社会の関係に適用しようと試みた。科学史家として、ジェレミー・バーンスタインは後に次のように書いている。「ボーアは、相補性理論を物理学の範囲に限定することには満足しなかった。彼は、それを至る所に見出した。本能と理性、自由意志、愛と正義、等々」。彼がロスアラモスでの仕事に、それを見出したとしても、十分理解できることである。このプロジェクトは、すべてが矛盾に満ちた困難の塊であった。彼らはファシズムを打ち破って、すべての戦争をなくすために、大量破壊兵器を造っていた。しかしそれは、すべての文明に終止符を打つ可能性も秘めている。それでも人生における矛盾はすべてが根は一つで、したがって補完的であると、ボーアから聞かされると、オッペンハイマーはごく自然に心が慰められるのだった。

オッペンハイマーはボーアを非常に称賛していたので、その後何年かにわたって、彼はしばしば人類のために、分かりやすい言葉で自分自身の考えに言い換えることを引き受けた。ボーアが言う「開かれた世界」の意味を理解した人は多くなかった。そして理解した人々も、ときにボーア提案が意味するものの大胆さに、明らかに驚いた。一九四四年の早春にボーアは、彼の元の学生でロシアの物理学者ピーター・カピッツァから一通の手紙を受け取った。その手紙はモスクワで出されたものだが、郵送にかなりの時間が掛かっていた。そこには、ボーアにモスクワへ来て住みませんかという、温かい勧誘の言葉が書かれていた。「こちらへ来られれば、先生ならびにご家族のお住まいと、研究を継続するのに必要な一切の条件を整えます」。それからカピッツァは、ボーアが知っている何人かのロシア人物理学者からの挨拶を仲介した。その内容はおおむね、こちらでご一緒に研究できるなら喜ばしい、というものであった。ボーアはこれを絶好の機会と考えた。そして、カピッツァの招待を受け入れることを、ルーズベルトとチャーチルが許可するよう本気で望んだ。オッペンハイマーが後に同僚に説明したところによると、ボーアは「これら科学者を通じて、当時われわれの同盟国であったロシア政府に、英米は『開かれた世界』と引き換えに原子力の知識を『取引する』と提案しようと思ったのだ。つまり、ロシアという国をオープンにし、開かれた世界に参画することに同意するならば、原子力関連知識を共有してもよいと提案することであった」。

ボーアの考えでは、秘密は危険だった。カピッツァと他のロシアの物理学者を知っているボーアは、核分裂の軍事的な意味を、彼らが完璧に把握できると考えた。事実、彼はソビエトがすでに米英の原子力プログラムについて何かを知っていると、カピッツァの手紙から推測した。また、新しい兵器の開発がソビエト抜きで進められていると彼らが結論した場合、危険な猜疑心《さいぎ》のタネを播くだけだとボーアは考えた。ロスアラモスの他の物理学者は同意した。ロバート・ウィルソンは、「英国の科学者はロスアラモスで働いているのに、なぜロシアの科学者がいないのか」と、オッペンハイマーを困らせたことを後に思い出した。ウィルソンは言った。「それは完全に、ある種の非常に気まずい感情を生み出すように思えた」。戦争の終わりころまでには、オッペンハイマーが同意していたことは明らかであったが、戦争の最中は慎重だった。それは自分が常に監視されていることを知っていたからである。だから彼は、このような会話に引き入れられることを常に拒否した。彼はまったく答えないか、あるいは、そんなことを決めるのは科学者の仕事ではない、とつぶやくだけだった。「確かではないが、おそらくわたしが彼を試していると、思ったのではないかと感じた」。ウィルソンが後に語った。

　もっともなことだが、科学者を雇用する側の将軍や政治家は、ボーアの態度に賛成していたわけではない。たとえばグローブス将軍は本気でロシアを同盟国と考えたことはない。一九五四年に、彼は原子力委員会の聴聞委員会で次のように述べた。「わたしがプロジェクトの責任者になってから、およそ二週間もすると、ロシアは敵であり、このプロジェクトはその基礎の上で遂行されるという以外の、一切の幻想はわたしの頭から消えた。ロシアが勇敢な同盟国であるとするわが国の全般的な態度に、わたしは賛成できなかった」。ウィンストン・チャーチルは、ソビエトに関して似た見方をしていた。そこで彼は、イギリス情報部からカピッツァ－ボーア間の通信について報告を受けカンカンに怒った。「この男（ボーア）は、どうやってこのビジネスに首を突っ込むことになったのだ？」と、チャーチルは彼の科学アドバイザーであったチャーウェル卿に向かって叫んだ。「ボーアには外へ出られなくさせるか、少なくとも大罪ギリギリのところにいることを、理解させるべきだと思う」

　一九四四年の春と夏に、ルーズベルトとチャーチルに個人的に面談したにもかかわらず、原子力を英米で独占するという考えは近視眼的であることを、ボーアはどちらのリーダーにも説得できなかった。グローブスは後にオッペンハイマーに話した。「彼と仕事をするだれもが、ときにチクリと鋭いものを感じる。それはおそらく彼の知的能力の大きさによるものだろう」。皮肉にも、そのような政治指導者に対する彼の影響力が衰えるにつれ、ロスアラモスの物理学者の間におけるボーア信仰は、新しい高みにまで上昇した。ここでもまた、ボーアは神であり、そしてオッピーは彼の預言者であった。

ボーアが一九四三年十二月にロスアラモスに来たのは、ハイゼンベルクとの出会いを通じて、ドイツでの爆弾製造の可能性を知り、びっくりしたためである。その春、彼はドイツには有効な爆弾計画はないだろうという情報部のレポートを確信しつつ、ロスアラモスを後にした。「ドイツ科学者の活動に関して漏れてくる情報からすると、枢軸国側に大きな進展がないことはほとんど確かだろう」と彼は述べた。ドイツの物理学者が爆弾製造競争で、相当遅れをとっている可能性が高いことをボーアが確信していたとすれば、オッペンハイマーも、これを認識していたに違いない。デビッド・ホーキンスによると、オッペンハイマーは一九四三年の末にグローブス将軍から、ドイツが初期の爆弾プログラムを断念したというドイツ情報筋の話を聞いたという。このようなレポートは評価が難しいと、グローブスは示唆した。ドイツの情報筋が偽の情報を流しているかもしれない。オッペンハイマーはちょっと肩をすくめ、ホーキンスは内心、「もう遅い」と考えたことを思い出す。ロスアラモスの男たちはすでに、「爆弾を造ることを決意しており、それはドイツの進捗に関係なかった」。

第21章　ガジェットが文明におよぼす影響

当時のオッペンハイマーに対しては天使のような人、真実で、正直な人という感じを持っていた。間違ったことなどするはずないと、彼を信じていた。

ロバート・ウィルソン

だれもがオッピーの存在を意識した。彼はザ・ヒルの周辺を軍のジープで、または自分の大きな黒いビュイックで走り回った。そして何の前触れもなく、散在する研究所のオフィスの一つに立ち寄るのだった。通常は部屋の奥に陣取り、続けざまにタバコを吹かしながら静かに議論に耳を傾ける。彼がただそこにいるだけで、所員はもっと努力しようと活気づくのだった。（ビッキ・）ワイスコップはプロジェクトの新しい節目ごとに、オッピーが自ら顔を出す頻度の多さに驚嘆した。「新しい効果を測定するとき、新しいアイデアを思いついたとき、いつも彼の姿が研究所、またはセミナー室に見られた。彼がアイデアや提案をたくさん提供した、というわけではない。提供することもときどきはあった。しかし彼の主な影響は、絶えずそこにいること、緊張感を持ってそこにいることから出るものだった。その存在感が関係者全員に、直接参加しているという感覚をもたらした」。ハンス・ベーテは、ある日オッピーが冶金のセッションに顔を出し、プルトニウムを溶かすためにはどんなタイプの耐火容器を使うべきかという、結論の出ない議論を聞いていたことを思い出す。議論を聞いた後、オッピーは内容を要約した。彼は解決を直接提案したわけではないが、彼が部屋を出るころには、正しい答えはどれかだれもが理解していた。

対照的にグローブス将軍の訪問は常に邪魔であり、時には滑稽なほど破壊的であった。ある日オッピーはグローブスを案内して、一つの研究室にいた。温水をケースに送っている三本のゴム管の一本を、かなり体重のある将軍の足が踏んだ。マカリスター・ハルが歴史家チャールズ・ソープに語ったところによると、「それ（ゴム管）はポンと壁から外れ、沸点に近い熱湯が部屋に放出された。そのときのグローブスの格好を見れば、だれが犠牲者だったか一目瞭然だった」。オッペンハイマーはずぶ濡れの将軍に目をやって、からかった。「やあ、水の非圧縮性が証明されましたね」

オッピーの関わりが、プロジェクトの成功にとって絶対不可欠であると分かることがあった。利用可能な兵器の速やかな開発にとって、大きな障害の一つは核分裂可能物質の供給量が乏しいことであるとオッピーは理解した。したがって彼は、これらの材料の生産を加速する方法を絶えず探していた。一九四三年の初め、グローブスとS・1執行委員会は、ロスアラモス爆弾研究所用に核分裂性濃縮ウランを分離するため、気体拡散および電磁気の技術を採用することに決定した。そのとき、もう一つ考えられた液体熱拡散に基づくテクノロジーは、実行不可能として拒絶された。しかし一九四四年の春になって、オッペンハイマーは数年前に発表されていた液体熱拡散についてのレポートを読み、自分たちの決定が間違いであったと決定した。このテクノロジーは、部分的に濃縮されたウランを電磁気のプロセスに提供する、比較的安価な方法であると彼は考えた。そこで一九四四年四月に、液体熱拡散プラントがつなぎ措置として役立つかもしれないと、グローブスに宛てて書いた。低濃縮ウランであっても生産できれば、そこから電磁拡散プラントに供給されるだろうし、それによって核分裂可能物質の生産を加速させるはずだ、というのが彼の望みであった、「Y－12『電磁』プラントの生産能力を約三〇から四〇パーセント増やし、K－25『気体拡散』の生産予定日の何カ月か前に、その精度を向上させることができる」と、彼は書いた。

オッピーの提案を一カ月間協議した後、グローブスはその案の推進に同意した。大車輪で生産にかかり、一九四五年春までには低濃縮ウランの追加生産が軌道に乗っていた。その量があれば、一九四五年七月末までに一個の爆弾を造るのに十分な核分裂可能物質が保証された。

オッペンハイマーは常に、ウラン銃の設計プログラムには高度な自信を持っていた。これによって、追加核分裂物質の標的に核分裂可能物質の「弾丸」を打ち込むことになる。これが「臨界」と核爆発を引き起こすのである。しかし一九四四年の春、プルトニウム爆弾設計のすべての努力を狂わせる恐れのある危機が突然に出現した。オッペンハイマーはセス・ネッダーマイヤーに、爆縮型の爆弾を造るための爆発実験を行う許可を与えていた。この爆弾は、核分裂可能物質をゆったりと詰め、圧縮すると瞬間的に臨界に達することができる球体であった。しかしオッペンハイマーは、単純な銃型機構の方がプルトニウム爆弾のために有効ではないかと、以前から考えていたのだ。しかしながら、初めて供給された少量のプルトニウムを使って、一九四四年七月に行った実験の結果、「銃型」デザインでは効率的なプルトニウム爆弾の点火ができないことが判明した。実際に、そのような試みをすれば、プルトニウム「銃」の中で、破滅的な早期爆発が起こることは疑う余地がなかった。

より安定した元素を造り出すために、プルトニウム原料をもっと分離することが、一つの解決策であったかもしれない。「これら質の悪いプルトニウム同位体を、良いものから切り離すことは不可能ではなかった」と、ジョン・マンリーが説明する。「しかしそれは、ウラニウム同位体の分離に関して、それまでやってきたことすべてを繰り返すことを意味した。大きなプラントをいくつも造り直すことだ。そんな時間はなかった。選択肢としては、プルトニウムを生産した連鎖反応に関する発見のすべてと、ワシントン州ハンフォード工場につぎ込んだ時間と努力を無駄にすることしかなかった。このプルトニウム原料を爆発するだろう兵器に組み立てる別の方法を、だれかが見つけることができれば話は別だが」

一九四四年七月十七日、オッペンハイマーはグローブス、コナント、フェルミその他をシカゴに招集して、危機打開の会合を開いた。コナントは、ウランとプルトニウムを混合した低効率爆縮爆弾を造るだけに専念するよう強く迫った。そのような爆弾は、TNT爆薬換算で数百トンの威力しかなかった。低効率爆弾のテストがうまくいったら、研究所は引き続きより大型爆弾に進む自信がつくだろう、とコナントは言った。

そんなことをしたら、プロジェクトの受け入れがたい遅れが発生するという理由で、オッペンハイマーはこのアイデアを拒絶した。サーバーが切り出した爆縮のアイデアに、当初懐疑的だったにもかかわらず、オッペンハイマーはこのとき、彼の説得能力のすべてを振り絞って、爆縮設計のプルトニウム爆弾にすべてを賭けようと主張した。それは、大胆で華々しいギャンブルであった。一九四三年の春に、セス・ネッダーマイヤーがこの概念の実験を志願したときから、ほとんど進展はなかった。しかし一九四三年の秋、オッペンハイマーはロスアラモスにプリンストンの数学者ジョン・フォン・ノイマンを連れてきた。そしてノイマンは、少なくとも理論的には爆縮が可能であると計算した。オッペンハイマーはそれに賭ける気があった。

翌日七月十八日に、オッペンハイマーはグローブスのために彼の結論をまとめた。「今のところ、まず絶対に優先しなければならない方法は爆縮法です」

オッペンハイマーのアシスタントであるデビッド・ホーキンスが後に説明した。「爆縮法は、『プルトニウム爆弾にとって』本当にただ一つの望みであり、現在得られる根拠から判断して、非常に良い方法とは言えなかった」。ネッダーマイヤーと兵器部の部下たちは、爆縮設計についてほとんど進展させていなかった。内気で、引っ込み思案のネッダーマイヤーは一人で、そして秩序だって仕事をするのが好きだった。オッペンハイマーが「一九四四年の春になると、恐ろしくわたしにいらだつようになった」と、ネッダーマイヤーは後になって認めた。「わたしが仕事を戦争遂行のためとしてプッシュせず、平時の研究と同じように進めたように見えたので、オッピーは不満だったのだろう」。ネッダーマイヤーは、メサにおいてオッピーの魅力に免疫がある、数少ない人間の一人だった。欲求不満の結果、オッピーは柄にもなくカッカとするようになった。「オッペンハイマーはわたしに火をつけた」と、ネッダーマイヤーは回想する。「多くの人々が、知恵とインスピレーションの源として彼を尊敬した。わたしは科学者としての彼は尊敬したが、彼らのようには尊敬しなかった。彼は相手を冷たく切り捨てることができ、徹底的に恥をかかせることがあった。一方で、わたしは彼をいらだたせることがあった」。この個性の対立によって火がついた爆縮設計の危機は、オッペンハイマーが研究室の大きな組織変更を発表した、その夏後半に頂点に達した。

一九四四年の初めに、オッペンハイマーはハーバードの爆薬専門家ジョージ・キスチアコフスキー（キスティ）を、ロスアラモスに来るよう説得した。キスチアコフスキーは独断的で意志が強かった。必然的に彼は、表向きの上司パーソンズ大尉（ディーク）と何度も衝突した。そしてキスチアコフスキーは、アプローチにおいて飛び抜けてやる気がないと見えたネッダーマイヤーとも、うまくいかなかった。一九四四年六月の初め、キスチアコフスキーはオッペンハイマーに辞任すると脅迫のメモを書いた。これに応えて、オッペンハイマーは素早くネッダーマイヤーを呼び、キスチアコフスキーと交替を命じた。怒り、傷ついて、ネッダーマイヤーは退席した。彼は「尾を引く苦さ」を感じながらも、上級専門アドバイザーとしてロスアラモスに残るよう説得された。決断を持って対応したオッペンハイマーは、まず顧問パーソンズ大尉に相談することなくこの人事を発表した。「パーソンズは激怒していた」と、キスチアコフスキーは回想する。「彼はわたしが彼を無視したと感じた。彼にしてみればきわめて侮辱的なことだった。彼がどのように感じたか、わたしは完全に理解できるが、わたしは一般人であり、オッピーだって一般人だ。したがって彼の承認を受ける必要はなかった」

パーソンズは兵器部の管理権を失ったと考えていらだち、九月に入るとオッピーにメモを送り、爆縮爆弾プロジェクトの全局面に対する広範な意思決定権を、自分に委譲するよう要求した。オッペンハイマーは穏やかに、しかし断固としてこれを拒絶した。

「あなたがわたしに委譲を要請していると思われる権限については、これを委譲することはできません。それは、わたしがその権限を持っていないからであります。いかなる協約が示唆するにせよ、研究所の運営義務ありと認定された科学者が理解できず、また承認もしていない意思決定を実行する権限は、事実上わたしにはありません」。パーソンズ海軍大尉は軍人として、科学者間の議論をショートカットできる権威を望んだ。オッペンハイマーは書いた。「研究所におけるあなたの地位から、この仕事の進展がよって立つ合意を得るために、長い議論と討議に関与することが必要と考えると、指摘されています。わたしが何と文書に書こうと、この必要性を排除できるものではありません」。科学者は議論する自由を持たねばならず、またオッペンハイマーは、平等な責任のある合意に達する必要がある場合に限って、論争に介入するのであった。「研究所がそのように構成されるべきだと、申し上げているのではありません」と、彼はパーソンズに言った。「実際、そのように構成されているのです」

プルトニウム爆弾の設計に関連して進行する危機の最中に、イシドール・ラビは、定期的な訪問の一つとしてロスアラモスを訪問した。彼は何人かの最高の科学者とプロジェクトに関する重苦しいセッションに参加し、プルトニウム爆弾を有効に稼動させる方法の発見について、彼らが感じる緊急性を議論したことを覚えている。会話は、すぐに敵の話になった。「ドイツの科学者は、だれだろうか？　われわれは、彼らを全部知っていた」と、ラビが思い出した。「彼らは、何をしているか？　われわれは再び全部をおさらいして、自分たちの開発の歴史を眺め、敵のほうがどの点で賢いかを知ろうとした。そこで彼らはわれわれより優れた判断をしたかもしれないし、われわれが犯した、あのエラーやこのエラーを避けたかもしれない。われわれは最終的に、彼らが正確にわれわれに匹敵するところにいるか、またはもっと先を行っている可能性があるとの結論に達した。われわれは、身の引き締まる思いがした。いったい敵が何を持っているかは、分からなかった。一日たりとも、一週間たりとも無駄にしたくなかった。もし一カ月無駄にしたら、結果は悲惨だろう」。フィリップ・モリソンが一九四四年中ごろにおける彼らの態度を要約した言葉を借りると、「われわれが戦争に負けるとしたら、この仕事に失敗したとき」だった。

組織変更にもかかわらず一九四四年後半までに、キスチアコフスキーのグループは、形のある爆薬（レンズと呼ばれた）をなんとか製造するところまでまだ達していなかった。このレンズは、ゆったりと詰めたグレープフルーツ大の球体を、正確に対称的なゴルフボール大のサイズに押しつぶすことになっていた。そのようなレンズなしでは、爆縮爆弾は非現実的に思われた。パーソンズ大尉はとても悲観的だったので、オッペンハイマーのところへ行って、レンズをあきらめ、その代わりに非レンズ型の爆縮を構築するよう提唱した。この問題については一九四五年一月に、グローブスとオッペンハイマー立会いの下、パーソンズとキスチアコフスキーの間で白熱した議論が交わされた。キスチアコフスキーは、爆縮はレンズなしで達成できないことを主張し、彼の部下はまもなくこれを完成できるだろうと約束した。プルトニウム爆弾の成功にきわめて重大な決定において、オッペンハイマーは彼を支持した。

次の数カ月間に、キスチアコフスキーと彼のチームは、なんとか爆縮設計を仕上げることができた。一九四五年五月までにオッペンハイマーは、プルトニウムの「ガジェット」

ができると、かなり確信を持つようになった。

爆弾の建造は、理論物理学というよりエンジニアリングの仕事であった。しかしオッペンハイマーは、技術的・エンジニアリング的な難関を乗り越えるために科学者たちを組織することにおいては、バークレーで学生たちを刺激していたのと同じくらい飛び抜けてうまかった。「ロスアラモスは、彼なしでも成功したかもしれないが」と、ハンス・ベーテが後に言った。「そのときは非常に多くの緊張、より少ない熱意、そしてより劣るスピードに悩まされたことだろう。しかし現実の研究所は、研究所のすべてのメンバーにとって忘れられない経験となった。高い業績を挙げた戦時研究所は他にもあった。しかしわたしは、これら他のグループのどれにも、ロスアラモスの人々に見られる帰属意識、研究所の時代を回想したい衝動、彼らの人生においてすばらしい時間であったという感覚に匹敵するものを見出せない。これがロスアラモスに本当にあったのは、主としてオッペンハイマーのおかげであった。彼はまさにリーダーだった」

一九四四年二月に、ドイツ生まれのルドルフ・パイエルス率いる英国科学者の一団がロスアラモスに到着した。オッペンハイマーが、この才能はあるが気取らない理論物理学者に初めて会ったのは一九二九年、二人がウォルフガング・パウリの下で勉強していたときだった。パイエルスは一九三〇年代初期にドイツから英国に移民し、一九四〇年に彼とオットー・フリッシュは「超高性能爆弾の製造について」と題する影響力の大きい論文を発表した。これを読んで、英米両国は核兵器が製造可能であると納得した。次の数年間に、パイエルスは「チューブ・アロイ」(英国爆弾プロジェクトの別名)のあらゆる局面にかかわった。一九四二年と、さらに一九四三年九月、ウィンストン・チャーチル首相はパイエルスをアメリカに派遣し、爆弾研究の促進を手助けさせた。

パイエルスはバークレーにオッペンハイマーを訪ねて、「ものごとを把握する彼の能力に非常に感銘」する。「兵器自体はもちろんだが、物理学が将来もたらす影響についてまで考えていた人は、この旅行中に会った中で彼が初めてだった」

パイエルス博士の初のロスアラモス訪問は、わずか二日半であった。しかしオッペンハイマーは、爆縮の流体力学的研究に関して英国チームがかなり貢献できることで意見が一致したと、グローブスに報告した。一カ月後パイエルスは再びロスアラモスへ戻り、戦争が終わるまで滞在することになる。オッペンハイマーはだれのことを理解するにも、大変明晰で迅速であるとパイエルスは称賛したが、特に「彼がグローブス将軍に立ち向かう」態度に感心した。

一九四四年の春にパイエルスとそのチームがロスアラモスに落ち着くと、オッペンハイマーはそれまで形式的にはエドワード・テラーが担当していた仕事をパイエルスに任せる決心をした。移り気なハンガリー生まれの物理学者テラーは、爆縮爆弾に必要な一連の複雑な計算に取り組むことになった。しかしテラーはこれに従わなかった。「スーパー」熱核爆弾（後の水素爆弾）に関連する理論上の難問に取りつかれていたテラーは、核分裂爆弾に関心がなかった。戦時の緊急事態を考慮し、「スーパー」の優先順位を低くすると、一九四三年六月にオッペンハイマーが決定を下した後、テラーはますます非協力的になった。彼は戦争遂行に貢献する義務は、一切忘れたように思えた。常に多弁で、絶え間なく水素爆弾について語った。また彼はベーテの下で働かなければならないことに対する憤慨を、抑えることができなかった。「わたしは彼がボスであることに不満だった」と、テラーが思い出した。ベーテが彼に向けた批判が、テラーの憤慨に油を注いだことも確かだった。テラーが一晩かけて、水素爆弾を有効に働かせるすばらしいアイデアを思いつく。するとベーテは翌朝までに、そのアイデアが間違っていることを証明するのだった。テラーと特に骨の折れるやり取りをした後、オッピーはチャールズ・クリッチフィールドに冗談を言った。「ハンガリー人が敵に回らず、わが陣営にいるのは神の加護だね」

オッペンハイマーが、テラーの振る舞いにますます悩まされたのも無理もない話だ。その春のある日、テラーは班長会議から急に抜け出し、爆縮プロジェクトに関してベーテが必要としたある計算をすることを拒否した。カンカンに怒ったベーテは、オッピーに不平を言った。「エドワードは基本的にストライキに入った」と、ベーテは回想する。この事件についてオッペンハイマーがテラーと対決したとき、最後にテラーは核分裂爆弾の研究に対する全責任を解除してほしいと頼んだ。オッペンハイマーは同意し、テラーとパイエルスを入れ替えたいと、グローブス将軍に手紙を書いた。

軽んじられたと感じたテラーは、ロスアラモスから完全に退去したいと意思表明した。オッペンハイマーが彼を放り出したとしても、だれも驚かなかっただろう。だれもがテラーを「気難し屋」と見ていた。ボブ・サーバーは彼のことを、「どんな組織へ行っても疫病神だ」と、こき下ろした。だがオッペンハイマーは彼を解雇しないどころか、水素爆弾の実現可能性を探る自由という、まさにテラーの望むものを与えた。オッペンハイマーは、テラーが心にあるものを話すためだけに、週に一度貴重な時間を割くことまで同意した。

この驚くべき扱いにさえテラーは満足せず、オッピーは「政治家」になったと思った。オッピーの同僚は、なぜ彼がテラーのことを気にするのか不思議がった。パイエルスはテラーを次のように見ている。「いくぶん野人のようなところがある。彼はしばらくあるアイデアを吹聴して回るが、そのうちナンセンスであることが分かる」。オッペンハイマーも、相手がばかだったら我慢していられなかったかもしれないが、テラーがばかでないことはオッペンハイマーにも分かっていた。この男が最終的に何かプロジェクトに貢献する可能性があったので、オッペンハイマーは彼を大目に見た。その夏の終わりころ、チャーチルの特使チャーウェル卿（フレデリック・リンデマン）の歓迎会を主催したとき、オッペンハイマーはうっかりルドルフ・パイエルスを招待者リストから落としてしまったことに、後から気づいた。翌日彼はパイエルスに謝罪し、最後にこう冗談を言った。「君でよかったよ。テラーだったらどうなったか！」

一九四四年十二月にオッペンハイマーは、ラビにもう一度ロスアラモスを訪問してくれるようせがんだ。「親愛なるラビ。あなたが再びお見えになるのはいつか、われわれはこしばらく考えております。当地では常に危機が続いていますので、われわれの見地からいつお出でいただくのがよいか、決めかねています」と、彼は書いた。

ラビは「原子核の磁気特性を記録するための共振法」が評価されて、ちょうどノーベル物理学賞を授与されたばかりであった。オッピーは彼を祝福した。「この賞が青春期に入ったばかりの人ではなく、青春期を卒業した人に与えられたことを嬉しく思います」

管理的な仕事にはまり込んでいたオッペンハイマーであったが、まだ時折は個人的な手紙を書く時間を見つけることはできた。ヨーロッパから脱出を助けたドイツ難民の家族宛に一九四四年春、彼は一通の手紙を書いている。まったく見ず知らずの人たちだったが、母親と娘四人のマイヤーズ一家の米国亡命を助けるため、一九四〇年に彼は何がしかの金を送った。四年後に、マイヤーズ一家はオッペンハイマーに金を返しながら、アメリカの市民になったことに誇りを持って彼に知らせてきた。返信の中でオッペンハイマーは、彼らが感じた「誇り」をよく理解します、お金を返済してもらって有り難うと書いたうえで、次のように付け加えた。「お金の返済に無理をされたのではないですか?」。もし今後必要が起きたら、お金は返しますと申し出た。何年か後に、マイヤーズ家の娘の一人が感謝の手紙を書いた。「一九四〇年、あなたのおかげで、はるばるアメリカまで来ることができました。そして命が助かりました」。オッペンハイマーにとって、ナチズムの蔓延からマイヤーズ一家を救出することは、いくつかの点で重要だった。第一に、反ファシスト活動家として、政治的な議論の必要のない行動であり、気持ちのよいことであった。第二に、ささやかな寛大さの表現ではあったが、自分が恐ろしい兵器を造るレースに身を投じている深い理由を思い出し安堵《あんど》するのであった。

そして、彼のレースは続いていた。落ち着きのなさはオッペンハイマーの一つの性格だった。少なくともフリーマン・ダイソンには、そう思えた。ダイソンは戦後オッペンハイマーと知り合い、彼を称賛するようになる若い物理学者である。しかしダイソンも、落ち着きのなさをオッピーの悲劇的な欠点とみなした。「落ち着きのなさは、彼に最高の達成をもたらした。止まって休息したり、振り返ったりすることなく、ロスアラモスのミッションを遂行した」

「立ち止まった男が一人いた」と、ダイソンが書いている。「それはリバプールから来たジョセフ・ロートブラットであった」。ポーランド人の物理学者ロートブラットは、戦争が起こったとき英国に足止めされた。ジェームズ・チャドウィックによって英国の爆弾プロジェクトに採用され、そして一九四四年初めにはロスアラモスにいた。一九四四年三月、ロートブラットは「不愉快なショック」を経験した。グローブス将軍がチャドウィック家の夕食に招かれ、食卓での何気ない冗談の間に、彼が言った。「このプロジェクトの主たる目的が、ロシアを抑えることにあるのは分かるだろう？」。ロートブラットはショックを受けた。彼はスターリンに幻想を持っているわけではなかった。何と言ってもこの独裁者は、愛する母国ポーランドを侵略したのだ。しかし、何千ものロシア人が毎日東部戦線で死んでおり、ロートブラットは後ろめたさを感じていた。「そのときまでは、われわれの仕事がナチの勝利を防ぐことになると考えていた」。彼は後に書いている。「ところが、われわれが準備している兵器は、その同じ目的に向かって犠牲を払っている人たちに向けられるものだというのだ」。ヨーロッパでの戦争終結が近いことは、連合国がノルマンディーに上陸してから六カ月後の、一九四四年末には明らかであった。ドイツを負かすのに必要ない兵器の開発を続けることは、ロートブラットにとってはもはや意味を見出せなかった。送別会でオッペンハイマーに挨拶した後、一九四四年十二月八日、彼はロスアラモスを去った。*

一九四四年秋に、ソビエトはロスアラモスから大量の情報報告を初めて直接入手した。軍防諜部が見落としたスパイには、英国籍のドイツ人物理学者クラウス・フックスと、ハーバード物理学士で十九歳の早熟な天才テッド・ホールが含まれていた。

ホールは一九四四年一月末にロスアラモスに着任し、フックスは八月にルドルフ・パイエルス率いる英国チームの一員としてやってきた。

フックスは一九一一年生まれで、ドイツのクエーカー教徒の家庭で育った。勉強好きで理想主義的なフックスは、一九三一年ライプツィッヒ大学在学中にドイツ社会党（SPD）に加わった。同年に母が自殺する。一九三二年、ナチスの勢力増大に驚いたフックスは、社会党と決別して共産党に加盟する。社会党よりも共産党のほうが、より活発にヒトラーに抵抗していた。一九三三年七月に、彼はヒトラーのドイツから逃げて、英国に政治亡命する。次の数年間、彼の家族の多くがナチ体制下で殺された。彼の兄弟の一人はスイスに逃げた。残った妻と子供は後に強制収容所で死んだ。彼の父は「反政府運動を扇動」したかどで投獄され、妹のエリザベスは一九三六年に、夫が逮捕され強制収容所に連行された後自殺した。フックスには、ナチスを嫌うたくさんの理由があった。

一九三七年にブリストル大学で物理学の博士号を得た後フックスは、オッペンハイマーの元教授に当たり、当時エジンバラ大学で教えていたマックス・ボルンの下、奨学生として研究を続けた。戦争が始まった後フックスは、カナダで在留敵国人として抑留されており、ボルン教授が「若い世代の中で最も優秀な理論物理学者の、上から二、三番に入る」と証言して、その解放に力を貸した。彼を含めて何千人もの他の反ナチ・ドイツの難民が、一九四〇年末に解放された。フックスは、英国での仕事に戻る許可を与えられた。イギリス内務省は彼の共産主義の前歴をすべて知っていたけれど、一九四一年の春までフックスは、パイエルスならびに他の英国科学者と共に、きわめて機密性の高い「チューブ・アロイ」計画に従事していた。一九四二年六月にフックスは英国市民権を得るが、すでにその

＊　一九九五年にジョセフ・ロートブラットは、核軍縮に関する業績に対してノーベル平和賞を与えられた。

ときまでに、彼は英国爆弾プログラムについての情報をソビエトに渡していた。

フックスがロスアラモスに到着したとき、オッペンハイマー始めだれも、彼がソビエトのスパイとは少しも疑わなかった。彼が一九五〇年に逮捕された後オッピーは、フックスがキリスト教民主主党員であり、決して「政治的熱狂者」ではなかったと思っていたと、FBIに話した。ベーテはフックスを、彼の部内で最高の人材の一人と考えていた。「彼がスパイだとしたら、すばらしい演技力だ」と、ベーテはFBIに述べている。「彼は昼夜の別なく働いた。彼は独身者で、他にすることがなかった。そして、彼はロスアラモス・プロジェクトの成功に非常に大きな貢献を果たした」。その次の年フックスは、爆縮方式の爆弾設計の問題と利点を、銃方式と比較した詳細な情報を、文書でソビエトに流した。もう一人のロスアラモス居住者からの情報に基づいて、ソビエトがフックスの情報を二重チェックしていたことを、彼は知らなかった。

一九四四年九月までに、テッド・ホールは爆縮方式の爆弾に必要な補正テストに取り組んでいた。テスト用の爆縮を造ることにかけては、ホールがメサでは最高の若い技術者の一人であると、オッペンハイマーは聞いていた。ホールはとても明るい男性であったが、その秋に、ある知的な壁にぶつかっていた。彼は表面的には社会主義者でソビエト連邦のファンではあったが、未だ正式な共産主義者ではなかったし、自分の仕事や身分に不平や不満を抱いたこともなかった。どこの学校も彼を採用しなかった。しかしその年ずっと、二十代後半から三十代前半の先輩科学者たちが、戦後の軍備競争の心配をしているのを耳にしてきた。ニールス・ボーアと一緒にフラー・ロッジで夕食のテーブルに着いていると き、彼はボーアが「開かれた世界」を気にかけているのを聞いた。戦後にアメリカが核を独占すれば、新しい戦争を引き起こすだろうという、ボーアの結論に促されて、一九四四年十月にホールは行動を起こすことにした。「アメリカの独占は危険で防がねばならないと、わたしには思われた。そういう見方をした科学者は、わたし一人ではなかった」

ロスアラモスから二週間の休暇をとったホールは、列車でニューヨークに行き、真っすぐソ連の貿易事務所に向かった。そこで係りの者に、ロスアラモスに関する手書きのレポートを手渡した。そこには研究所の目的、爆弾プロジェクトに取り組んでいる主要な科学者の名前が書かれていた。その後の何カ月か、ホールは爆縮爆弾設計に関する重要情報を含む、多くの追加情報をソビエトに渡すことができた。ホールは完全に「飛び込みのスパイ」であった。原子爆弾プロジェクトに関してロシアが何を知りたがっているか、彼は知っていた。彼自身は何も要求せず、何も期待しなかった。彼のただ一つの目的は、核戦争から「世界を守る」ことだった。アメリカが原子力の独占国として姿を現したら、核戦争は不可避であると彼は信じたのである。

オッペンハイマーは、ホールのスパイ活動については何も知らなかった。しかし、何人かのグループリーダーを含む二〇人ほどの科学者たちが、月に一回非公式な会合を開いて戦争、政治、将来について話し合っていることは知っていた。「それは夜開かれた」と、ロートブラットが思い出した。「そしてだれかの家、たとえばテラーのようにかなり広い部屋のある家で行われた。人々はヨーロッパの将来、世界の将来を議論するために集まったのだ」。その他の問題としては、プロジェクトからソビエトの科学者が除外されていることが話題になった。ロートブラットによると、オッペンハイマーはこのような集まりに、少なくとも一回は顔を出したという。「諸問題に対して、共通の人道主義的アプローチを採ったという意味で、わたしは彼が心の友であると常に思った」。ロートブラットが後に語った。

一九四四年後半までにロスアラモスの多くの科学者は、「ガジェット」の開発継続について、彼らの倫理上の不安が膨らむことを表明し始めた。研究所の実験物理部チーフであるロバート・ウィルソンは、「これがどのように使われるかについてオッピーと長い議論」をした。まだ地面に雪が残っているころだった。ウィルソンはオッペンハイマーのところへ行って、この問題をもっと徹底的に議論するためにミーティングを開こうと提案した。「彼は、わたしを説得してそれを思いとどまらせようとした」と、ウィルソンが後に思い出した。「彼が言うには、わたしがG・2『保安係』と問題を起こすというのだ」

　オッピーに対する彼の敬意（いや、畏敬）にもかかわらず、ウィルソンはこの反対をほとんど相手にしなかった。そこでウィルソンは、明らかに大きな重要性を秘める問題について、公開の討論会で徹底的に話し合うことについては、少なくともまだ禁止されていません、とオッペンハイマーに言った。ウィルソンはそれから、「ガジェットが文明におよぼす影響」を討議する住民会議開催の通知を研究所中に貼り出した。彼がこのタイトルを選んだ理由は、「以前プリンストンを離れるちょっと前に、『……何とかの影響』という、もったいぶった学問的な討論がたくさん行われた」からであった。

　驚いたことに、オッピーは指定された夕方に現れて議論を聞いた。ビッキ・ワイスコップのような大物物理学者を含めて、出席したおよそ二〇人のことを、ウィルソンは後に回想した。ミーティングは、サイクロトロンが設置されていた同じ建物で開かれた。「建物が非常に寒かったことを覚えている」と、ウィルソンは言った。「戦争が『実質的に』勝利に終わった後、なぜわれわれは爆弾製造を続けているのかについて、かなり緊迫した議論が交わされた」

　原子爆弾の倫理性と政治性が議論されたのは、必ずしもこのときばかりではなかったかもしれない。爆縮技術に取り組んでいた若い物理学者ルイス・ローゼンは、古い劇場を使って開かれた昼間の討論会が、参会者で満員になったのを覚えている。オッペンハイマーが講師だった。ローゼンによると話題は、「この武器を生きている人間に使うことは国家にとって正しいことか」であった。科学者としてガジェットの運命決定に対する発言権は、一般市民の発言権を超えるものではない、とオッペンハイマーは明らかに主張した。「彼は非常に雄弁で説得力があった」と、ローゼンは言う。化学者ジョセフ・ハーシュフェルダーは思い出した。似たような討論会が一九四五年初めのある日曜日の夕方、ロスアラモスの小さな木造のチャペルで開催された。その日は寒く雷雨の最中であった。このときオッペンハイマーは、われわれは今後永遠に恐怖の中で生きる運命にあるが、一方でこの爆弾は戦争を終結させる可能性もあるのだと、いつもの雄弁で主張した。そのような希望は、ボーアの言葉を思い起こさせ、集まった科学者の多くを説得する力があった。

これらの微妙な議論について公式記録はない。したがって、記憶だけがものを言う。ロバート・ウィルソンの話が最も生き生きしており、ウィルソンを知る人たちは、常に彼のことを並外れた誠実の人と考えていた。ビクター・ワイスコップはウィリー・ヒギンボサム、ロバート・ウィルソン、ハンス・ベーテ、デビッド・ホーキンス、フィル・モリソン、ウィリアム・ウッドワードその他と、いろいろなときに、爆弾に関する政治的な議論をしたことを後に回想している。ワイスコップの回想によると、ヨーロッパ戦争の先が見えてきたため、「戦後世界の将来のほうを考えるようになった」。最初はただ自分たちのアパートに集まって、「この恐ろしい兵器は世界にどのような影響を及ぼすか？　われわれは、何か良いことをしているのだろうか、それとも悪いことをしているのだろうか？　それがどのように使われるかについては、心配してはならないのか？」といった問題を話し合った。この非公式な討論会は徐々に公式な会議になった。ワイスコップは言う。「われわれは、講義室のいくつかで会議を開こうとしたが、反対にあった。オッペンハイマーが反対したのだ。それはわれわれの仕事ではなく政治の問題だから、われわれはやってはならない、と彼は言うのだ」

ワイスコップは一九四五年三月の会議を思い出した。そこには四〇人の科学者が出席し、「世界政治における原子爆弾」を議論した。オッペンハイマーは、再び人々に出席を思いとどまらせようとした。「われわれが爆弾の使い道にかかわってはならないと、彼は思ったのだ」。しかしウィルソンの回想とは異なり、ワイスコップは後年、次のように書いている。「ミーティングを止めるなど、考えもしなかった」

もしオッペンハイマーが出席しない方を選んだら、彼には悪い影響があるだろうと、ウィルソンは思っていた。「いいですか、あなたは責任者ですよ。いうならば将軍のようなものです。ときには部隊の先頭に立たねばならないことがありますし、ときには後ろに控える必要がありますと言った。とにかく彼は来た。そして非常に説得力ある議論をしてわたしを納得させた」。ウィルソンは確信したかった。この「ガジェット」がドイツに対して使われないと、これほど明らかになった今、ウィルソンをはじめ部屋にいた多くの人は疑問を持っていた。しかし答えは出なかった。「わたしはナチスと戦っていると思っていた。特に日本を目標にしたことはない」と、ウィルソンが言った。日本に原子爆弾プログラムがあるとは、だれも思わなかった。

オッペンハイマーが立ち上がって、例のソフトな声で話し始めたとき、全員が静まり返って聞き入った。オッペンハイマーが議論を「支配していた」ことを、ウィルソンは思い出す。彼の主要な議論は基本的にニールス・ボーアの見解、すなわち「開放性」に基づいていた。世界がこの原初的な兵器を知らずに、この戦争が終わってはならないと、彼は主張した。最悪の結果は、この「ガジェット」が軍事機密のまま残ることであろう。もしそうなったら、次の戦争が核兵器で闘われることは、ほとんど確実である。「ガジェット」をテストできるところまでは、何としても努力しなければならないと、彼は説明した。一九四五年四月に、新しい国際連合の創立総会が開かれることになっていた。そこで各国代表は人類が大量破壊兵器を発明した事実を熟知したうえで、戦後世界に関する討議を始めることが重要だと彼は指摘した。

「それは非常に正当な議論であると、わたしは思った」。ウィルソンは言う。そのしばらく前からボーアとオッペンハイマーは、「ガジェット」がどのように世界を変えるかについて話をしてきた。「ガジェット」が国家主権の概念全体の再定義を迫ることに、科学者たちは気づいていた。彼らはフランクリン・ルーズベルトを信頼しており、彼はこの難問に対処するように国連を設立すると信じていた。ウィルソンが言うように、「国家主権のない分野が生まれるだろう。その場合主権は国連の中に存在する。戦争は終わりつつあることを、われわれは知っていた。これはわれわれが約束したことであった。だからこそ、わたしはそのプロジェクトを継続することができたのだ」。

ロスアラモスの恐ろしい秘密を世界が知らずに戦争を終わらせることはできない、という主張を明瞭に表現することによって、オッペンハイマーは議論を制したが、だれも驚かなかった。だれにとっても決定的な瞬間であった。論理、特にボーアの論理は、オッペンハイマーの仲間の科学者にとって説得力があった。しかし彼らの前に立っている、このカリスマ的な男にも説得力があった。ウィルソンがその瞬間を思い出して語った。「当時のオッペンハイマーに対しては天使のような人、真実で、正直な人という感じを持っていた。間違ったことなどするはずないと、彼を信じていた」

第22章　とうとう、全員がこんちくしょうですね

まあ、ルーズベルトは偉大な建築家だったが、おそらく、トルーマンは上手な大工というところだろう。

ロバート・オッペンハイマー

研究所の開所からちょうど二年後、一九四五年四月十二日木曜日の午後、突然にフランクリン・ルーズベルト死去のニュースが流れた。仕事を中断し、オッペンハイマーは全員に管理棟横の国旗掲揚台に集まるよう通知し、正式発表を行った。次の日曜日には追悼式が予定された。「日曜日の朝、メサは深い雪の中にあった」。フィル・モリソンが後に書いている。「一晩降った雪が、町中の粗野な資材を覆い隠し、作業の音は聞こえず、町中を白一色に統一した。その上に明るい太陽の光が輝き、すべての塀の後ろにブルーの影を投げかけていた。それは決して喪に服す色ではなかったかもしれないが、われわれが必要

とした何か、慰めの気持ちは表しているようだった。全員が劇場に集まった。ここでオッピーは非常に静かに、二、三分にわたり彼の心とわれわれの心を代表して弔意を述べた」

オッペンハイマーは、パラグラフ三つの短い弔辞を下書きしていた。「われわれは長年にわたり、大きな悪と大きな恐怖の中を生きてきました」と、彼は言った。そしてこの間、フランクリン・ルーズベルトは、「古くからの、紛れもない意味において、われわれのリーダーでありました」。オッペンハイマーは得意のバガバッド・ギーターを引用した。「人間は信仰を本質とする生き物であります。その信仰がその人そのものです」。ルーズベルトは世界中の数百万人に、今回の戦争の大変な犠牲は「人間が住むのにより適した世界を生み出す」と信頼する勇気を与えました。この理由から「われわれは、彼の良き行為が彼の死をもって終わらないという希望に身を委ねるべきであります」。オッペンハイマーはこのように結んだ。

オッペンハイマーは、自分たちが造っている恐ろしい兵器に要求される抜本的な開放性について、ルーズベルトと彼の部下がボーアから学んだという希望を未だに抱いていた。「まあ、ルーズベルトは偉大な建築家だったが、おそらく、トルーマンは上手な大工というところだろう」。彼は後にデビッド・ホーキンスに語っている。

ハリー・トルーマンがホワイトハウスへ引っ越すころ、ヨーロッパの戦争はほとんど勝利していた。しかし太平洋での戦争は、その最も血なまぐさいクライマックスに達していた。一九四五年三月九日から十日の夜、三三四機のB29爆撃機が東京上空から何トンもの焼夷弾、ナパーム弾、それと高性能爆弾を投下した。類焼の猛火は約一〇万人の命を奪い、同市の一五・八平方マイルを焼き尽くした。爆弾攻撃は続き、一九四五年七月までに日本の主要都市はわずかに五つを残して破壊された。そして、何十万人もの日本の一般人が殺された。これは完全戦争であった。標的は軍事目標物だけではなく、民族の壊滅であった。

焼夷弾爆撃は公然と行われた。一般のアメリカ人は、新聞で空爆のニュースを読んだ。思慮深い人々は、都市の戦略爆撃が深刻な倫理的疑問を投げかけることを理解した。「わたしは、国防長官スティムソン氏がわたしに言ったのを覚えている」と、オッペンハイマーが後年語った。「われわれが日本に対して実行していた空襲に抗議してはならないとしたら、恐ろしいことであるとスティムソンは考えた。東京の場合、とてつもなく大きな人命の損失をもたらした。空襲を続けてはならないと彼は言わなかったが、国の中でだれも疑いを挟まないというのは、どこか狂っていると、彼は確かに考えていた」

一九四五年四月三十日に、アドルフ・ヒトラーは自殺した。そして八日後、ドイツは降伏した。エミリオ・セグレがニュースを聞いたとき、彼の最初の反応は、「遅すぎた」であった。ロスアラモスのほとんどの人と同じく、「ガジェット」のために働くことを正当化するただ一つの理由は、ヒトラーを倒すことであると考えていた。「爆弾をナチスに対して使うことができなかった今、疑念が生ずる」と、セグレは回顧録の中で書いている。「こういった疑問は、公式報告には現れなかったけれども、多くの非公開討論会で議論された」

シカゴ大学の冶金研究所で、レオ・シラードは夢中だった。このあちこち歩き回る物理学者は、時間がなくなっていることを知っていた。原子爆弾はもうすぐ準備が完了する。そしてこれが日本の都市で使われるだろうと考えた。核兵器製造計画をルーズベルト大統領に訴えた最初の人物であった彼が、その使用を防止しようと何度も試みているのだ。最初に彼はアインシュタインの紹介状を得て、ルーズベルト宛のメモを下書きした。その中で彼は、「わが国が原子爆弾を『公開実験』すれば、ソビエトとの軍備拡大競争を引き起こす」と、ルーズベルトに警告した。しかしシラードが会う前にルーズベルトが死んだとき、彼はなんとか五月二十五日に新大統領ハリー・トルーマンと面会する約束を取り付けることができた。一方、彼はオッペンハイマーに手紙を書き、次のように警告することにした。「原子爆弾の製造競争が不可避になったら、わが国の先行きは明るいとは言えません」。このような軍備拡大競争を避けるための、はっきりした方針がないのに、「日本に対して原子爆弾を用いて、手の内を見せることが賢いことか、わたしは疑問に思います」と、シラードは書いた。爆弾使用に賛成する人たちの意見にも耳を傾けたが、「その議論に彼の疑念をぬぐい去るものはなかった」。オッピーは返事を書かなかった。

五月二十五日、シラードと二人の同僚、シカゴ大学のウォルター・バートキーと、コロンビア大学のハロルド・ユーリーはホワイトハウスに出向いた。しかし大統領には会えず、まもなく国務長官に任命されるジェームス・バーンズに紹介したから、そちらへ行くようにと告げられる。彼らは言われたとおり、サウス・カロライナのスパルタンバーグにあるバーンズの家へ向かったが、どんなに控え目に言っても、ミーティングは非生産的な結果に終わった。日本に対して原子爆弾を使用すれば、ソ連を原子力に向かわせる危険があると、シラードが説明したとき、バーンズは話を遮って言った。「グローブス将軍の話だと、ロシアにはウランがないそうだが」。いいえ、シラードが答えた。「ソビエト連邦には多くのウランがあります」

するとバーンズは、日本に原子爆弾を使用すれば戦後、ロシアに東ヨーロッパからの軍隊撤退を説得する力になると示唆した。シラードは、「爆弾をちらつかせればロシアを手玉にとれる」という仮定を聞かされて仰天した。「ところで、君はハンガリー出身だったね。ロシアがハンガリーに永久に居座ったら嫌だろう?」と、バーンズが言った。これにはシラードもひどく腹が立った。後に次のように書いている。「わたしは次のことが心配だったのだ。つまり、米国とロシアの間で軍拡競争が始まれば、両方の国が破滅する恐れがある。その時点では、ハンガリーで起こることを心配する気にはならなかった」。シラードは、暗い気分のまま退散した。「バーンズの家を出て駅に向かって歩いたときほど、落ち込んだ気持ちを味わったことはなかった」と、書いている。

ワシントンに戻ったシラードは、原子爆弾使用を阻む新たな試みに出た。五月三十日、オッペンハイマーがスティムソン国防長官と面会のため、ワシントンにいると知ったシラードは、グローブス将軍のオフィスに電話をかけて、その朝オッペンハイマーと会う約束を取り付けた。オッペンハイマーはシラードをおせっかい焼きと考えたが、彼の言うことを最後まで聞かなければならないと決心した。

シラードの議論を聞いた後、「原子爆弾なんて、クソくらえ」と、オッペンハイマーが言った。「それはどういう意味ですか?」シラードは尋ねた。

「それは、軍事的には何の意味もない兵器だということさ。大きな音は立てるよ。とっても大きな音は立てるけど、戦争に役立つ兵器ではない」。同時にオッピーはシラードに話した。これを使うとしたら、事前にロシアに通告することが大事だと思うと。新しい兵器について単にスターリンに話すだけでは、戦後の軍拡競争を防げないと、シラードは主張した。

「いいかね」と、オッペンハイマーが主張した。「われわれが何をしようとしているか、まずロシアに話す。それから日本で爆弾を使ったら、ロシアは理解すると思わないか？」

「確かに理解はするでしょう」と、シラードが答えた。

爆弾使用を阻止する三つめの試みも失敗したことを知り、シラードはまたも落胆して退散することになる。次の数週間、彼は熱に浮かされたように動いた。たとえ少数派でも、マンハッタン計画に関係した科学者の中に、一般人を標的とした爆弾の使用に反対した者があったという、公式な記録を残すためであった。

翌五月三十一日に、オッペンハイマーはスティムソンのいわゆる暫定委員会の重要なミーティングに出席した。この委員会は、将来の核政策について国防長官に勧告をするため、政府関係者を急遽集めたものであった。メンバーはスティムソン、海軍次官ラルフ・バード、バネバー・ブッシュ博士、ジェームス・バーンズ、ウィリアム・クレイトン、カール・コンプトン博士、ジェームズ・コナント博士、スティムソンの側近ジョージ・ハリソンなどであった。それに委員会の科学コンサルタントとして、四人の科学者が出席した。オッペンハイマー、エンリコ・フェルミ、アーサー・コンプトン、アーネスト・ローレンスの四名である。またその日は、ジョージ・マーシャル将軍、グローブス将軍、ならびに二名のスティムソンの補佐官、ハービー・バンディとアーサー・ページも出席した。

スティムソンが議事進行を取り仕切った。そこには、爆弾を日本に対して使用すべきか否かは含まれていなかった。それは、いわば既定の結論だった。スティムソンはこの点を強調するかのように、軍事問題について自分が大統領に対して負う責任の一般的な説明から始めた。爆弾の軍事利用についての決定は、過去二年間爆弾製造に携わってきた科学者の意見を採り入れることなく、排他的にホワイトハウスがコントロールする、としか取れない説明であった。しかしスティムソンは賢い男で、核兵器の持つ意味に関する議論には、注意深く耳を傾けた。オッペンハイマーと他の科学者たちは、スティムソンの話を聞き、改めて次のことを確認する。つまり、スティムソン始め暫定委員会のメンバーは爆弾を「単なる新兵器として見るのではなく、人類と宇宙の関係を革命的に変えるものと見ている」ことである。原子爆弾は「われわれを食べてしまうフランケンシュタインになるかもしれないし」、あるいは世界平和を確保するかもしれない。いずれにせよその導入は、「現在の戦争の必要性」をはるかに超えていた。

それからスティムソンは素早く、核兵器の将来の発展に議論を向けた。オッペンハイマーは、TNT火薬一千万トンから一億トン相当の爆発力を持つ爆弾生産が、三年以内に可能であろうと報告した。ローレンスは議論に加わり、「爆弾および資材の大規模備蓄が必要である」と勧告した。米国政府が、（核競争の）最先端にとどまることを望むなら、核プラントの拡張により多くの資金を投じなければならないという。公式議事録の最初の部分では、武器とプラントの追加備蓄を確立するというローレンスの提案に、全員が同意したとスティムソンが宣言したことになっている。だがその後議事録は、オッペンハイマーの二律背反的感情を反映し始める。マンハッタン・プロジェクトは「単に以前からの研究成果をもぎ取った」だけだと、彼は述べた。学者たちは戦時中の仕事を通じて無菌状態に置かれてきた。戦争が終わったら、この耐菌性の低下を防止するために、大部分の科学者を彼らの大学と研究所に戻してもらいたいと、彼は強くスティムソンに訴えた。

ローレンスとは異なりオッペンハイマーは、マンハッタン・プロジェクトが戦後も科学的研究を支配し続けることを望まなかった。彼の特徴である静かなトーンで話し出すと、オッピーの言葉は出席者の多くに対して説得力があった。バネバー・ブッシュは話を遮って次のように言った。「現在のスタッフの核となる部分だけを残して、できるだけ多くの要員を、より広範でより自由な研究に戻すという、オッペンハイマー博士の意見に同意する」。コンプトンとフェルミは賛成の意思表示をしたが、ローレンスは賛成しなかった。オッペンハイマーはあからさまに主張しなかったが、戦後に爆弾研究所の仕事を見直すべきであるという意見を出している。

スティムソンがプロジェクトの非軍事利用の可能性について尋ねたとき、オッペンハイマーは再び議論の中心に立った。その時点まで、関係者の「当面の関心は戦争の早期終結」であったと、オッペンハイマーは指摘した。しかし、「原子物理学の基本的知識」は、「世界中に広範に流布している」ことを理解すべきである。したがって、米国としては原子力の平和時利用法の開発に関する、「自由な情報の交換」を提案するのが賢明であるという考えを彼は述べた。前の日にシラードに話したことをオッペンハイマーは繰り返して、「爆弾が実際に使われる前に、情報の交換を申し出るならば、われわれの道徳的な立場は大いに強化されるだろう」と述べた。

これをきっかけとしてスティムソンは、「自粛政策」の見通しについて議論を始めた。彼は完全な「科学的自由を」保証するために、国際組織が設立されねばならないという可能性に言及した。戦後の世界において、おそらく爆弾は査察の権限を備えた「国際管理機関」によって管理可能であろう。同席の科学者たちが頷く中、それまで無口だったマーシャル将軍が、査察機構の有効性を過信することに突然警告を発した。明らかにロシアが、「最大の懸念」であった。

マーシャル将軍の名声から、その意見に反論する人は少なかった。オッペンハイマーには計画――ボーアの考えていた――があり、今や彼は静かながら力強く、この高名な将軍を自分の見解に引き込んだ。核兵器の分野でロシアが何をしているか、だれも知らないのはそのとおりです、と彼は認めた。しかしそれでも彼は、「科学者の国際的な関心の輪が問題の解決を助ける」という希望を表明した。「ロシアは科学に関しては常に友好的だった」と、彼は指摘した。多分、われわれは暫定的な形で議論を開始し、われわれが開発したものを「製造努力の詳細を渡すことなく」説明すべきでしょう、と彼は示唆した。「大きな国家的努力がこのプロジェクトには投じられた。そして、この分野で彼らと協力したいと伝えてよいでしょう」と、彼は言った。「この件に関して、われわれはロシアの態度を速断してはならないことを強く感じている」と述べて、オッペンハイマーは話を締めくくった。

いささか驚いたことに、オッペンハイマーの主張に触発されて、マーシャルが詳細なロシア擁護論に入ったのだ。モスクワとワシントンの関係は、非難と反論の長い歴史によって特徴づけられている、と彼は言った。しかし、「これらの申し立ての大部分は、根拠がないことが判明した」。原子爆弾の問題に関して、マーシャルは言った。「ロシアがプロジェクトの内容を知っていたとしても、情報を日本に漏らすことを心配する必要はないと、確信している」。爆弾をロシアに秘密にしておこうと言うどころかマーシャルは、「二人の著名なロシア人科学者二名を原爆実験に立ち会わせることが、望ましいか否かという問題を提起した」。

陸軍の最高幹部の口からこのような言葉を聞いて、オッペンハイマーは喜んだに違いない。次いで、トルーマンが暫定委員会へ送り込んでいる個人的代理人、ジェームス・バーンズの反論を聞いて、喜びはすぐに落胆に変わったに違いない。バーンズが激しく抗議したのは、もしそんなことをすればスターリンが原子爆弾プロジェクトに参加させろと言ってくる心配があるというのだ。無味乾燥で感情のない公式記録の行間にも、注意深い読者はある議論を感じ取ることができる。バネバー・ブッシュは英国でさえ、「われわれの工場の青写真を持っていない」、したがって爆弾設計の詳細を渡さなくとも、ロシアに今より多くのプロジェクト情報を話すことは可能だと指摘した。事実オッペンハイマーを始め、同席する科学者全員が、このような情報はそれほど長く秘密にしておけるものではないと理解していた。必然的に、爆弾の理論はすぐに大部分の物理学者に知れわたるはずであった。

しかしすでにバーンズは、爆弾を米国外交の武器と見なし始めていた。オッペンハイマーの議論と、マーシャルの議論を乱暴にけちらした次期国務長官バーンズは、次のように主張してローレンスの意見を補強した。つまり、「できるだけ速く（原子爆弾の）製造と研究を推し進め、わが国の優位を確保すること。同時にロシアに対する政治的立場を強化するために全力を尽くすべし」ということであった。バーンズの意見は「だいたいは、参加者全員が同意した」と、議事録は記録している。しかしオッペンハイマーや出席していた他の多くのメンバーは、核兵器の先陣争いに出れば、必ずロシアを米国との軍拡競争に駆り立てると理解していた。この大きく口を開けた矛盾点を、アーサー・コンプトンが取り繕った。彼は米国が「研究の自由」によって優位を確保すると同時に、ロシアとの間で「協調的理解」を築く必要性も強調した。このように曖昧な結論のまま、委員会は午後一時十五分、一時間の昼食に入った。

昼食をとりながら、だれかが日本で爆弾を使用する問題を取り上げた。メモは取られなかったが、会議が再開したとき、議論はまだ間近に迫った爆破の影響に集中していた。どんな決定をする場合でも、常にその政治的な意味に気を配るスティムソンは、この議論の継続を許すために、議事進行を変更した。一個の原子爆弾の効果は、今年の春から始まった日本の都市への大規模空爆程度ではないかと、だれかがコメントした。オッペンハイマーは同意するように見えたが、次のように補足した。「原子爆弾投下の視覚的効果は、ものすごい。投下の後には、高さ一万フィートから二万フィートの輝く閃光《せんこう》が続く。爆発の中性子効果は、少なくとも半径三分の二マイル以内の生命に危険を及ぼす」

「さまざまなタイプの攻撃目標と発生する影響」が議論された。それから、スティムソン長官は全般的な合意内容をまとめた。「日本にはいかなる事前警告も与えないこと。一般人の地域に集中することはできないこと。しかし、できるだけ多くの住民に、深い心理的な影響を与えるよう努力すべきこと」。スティムソンはジェームズ・コナントの提案に賛成すると言った。それは、「最も望ましい標的は、多数の労働者を雇用しており、労働者の住宅に接近している不可欠な軍需工場である」という提案であった。このように繊細かつ遠まわしな表現を用いて、ハーバード大学の学長が世界初の原子爆弾の標的として一般市民を選んだのだ。

オッペンハイマーは、明示された標的の選択に関しては、反対を表明しなかった。その代わりに、このような攻撃を複数同時に実行できるか、という議論を始めたようである。複数の原子爆弾の投下は「可能であろう」と、彼は思っていた。グローブス将軍はこの考えを拒否した。それから、このプログラムが「その初めから、疑わしい思慮と不安定な愛国心の持ち主である、何人かの科学者の存在によって毒されてきた」と不満を述べた。グローブスの頭にあったのはレオ・シラードのことだ。シラードがトルーマン大統領に爆弾使用の中止を直訴しようと図ったことを、グローブスは知ったばかりだった。議事録はグローブスのコメントに続けて、爆弾が使用された後は、これら科学者をプログラムから切り離すことが合意されたと記録している。オッペンハイマーは、たとえ暗黙であっても、この追放に同意したようである。

最後にだれかが、たぶん出席した科学者の一人だろうが、暫定委員会について同僚にはどのように話したらよいか、と質問した。「出席した四人の科学者は国防長官の主催する委員会の会議に出席し、主題のいかなる局面についても、自らの見解を披瀝《ひれき》する完全な自由を与えられたと、部下に話す自由がある」ことが合意された。この議題を最後に、ミーティングは午後四時十五分に散会した。

オッペンハイマーは、この緊急の討議において曖昧な役割を演じた。まもなく完成する新しい兵器について、ロシアに早急に説明すべきであるというボーアの考え方を活発に押し進めた。バーンズが有効に止めなかったら、彼はマーシャル将軍まで説得したかもしれない。他方彼は、グローブス将軍がシラードのような反体制派の科学者を解雇するという意向を明白にしたので、黙秘するほうが賢明だと感じたのは明らかだった。大勢の労働者が働いており、周りを労働者の住宅が囲んでいるような軍需工場という、「軍事目標」に関するコナントの遠回しな定義に対して、オッペンハイマーは替わるものを提案しなかったし、ましてや批判などしなかった。彼はボーアの「開放性」についての考えは明らかにいくつか議論はしたが、最終的に通った意見はなく、すべてを黙認することになった。ソビエトにはマンハッタン計画を十分に知らさないこと、爆弾は日本の都市において無警告で使うことという決定である。

一方シラードに刺激されたシカゴの科学者集団は、爆弾の社会的・政治的意味を検討する非公式な委員会を組織した。一九四五年六月の初めに、委員会の数人のメンバーはノーベル賞受賞者である会長ジェームズ・フランクにちなんで、フランク・レポートと呼ばれることとなる一二ページの文書を策定した。日本への無警告核攻撃はいかなる見地からも勧められないと、同報告書は結んでいる。「ドイツ人のロケット爆弾と同じくらい無差別で、その何百万倍も破壊的な兵器を、秘密裏に開発し突然に発表できる能力を持った国が、その兵器を国際協定によって廃絶すると宣言しても世界を説得するのは難しいかもしれない」。署名者は新しい武器を砂漠または無人島において、国連代表立会いの下、実験して見せることを推奨した。フランクはレポートを携えてワシントンに向かった。しかし訪ねたスティムソンに居留守を使われた。トルーマンはフランク・レポートを一度も見ていなかった。それは軍が没収して機密扱いにしてしまったのだ。

シカゴの人々とは対照的に、プルトニウム爆縮爆弾モデルをできるだけ早くテストすべく、必死で働いていたロスアラモスの科学者たちは、「ガジェット」を日本で使うべきか否かなど、考えている余裕がなかった。しかし彼らも、オッペンハイマーを信頼できると感じていた。冶金研究所の生物物理学者、ユージン・ラビノビッツ（フランク・レポート署名者七人の一人）が述べたように、ロスアラモスの科学者たちの間には、「オッペンハイマーに任せれば、正しいことができる」という共通の感覚があった。

ある日、オッペンハイマーはロバート・ウィルソンをオフィスへ呼んで、自分はスティムソンに爆弾をどのように使うべきかについて勧告をする暫定委員会の顧問であると説明した。彼はウィルソンの意見を求めた。「彼は少し考える時間をわたしに与えてくれた。しばらくして戻ると、爆弾は使うべきではない、また日本には何らかの方法で警告をすべきだと思うと、わたしは彼に言った」。後ちょうど二、三週間で、爆弾のテストが行われるとウィルソンは指摘した。実験のオブザーバーとして代表団を派遣するよう、日本を招いたらどうだろう？

「さて」と、オッペンハイマーが答えた。「もし実験が失敗したらどうする？」

「わたしは彼のほうを冷たく振り向いた」と、ウィルソンは回想する。「彼ら全員を殺すこともできるでしょう」。数秒もしないうちに、平和主義者のウィルソンは「これほど血なまぐさい言葉を発した自分を」後悔した。

ウィルソンは意見を求められて嬉しかったが、彼の意見がオッピーの考えを変えなかったことには失望した。「第一に、彼にはそれをわたしに話す筋合いはなかった」と、ウィルソンは言う。「しかし彼は明らかにだれかのアドバイスを望んでいたし、彼はわたしが好きだった。そして、わたしも彼が非常に好きだった」

オッペンハイマーは彼の元学生で、シカゴの冶金研究所からロスアラモスへ赴任後は、オッペンハイマーの親しい友人の一人となっていた、フィル・モリソンとも話をした。モリソンは、一九四五年の春にグローブスのターゲット委員会のミーティングに参加したのを憶えている。そのような会議が二回、五月十日と十一日にオッペンハイマーのオフィスで開かれた。公式議事録によると、爆弾の目標は「直径三マイル以上の大都市地域」とすることに、出席者が合意したとされている。彼らは、東京中心部の皇居を目標とすることさえ議論した。技術専門家として参加したモリソンは、日本派遣団へのデモンストレーションが非現実的ならば、日本に対して何らかの正式な警告をすべきだとの意見に賛成したのを憶えている。「宣伝ビラによる警告でも十分だと、わたしは思った」。しかし彼がこれを提案したとき、ある軍の氏名不詳の将校が、警告の考え方を一蹴《いっしゅう》した。「警告などしようものなら、敵に追尾され撃墜されてしまう」。将校は軽蔑の目で言った。「あなたがそれを言うのは簡単だ。しかしわたしが受け入れるのは簡単でない」。そしてモリソンに、オッペンハイマーからの援護はなかった。

「基本的に、わたしの立場はかなり厳しくなった」。彼がかなり後になってから回想している。「本当のコメントをする機会など、ほとんど奪われた。その後起こることについて、われわれはほとんど影響力がないことを思い知らされつつ帰った」。モリソンの記憶は、同じ会議に出席していたデビッド・ホーキンスの言葉でも、確かめることができる。「モリソンは、われわれが抱える多くの懸念を代表していた」と、ホーキンスは書いている。「避難する機会を与えるために、日本に警告することを提案する」と、彼は言った。名前は分からないか、または忘れたが、彼の向かいに座っていた将校が、彼の提案に口汚く反対して、次のようなことを言った。「敵は総力を挙げて掛かってくる。わたしはその飛行機の中にいるかもしれない」

六月中旬、オッペンハイマーはロスアラモスで科学者パネル会議を招集した。出席者は彼自身と、ローレンス、アーサー・コンプトン、エンリコ・フェルミで、議題は暫定委員会に対する彼らの最終勧告を議論することであった。四人の科学者はフランク・レポートについて、遠慮のない議論をした。それをコンプトンがまとめた。特に関心の高かったのは、原子爆弾の威力を致命的でなく、しかも劇的に誇示するという要請であった。オッペンハイマーは相反する感情を持っていた。「わたしは、(爆弾の)投下に対する懸念と論点を述べた。しかし、それを支持はしなかった」と、彼は後に報告した。

一九四五年六月十六日に、オッペンハイマーは「核兵器の即時使用」に関する、科学者パネル会議の勧告書に署名した。スティムソン長官に宛てたこの文書は、遠慮がちな内容だった。まずパネルメンバーは爆弾の使用の前に、ワシントンが英国、ロシア、フランス、中国に核兵器の存在を知らせ、「この開発が国際関係の向上に役立つようにするため、何をしなければならないか、関係国の示唆を歓迎すべき」であると勧告した。第二に、これら武器の最初の使用に関しては、科学者間で意見の一致を見なかったとパネルは報告した。爆弾製造に携わっていた者の何人かは、代替案として「ガジェット」のデモンストレーションを提案した。「純粋に技術的なデモンストレーションを主唱する人々は、核兵器の使用を非合法化したいと思い、今われわれがこの武器を使うならば、将来の交渉におけるわれわれの立場が阻害されると恐れた」。ロスアラモスとシカゴ冶金研究所の仲間たちの大部分は、このようなデモンストレーションをきっと支持していると、オッペンハイマーは感じていたが、その時点では「直ちに軍事使用することによってアメリカ人の人命被害を少なくする」という側に傾いていた。

なぜか？　奇妙なことに彼の理由づけは、基本的にデモンストレーションを支持した男たちのそれと同じくボーアの考え方に基づいていた。この戦争でこの爆弾を軍事利用すれば、すべての戦争がなくなることを彼は確信していた。彼の同僚の何人かは実際に、次のように信じているとオッペンハイマーは説明した。「この戦争で爆弾を使用することによって、各国はこの特殊な兵器の排除よりも、戦争自体を回避することに関心を持つようになるだろうという意味で、国際的な展望を改善する可能性がある。われわれは、これら後者の見かたに近いと思う。われわれは、戦争を終わらせるような技術的デモンストレーションを提案することはできない。直接的な軍事利用に替わるもので、受け入れられるものは見あたらない」

このように明白で二面性のない「軍事利用」に対する支持を表明しながら、同パネルは「軍事利用」をどのように定義するかについては、何ら結論に達することができなかった。コンプトンが後でグローブスに知らせたとおり、「軍事利用がどのような方法で、またはどのような状況下で行われるかについて、パネルのメンバーの間では、単一の声明にまとめられるような十分な合意が得られなかった」。

オッペンハイマーが知らなかった多くのことがあった。彼が後に回想したように、「われわれは日本における軍事情勢については、これっぽっちも知らなかった。われわれには、日本が降伏できる他の方法があったとか、侵攻が本当に必然だったかについては、知らされていなかった。しかし、侵攻が必然的だったと言われてきたから必然なのだろうという考え方が、われわれの心の中にはあった」。とりわけ、ワシントンの軍事情報機関が、日本からの情報を傍受し解読しており、日本政府が戦争の敗北を認めていること、許容できる降伏条件を模索していることを彼は知らなかった。

たとえば五月二十八日に国防次官ジョン・マックロイは、米国の対日要求文書の中から、「無条件降伏」という言葉を削除するようスティムソンに強く訴えている。傍受した日本の電信のやり取り（コードネーム〈マジック〉）を読むと、日本政府の主要メンバーが、おおむねワシントンの条件に沿って戦争を終結させようとしていることが、マックロイ始め米国政府のトップグループには分かっていた。同日、ジョセフ・グルー国務長官代理はトルーマン大統領と長時間会談して、彼にまったく同じことを話した。彼らの他の目的がどうであれ、アレン・ダレス（当時スイス駐在のOSSエージェント）がマックロイに報告したように、日本の政府高官には一つの譲れない条件があった。「日本人は天皇と憲法を守りたかった。さもないと、軍事的降伏がすべての秩序、すべての規律の崩壊を意味するだけになってしまうことを恐れている」

六月十八日にトルーマンの首席補佐官だった海軍大将ウィリアム・レーヒーは、彼の日記を書いた。「現時点では、日本が受け入れられる条件で日本の降伏を取り計らうことができる、というのがわたしの意見である」。同日マックロイはトルーマン大統領に話した。

日本の軍事的情勢はひどいものであるから、「米国が日本を破るためにロシアの力を借りる必要があるか」という疑問が生じていると、自分は思う。彼は続けて、日本の本土に侵攻するとか、原子爆弾を使うとかの最終決断を下す前に、政治的なステップを踏むべきであると、トルーマンに話した。日本人には、「天皇制と自らが選択する形の政府の保持が認められる」ことを伝えなければならないと、彼は言う。これに加えて日本人には、「もし降伏しなければ、恐ろしく破壊的な新兵器を使わざるを得ないだろう」と、伝える必要もあると彼は言った。

マックロイによると、トルーマンはこれらの提案を受け入れる気になったようだった。アメリカ軍はこれほど優勢であったため、七月十七日までにマックロイは日記に書いている。「警告を手渡しただけで、彼らには打撃を与えるだろう。それは多分われわれが望むもの、つまり戦争の終結をもたらすだろう」

ドワイト・アイゼンハワー将軍によると、七月のポツダム会議で彼が爆弾の存在を知ったとき、原子爆弾の投下は必要ないと思うと、スティムソンに話した。なぜなら、「日本人は降伏する準備ができており、こんなに恐ろしいもので彼らを追い打つ必要はないからだ」。ついにトルーマン大統領自身が、日本の降伏は非常に近いと思うようになった。一九四五年七月十八日、大統領は個人的な手書きの日記の中で、最近傍受した日本の電信について書いている。これは「講和を求める天皇からの電信」と分類されており、天皇の意向をモスクワ駐在の代表団に伝えたものである」。電信は言う。「無条件降伏は、講和にあたってただ一つの障害である」。トルーマンはスターリンから、八月十五日までにソビエトが対日宣戦布告をするという約束を引き出していた。大統領もまた軍の計画担当者たちも、これは決定的であると考えていた。「彼（スターリン）は、八月十五日に対日戦に参加するだろう」と七月十七日の日記に書いた。「そうなれば、日本は一巻の終わりだ」

トルーマンとその周辺は、最初の日本本土攻撃について、どんなに早くとも一九四五年十一月一日まで計画されていないと了解していた。そして大統領のアドバイザーのほとんどが、戦争はその前に終わっていると信じていた。ソビエト参戦のショックが戦争を終結させるのは確かであった。あるいはグルー、マックロイ、レーヒー、その他多くの人が心に描いたように、政治的な提案をもって戦争が終わる可能性もあった。つまり、降伏の条件の中で、天皇制の維持を認めることである。しかしトルーマンとその側近のアドバイザー、国務長官ジェームス・バーンズは、原子爆弾の出現によって彼らの選択肢は広がったと決めていたのだ。バーンズが後で説明したように、「ロシアが参戦する前に戦争を終結することが大事であるという気持ちが、常に心の中にあった」。

バーンズは国内の政治的駆け引きから、降伏条件の明確化に反対してきたが、そのため新しい兵器を使って戦争が八月十五日前に終わる可能性があった。かくして、トルーマンは七月十八日の日記に、「ロシア参戦前に日本人を片づけられると信ずる」と、記している。ついに八月三日、バーンズ長官特別補佐官ウォルター・ブラウンは、「大統領、レーヒー、JFB（バーンズ）、日本の講和意思に関し同意。『レーヒーには、太平洋戦線から、もう一つのレポートが届いていた』。日本が講和を求めるにあたって、スウェーデンなどの国ではなく、ロシアを通してくることを大統領は心配」と日記に書き込んだ。

ロスアラモスで孤立していたオッペンハイマーには情報傍受「マジック」の知識も、ワシントンのインサイダー間で交わされている降伏条件に関する活発な議論も、大統領と国務長官が原子爆弾を使えば降伏条件を明確にせず、またソビエトの介入もなく戦争を終結できると望んでいたことも、一切知らされていなかった。

広島原爆投下の直前に、日本が「平和を模索している」ことを大統領が知っていたということ、また原子爆弾を都市上空で軍事利用することは、戦争を八月中に終了させるための必然性というよりは一つの選択肢であったことを、オッペンハイマーが耳にしていたら、彼がどのような反応をしたか、だれも確かなことは言えない。しかし戦後彼は、自分が誤解していたと確信するに至ったこと、そしてその確信はその後常に、政府高官の言ったことをまず疑ってみるのが自分の義務であると、オッペンハイマーに注意を促すきっかけとなったことを、われわれは知った。

科学者パネルの見解をまとめた六月十六日のメモをオッペンハイマーが書いてから二カ月後、彼のところへエドワード・テラーが、マンハッタン計画の施設中に流れていた、ある嘆願書の写しを持ってやってきた。レオ・シラードが草稿を書いたこの嘆願書はトルーマン大統領に対して、降伏の条件を公表しないまま、日本に対して原子爆弾を使わないよう強く求めている。「日本に課される降伏の条件が詳細に公表され、日本がこの条件を知りつつ降伏を拒否した場合を除き、アメリカ合衆国はこの戦争において原子爆弾の使用に訴えないものとする」。その後数週間にわたって、シラードの嘆願書は一五五人のマンハッタン計画関係科学者の署名を得た。これに対抗する嘆願書も現れたが、署名したのはわずか二名であった。一九四五年七月十二日、プロジェクトの科学者一五〇人を対象に軍が実施した世論調査では、事前警告なしに原子爆弾を軍事利用するのではなく、爆弾の威力を誇示する方に七二パーセントが賛成した。それでもオッペンハイマーは、シラードの嘆願書をテラーが見せたとき本気で怒りを表した。テラーによると、オッピーはシラードとその仲間を軽蔑し始めた。「彼らは、日本人の心理について何を知っているのだ？　戦争を終わらせる方法を、どうやって判定できるのだ？」こういった判断は、スティムソンやマーシャル将軍のような男に任すべき判断だと言うのだ。「われわれの会話は短かった」と、テラーは回顧録の中で書いている。「彼の語調の厳しさ、わたしの親友に対する彼のいらだちと激しさは大いにわたしを苦しめた。しかし、わたしは素直に彼の決定にしたがった」

テラーは回顧録の中で、デモンストレーションや警告のない原子爆弾の使用は、「不確かなご都合主義であり、嘆かわしい道徳」であると一九四五年に考えたと主張している。しかし一九四五年七月二日付で、テラーが実際にシラードに宛てた返事は、まったく逆の結論を示している。「わたしは、あなたの『武器の即時軍事利用』に対する反対を、本当に確信してはいない」と、テラーは書いた。「ガジェット」は本当に「ものすごい」武器であり、人類にとってただ一つの希望は、「次に戦争が起こったら致命的であることを、万人の肝に銘じさせることしかない。このためには、実際の戦闘での使用は、場合によっては最善といえるかもしれない」と、テラーは考えたというのだ。テラーはいかなる時点においても、原子爆弾のデモンストレーションが実際的だとか、警告が必要であるとか、信じなかったどころか、ほのめかしたことさえない。「われわれがこの恐ろしいものの製造に従事するという事故に遭ったというだけで、その使用法にまで口を出す責任をわれわれに課すべきではない」。テラーはシラードに書いた。

もちろんこれは、オッペンハイマーがスティムソンに宛てた、六月十六日のメモの中で推し進めた議論の一つである。これ以上科学界がなす必要は何もない、というのが彼の確信であった。ロスアラモスの物理学者で、シラードの嘆願書を回すことに同意したラルフ・ラップとエドワード・クロイツの二人にオッペンハイマーは話した。「この研究所の人々には、責任者である自分を通じて、関連する事項に意見を表明する機会が与えられているので、提案されている方法（嘆願書）は、どちらかといえば重複であり、必ずしも非常に満足すべきものではない」というのだ。オッピーは説得力があったようだ。クロイツは、いくぶん謝罪の気持ちを込めてシラードに説明した。「彼（オッペンハイマー）の非常に率直で、状況に対する強制的でない対処のため、わたしは彼の提案を守りたいと思います」。オッピーは嘆願書をワシントンに送らなかった。その代わりに、通常の軍のルートで送られることになり、到着したときにはすべてが手遅れであった。

オッピーはシラードの嘆願書のことを、軽蔑した調子でグローブスに知らせた。「同封のメモはシラードからクロイツに宛てたものですが、あなたが興味を持って観察されていたと見られる情勢の、さらなる展開であります」。グローブスの側近ニコルズ大佐は同日グローブスを訪ね、シラード嘆願書に関して彼らが議論している間にニコルズは、「なぜライオン（シラードのこと）を放逐《ほうちく》しないのですか、と尋ねた。すると将軍は、今はできないと述べた」。シラードを解雇したり逮捕したりすれば、他の科学者の間に反乱を引き起こす恐れがあると、グローブスは理解していた。しかし、シラードの行動に等しく悩まされているオッペンハイマーを見て、爆弾が完成するまで問題は抑えておくことができるとグローブスは確信を持った。

一九四五年の夏、メサは例年になく暑く乾燥していた。オッペンハイマーは技術部の人間にいっそうの長時間労働を強制した。だれもがいらいらしていた。谷の下の方で孤立しているミス・ワーナーでさえ、ある変化に気がついた。「緊張と、加速された活動がヒルにあった。台地上の爆発の回数が増加し、そして止んだ」。南方のアラモゴルド方面へ向かう道路の交通量がぐんと増えたのを彼女は見逃さなかった。

最初、グローブス将軍は爆縮爆弾をテストする案に反対した。根拠はプルトニウムが不足しており、一オンスでも無駄にはできないということだった。「われわれの知識の不完全さ」のため、フルスケールの試験が不可欠であると、オッペンハイマーは彼を説得した。テストなしで、「敵の領域上空でガジェットの使用を計画することは、かなり盲目的な行動を余儀なくされます」と、彼はグローブスに告げた。

一年以上も前の一九四四年の春、オッペンハイマーは〇・七五トンの軍用トラックに揺られながら、南ニューメキシコの不毛な乾いた谷を三昼夜走り回った。爆弾を安全にテストできる、十分に孤立した荒野を探していたのだ。同行したのは、ハーバード出身の実験物理学者ケニス・ベインスブリッジと、ロスアラモス保安将校ピア・デ・シルヴァ大尉を含む、数人の軍の将校であった。夜になると男たちは、ガラガラヘビを避けて、トラックの平床台で眠った。寝袋に包まり、星をじっと見上げ、ゲッチンゲンの学生時代を思い出しているオッペンハイマーを、デ・シルヴァは忘れない。オッペンハイマーにとって、それは彼がとても愛した質実剛健な砂漠を味わう、貴重な時間であった。その後何回かの探検の後、ベインスブリッジは最終的にアラモゴルド北西六〇マイルの砂漠地帯を選んだ。スペイン人はこの地域を、Jornada del Muerto「死の旅」と呼んだ。

軍はここに、二四マイル×一八マイルの地域を確保し、収用権によって二、三の牧場主を強制退去させ、現地研究所一棟と、原子爆弾の最初の爆発を観察するコンクリートで固め覆い隠した堀を造り始めた。オッペンハイマーはこの実験場を「トリニティ（三位一体）」と名づけた。なぜこんな名前をつけたか、彼は何年後かに思い出そうとしたが、はっきりしなかった。「わが心を打ち給え。三位一体の神よ」で始まるジョン・ダンの詩が頭にあったことをうっすらと覚えている。しかし、ここでも彼がバガバッド・ギーターから引用した可能性がある。要するにヒンズー教は開祖であるブラーマ、その保存者ビシュヌ、破壊者シバを三大神としている。

このような長時間労働にだれもが疲れきっていた。グローブスは完全さよりもスピードを要求した。「八月十日近辺という日付が、謎めいた最終期限であった。爆弾を準備する技術的な仕事に携わっていたわれわれにとって、リスクや金や、立派な開発方針を犠牲にしても、絶対に守らなければならない期限であった」。フィル・モリソンは語った（スターリンは遅くとも八月十五日までに、太平洋戦争に参加することになっていた）。オッペンハイマーは思い出す。「わたしは、資材をより効果的に利用できるよう、爆弾設計の若干の変化をグローブス将軍に提案した。しかし彼は、爆弾完成のスピードを遅らせる恐れがあるとして、これを拒否した」

グローブスの予定表は、トルーマン大統領が七月中旬に、ポツダムで予定しているスターリンおよびチャーチルとの会談に合わせて動いていた。オッペンハイマーは後の保安聴聞会で証言した。「ポツダム会談前に爆弾を完成するよう、われわれは想像を絶するプレッシャーを受けて仕事をしていたと思っている。そしてわたしとグローブスは何日もの間口論をした」。グローブスはテストされて使用可能な爆弾を、ポツダム会談が終わる前にトルーマンの手に渡したかった。その年の春早々、オッペンハイマーは完成目標の七月四日に同意していたが、まもなく非現実的であることが判明した。六月末までには、グローブスからのさらなる圧力の結果、オッペンハイマーは新たに七月十六日を目標にすると部下に伝えた。

オッペンハイマーは、トリニティ現場での準備作業監督の権限をケニス・ベインスブリッジに委譲したが、ベインスブリッジの管理補佐役として弟のフランクも送り込んだ。

フランクがジャッキーと五歳の娘ジュディス、それに三歳になる息子マイケルをバークレーに残して、五月末にロスアラモスに到着していたのは、ロバートにとって嬉しいことだった。フランクは戦争初期の何年間か、放射線研究所でローレンスと一緒に仕事をしていた。FBIと軍の諜報機関は彼の行動を詳しく見張ったが、彼はローレンスのアドバイスを守って、すべての政治活動を断念したようであった。

フランクはトリニティ・サイトで、一九四五年五月末にテント生活を開始した。生活条件は、控え目に言っても質実剛健であった。華氏一〇〇度程度の気温の中で精を出して働いた。目的の期日が接近すると、フランクは災害に備えることこそ賢明なやり方だと感じた。「われわれは、砂漠を通る脱出ルートを見つけることに数日を費やした」と、彼が思い出して語った。「そして、全員が避難できるよう小さな地図を作成した」

一九四五年七月十一日の夕方、ロバート・オッペンハイマーは徒歩で帰宅すると、キティにさよならを言った。彼はテストが成功したら彼女宛に、「シーツを交換していいよ」のメッセージを送る約束をした。幸運を祈って、彼女は庭から四つ葉のクローバーを採って彼に渡した。

実験予定日の二日前、オッペンハイマーは近くのアルバカーキにあったヒルトンホテルにチェックインした。彼に同行したのはバネバー・ブッシュ、ジェームズ・コナント、それに、実験に立ち会うためワシントンから空路到着した他のS・1の将校たちであった。「彼は非常に神経過敏になっていた」ことを、化学者のジョセフ・ハーシュフェルダーは思い出す。まるで人々のやる気が消えてしまったように、爆縮の最終点火試験（プルトニウムのコアなし）は、爆弾が不発に終わる可能性を示していた。皆がキスチアコフスキーに質問を始めた。「オッペンハイマーは、とても感情的になった」と、キスチアコフスキーが思い出す。「だからわたしは、一カ月分の給料対一〇ドルで爆縮点火が成功する方に賭けると申し出た」。その晩オッペンハイマーは緊張を和らげようとして、ブッシュのためにサンスクリット語から翻訳したギーターの一節を朗唱した。

戦いで、森の中で、山の崖で、暗い大海原の上で、槍と矢が飛び交うただ中で、眠りの床で、混乱のさなかで、恥じる心の奥底で、人を守るもの、それは人が過去になした善き行いである。

その夜ロバートは、わずか四時間しか眠らなかった。隣室の寝台で寝ようとしていた、グローブスの副官トーマス・ファレル将軍は、ロバートが一晩の半分くらいは、心細そうに咳をしていたのを耳にしている。ロバートは七月十五日の日曜日朝に起きたとき、体はだるく、前日の失敗のニュースでまだ落ち込んでいた。しかし、ベースキャンプの食堂で朝食をとっているとき、ベーテから電話を受けた。ダミーの爆縮テストが失敗したのは、配線中の回路が飛んだだけです、ということだった。キスチアコフスキーの本番の設計が動かない理由は見当たりません、とベーテは言った。安心したオッペンハイマーは、こんどは天候に注意を向けた。その朝トリニティの上空は晴れわたっていたが、気象学者ジャック・ハバードは現場周辺の風が強くなりつつあると言った。実験に立ち会うグローブス将軍がカリフォルニアから空路到着する直前、オッピーは電話で将軍と話して、「天候が不安定です」と警告した。

午後遅くになり雷雲が寄せてくると、オッピーはトリニティタワーに乗りつけ、「ガジェット」の最終点検を行った。彼はただ一人で塔を登り、彼の創造物を調べた。それは醜い金属の球体で、起爆装置プラグがちりばめられている。すべては順調なようだった。景色を見渡した後、彼はタワーを降りて車に戻った。マクドナルドランチまで運転して戻ると、そこではガジェットを組み立てた男たちの最後の一団が、道具の荷作りをしていた。

強風が起ころうとしていた。ベースキャンプに戻ったオッピーは、ベテラン冶金学者の一人であるシリル・スミスと話をした。しゃべったのは、ほとんどオッペンハイマーだった。家族のこと、メサでの生活のことを、とりとめもなく話し続けた。あるところから、会話はしばらく哲学的になる。暗さを増していく地平線を眺め渡しながらオッピーはつぶやいた。「不思議だね。なぜ山っていうのは、いつもわれわれを駆り立てて仕事に向かわせるのだろう」。スミスはこれを、文字どおり嵐の前の静けさだと思った。

緊張をほぐすため、何人かの科学者たちは「賭場を開帳」した。一口一ドルで爆発の規模を予測するのだ。テラーは彼らしく高い賭け金を張った。TNT火薬四万五〇〇〇トン相当というところに賭けた。オッペンハイマーは、非常に控え目に三〇〇〇トンに賭けた。ラビは二万トンに賭けた。そしてフェルミまでが、爆発は大気に引火するかというサイドベット〔正規の賭け以外の賭け〕を集めて、軍の警備兵たちを驚かせた。

その夜、なんとか少し眠ることができた数少ない科学者たちも、異常な騒音によって起こされた。「その地域のすべてのカエルが、キャンプ近くの小さい池に集まって交尾し、一晩中ギャーギャーギャー鳴いていた」。フランク・オッペンハイマーが思い出して語った。オッペンハイマーはベースキャンプの食堂でぶらぶらしていた。そして、ブラックコーヒーをがぶがぶ飲みながら、立て続けにタバコを巻いては、神経質にギリギリまで吸っていた。

ボードレールの詩集を取り出すと、しばらくの間静かに座って読んだ。そのときまでに、嵐はトタン屋根に強い豪雨を打ちつけていた。雷光が暗闇を突き抜けるたびに、フェルミは雷の風が放射能雨を浴びせないかと恐れ、延期したほうがいいのではないかと言った。「大惨事になるかもしれない」と、彼はオッペンハイマーに警告した。

他方オッピーの主任気象予報官ハバードは、嵐が日の出前に去ると彼に保証した。ハバードは起爆の時刻を、午前四時から五時に延期することを勧告した。動揺しているグローブスは食堂を行ったり来たりしている。グローブスはハバードを嫌って、「彼は明らかに混乱し、ひどく慌てている」と考えた。彼自身で陸軍航空隊の気象担当官を連れてくることまで考えた。天気は回復するというハバードの保証を信頼しようとしまいと、将軍はどんな延期にも絶対反対だった。ある時点で彼はオッペンハイマーを脇に呼ぶと、テストを進行させなければならない理由を全部並べ挙げた。全員がくたくたに疲れているので、ここで延期したら実験は最低二、三日遅れることを、二人とも知っていた。用心深い科学者がオッピーに実験延期を承認させるのを心配したグローブスは、オッピーを南シェルター一万ヤードのコントロールセンターに連れて行った。ここは、トリニティ現場から六マイル以内に入っている。

午前二時三十分、実験サイト全体が時速三〇マイルの風と激しい雷雨によってかき乱された。しかしジャック・ハバードと予報官のチームは、嵐が夜明けには収まると予測した。南シェルター一万ヤードの壕《ごう》の外で、オッペンハイマーとグローブスは地面を行ったり来たりしていた。二、三分ごとにちらりと空を見上げては、天気の変化を認めることができるかどうかを確かめている。午前三時ごろ、彼らは壕内に戻って話をした。どちらの男にとっても、遅れは許されなかった。「もし延期したら」と、オッペンハイマーが言った。「選手は二度とピッチに立てないでしょう」。グローブスは実験続行に関してさらに頑固だった。ついに、彼らは決定を発表した。「爆発予定は午前五時三十分。最高の結果を期待する」。一時間後、空は晴れ始め、風は収まった。午前五時十分、シカゴ大学の物理学者サム・アリソンの声が、コントロールセンターの外に拡声器で響き渡った。「ただ今ゼロ・マイナス二十分」

リチャード・ファインマンは、トリニティ現場から二〇マイルのところに立っていると、黒いサングラスを渡された。黒いサングラス越しでは何も見えないと判断して、アラモゴルドに面して置かれたトラックの運転席に乗り込んだ。フロントガラスが彼の目を有害な紫外線から保護し、閃光を実際に見ることができるだろうと考えた。それでも、地平線がすごい閃光で照らし出されたとき、彼は反射的に身をかがめた。再び見上げたとき、白色光が黄色へ、次いでオレンジに変わっていくのを目にした。「中心が非常に明るいオレンジの大きなボールが上昇を始め、少し膨らんで、周りが少し黒くなり始める。それから、大きな煙の球になり、火の間から閃光が見える。そして熱が！」。爆発からまるまる一分半後に、ファインマンはついにとてつもなく大きな爆発音を聞いた。そして、人工の雷の響きが続いた。

ジェームズ・コナントは比較的速い閃光を予想していた。白色光が空を埋め尽くしたので、しばらくの間は「何かうまくいかなかったか」と思い、そして「全世界が炎上している」と思った。

ボブ・サーバーも、二〇マイル離れたところでうつ伏せになり、溶接工用の保護眼鏡を自分の目に当てていた。彼は後に書いている。「ちょうどそのとき、わたしは腕に疲れを感じ、眼鏡を瞬間的に下ろした。そこで爆弾が爆発した。わたしは閃光で完全に目が見えなくなった」。三十秒後に視力が戻ったとき、彼は明るいすみれ色の柱が二万から三万フィート上空まで立ち上っているのを見た。「わたしは、まるまる二〇マイル離れたところで、顔に熱を感じることができた」

爆発後の放射性降下物を測定するよう命じられていた化学者のジョー・ハーシュフェルダーは、その瞬間を後に描写している。「突然、夜が昼に変わった。それはものすごく明るかった。そして、寒けが暖かさに変わっていった。火の玉はサイズが大きくなるにつれ、空高く上っていくにつれ、徐々に白から黄に、それから赤へと、変わっていく。およそ五秒後、暗闇は戻ったが、空と空気は紫の輝きで満たされ、まるでオーロラに囲まれたようだった。われわれは畏怖の念を持ってそこに立っていた。爆発波が砂漠からかなりの量の土をすくって、すぐにわれわれを素通りしていった」

フランク・オッペンハイマーは、ガジェットが爆発したとき兄の隣にいた。地面に伏せてはいたが、「最初の閃光が入り込んできて、まぶたに沿って地面から上がってきた。最初に顔を上げたとき、火の玉を見た。それからほとんど同時だが、この世のものと思われない雲が浮かんでいるのを見た。それは非常に明るく、まさに紫だった。多分、それはこの近辺を漂って、われわれを呑み込むだろう」と、フランクは思った。彼は閃光から出る熱が、これほど激しいものとは想像もしなかった。数秒のうちに、爆発のとどろきが遠い山の間でこだまを繰り返していた。「しかし最も恐ろしいと思ったのは、この本当に鮮やかな紫色の雲が、放射性のチリで黒く汚れ、そこに浮いていることであった。その雲は空へ上っていくのか、それともこっちへ流れてくるのか分からなかったことだ」

オッペンハイマー自身は、ゼロ地点から一万ヤード南にあった壕にうつ伏せになっていた。カウントダウンが二分になると、彼はつぶやいた。「神様、これは心臓によくありません」。最終秒読みが始まったときのオッペンハイマーを、ある軍の将校が間近で観察していた。「最後の秒読みが進むにつれて、オッペンハイマー博士の緊張は、ますます高まっていった。彼はほとんど呼吸をしていなかった。最後の数秒間、彼は前方をじっとにらんでいた。アナウンサーが『ゼロ！』と叫ぶと、光の洪水に続いて深い爆発音のとどろきがやってきた。彼の顔はほころび、大きな安堵の表情に変わった」

われわれは、もちろん、この重大な瞬間にオッピーの心をよぎったものが何であったか知らない。弟のフランクは回想する。「皆、やった！　とだけ言ったように思う」

その後、ラビは遠くからロバートを見かけた。彼の足取り、自己の運命を管理する男の軽々とした身のこなしに、ラビは鳥肌が立つ思いがした。「わたしは、彼の歩き方を決して忘れない。彼が車から一歩踏み出したときの格好を決して忘れない。映画『真昼の決闘』の気取った歩き方のようだった。彼は、ついにやったのだ」

その朝遅くになって、《ニューヨーク・タイムズ》のウィリアム・ローレンス記者（グローブスが歴史的出来事を記録するために選んだレポーター）が近づきオッペンハイマーのコメントを求めたとき、オッペンハイマーは散文的な言葉で自分の感情を表現したと伝えられている。爆発の効果は「恐るべき」もので、「まったく心の痛まないものではない」と、ローレンスに話している。ちょっと間を置いて、「まだ大きくなっていないたくさんの子供たちの将来があるのは、これのおかげだろう」と付け加えた。

ポイントゼロから天空に上った、この世のものとは思えぬキノコ雲を見て、オッペンハイマーはギーターの一節を思い出したと、後に述べている。一九六五年のNBCテレビのドキュメンタリーで、彼は回想した。「世界は今までと同じ世界ではなくなったことを、われわれは知った。何人かは笑い、何人かは涙を流した。ほとんどの人が黙っていた。わたしは、ヒンズー教の聖書（バガバッド・ギーター）の一節を思い出した。ビィシュヌは義務を果たさなければならないことを王子に説得し、彼に感銘を与えようとして複数の腕を持つ姿に変わる。そして言う。『われ世界の破壊者たる死とならん』。だれもが、何らかの形でこれと同じことを考えたと、わたしは思う」

ロバートの友人の一人エイブラハム・パイスは、この引用がオッピーの「聖職者的誇張」の一つのように聞こえたと示唆している。*

たとえ何がオッペンハイマーの心にひらめいたとしても、彼の周囲にいた人間が紛れもない幸福感を感じていたことは間違いない。ローレンスは彼の電報の中で、そのときの彼らのムードを述べている。「大いなる閃光から一〇〇秒後に、新生世界の産声である、大きなブームが起こった。それは無言で、動かないシルエットに生命を与え、声を与えた。大きな叫び声が空中に満ちあふれた。それまでは、地面に根が生えた砂漠の植物のように立っていた小さいグループが、動き出してダンスを始めた」

ダンスは数秒間しか続かなかった。それから男たちは握手を始め、ローレンスの報告によると、「幸せな子供たちのように笑いながら、互いの背中を叩き合った」。キスチアコフスキーは、爆発の衝撃で地面に放り投げられたが、オッピーを抱擁《ほうよう》しては大喜びで賭け金の一〇ドルを請求するのだった。オッピーは空の財布を取り出すと、しばらく猶予してくれと頼んだ（後で、ロスアラモスに戻ってからオッピーは、キスチアコフスキーのために、オッピーの署名入り一〇ドル札の贈呈式を挙行した）。

オッペンハイマーはコントロールセンターを立ち去るとき、ケン・ベインスブリッジを振り向いて握手をした。ベインスブリッジは、じっとオッピーの目を見つめ、そしてつぶ

＊《ニューヨーク・タイムズ》の記者ローレンスは、オッペンハイマーの言葉の「強烈な影響」を決して忘れられないと、後に語った。しかし奇妙なことに、彼は一九四五年の《ニューヨーク・タイムズ》の記事、および一九四七年に出版した本『カウントゼロの夜明け／原爆物語』の中で、ギーターからの引用を使わなかった。一九四八年の雑誌《タイム》の記事は、この引用を使っている。そしてローレンス自身、一九五九年の著書『人間と原子』の中でそれを発表した。ローレンスは、それをロバート・ユンクの一九五八年の歴史書『千の太陽よりも明るく』から拾ったのかもしれない。

やいた。「とうとう、全員がこんちくしょうですね」。ベースキャンプに戻ると、オッピーはフランクとファネル将軍と共にブランデーで乾杯した。ある歴史家によると、それから彼はロスアラモスに電話をかけ、彼の秘書にキティへの伝言を頼んだ。「彼女に伝えてくれ。シーツを替えてもいいよって」

第Ⅳ部

第23章　このかわいそうな人たち

絶望から目と鼻の先。

ロバート・オッペンハイマー

ロスアラモスへ戻った後は、だれもがパーティー三昧のようだった。例によって元気いっぱいのリチャード・ファインマンは、ジープのフードに乗っかってボンゴを打っている。「しかし一人ボブ・ウィルソンが、座ってふさぎ込んでいた」。ファインマンが後に書いている。

「何をふさぎ込んでいるの？」ファインマンが尋ねた。

「僕らが造ったものは、恐ろしいものだった」と、ウィルソン。

「しかし、始めたのは君だよ」と、ファインマンが言う。プリンストンから彼をロスアラモスへ連れてきたのはウィルソンだったことを思い出したのだ。

「君がわれわれを引き込んだんだよ」

ウィルソンを除けば、だれもが幸福感でいっぱいだった。ロスアラモスに来た人は、だれもが正当な理由を持ってやってきたのだ。難しい仕事を達成するために、皆一生懸命に働いた。仕事自体は満足なものとなり、アラモゴルドの衝撃的な成果は全員の心に圧倒的な興奮の感覚を植え付けた。その過程では、ファインマンほどの元気な男でさえ、一段と元気づけられたものだ。しかしその瞬間を振り返ってファインマンは思った。「思考なんてストップしてしまう。まったくのストップだよ」。ファインマンから見ると、「思考を続けている」のはボブ・ウィルソンしかいないと思えた。

しかし、ファインマンは間違っていた。オッペンハイマーも考えていたのだ。トリニティの日以来、彼のムードは変わり始めた。研究室における長時間労働の反動で、ロスアラモスのだれもが気を緩めていた。トリニティの後、ガジェットは武器になったこと、そして武器は軍隊によって管理されることを彼らは知っていた。アン・ウィルソン（オッペンハイマーの秘書）は、空軍将校との一連の会談を覚えていた。「彼らは、目標を選択していた」。オッペンハイマーは原子爆弾の投下地として候補に上がっている日本の都市名を知っていた。「ロバートはその二週間、非常に静かで考え込んでいる様子だった」。ウィルソンは思い出す。「それはこれから何が起ころうとしているか、彼には分かっていたこともあったし、それがどのような意味を持つかも知っていたからであった」

トリニティ・テスト直後のある日、オッペンハイマーは悲しげな、いやそれどころか気難しい意見を発してウィルソンを飛び上がらせた。「彼は非常に気分がめいっていくようだった」と、ウィルソンは言う。「彼と同じようなムードの人をわたしはまったく知らなかったが、彼は自宅から技術部まで歩いて出勤しており、わたしが看護師宿舎から来る途中で、よく彼に出会ったものだった」。その朝彼はパイプを吹かしながら、「かわいそうな人たち、かわいそうな人たち」と言っているのが聞こえた。その言葉にはあきらめの調子があった。そしてその言葉には致命的な情報の裏づけがあったのだ。

しかしまさしくその週オッペンハイマーは、爆弾が「かわいそうな人たち」の頭上で効率的に爆発するよう、懸命に働いていたのである。一九四五年七月二十三日の晩、彼はトーマス・ファレル将軍と副官ジョン・モイナハン中佐に会った。この二人の高官は、テニアンから広島までの空爆航程を監督する責任を負っていた。視界の良い、涼しく星の多い夜であった。神経質にオフィス内を行き来し、続けざまにタバコを吸いながらオッペンハイマーは、狙いどおりに武器を目標地点に届けるための厳密な指示を、彼らが理解したか否かを確認したかった。一九四六年に発表したパンフレットの中で、元新聞記者のモイナハン中佐は、あの晩の出来事を生き生きと描いている。「雲のある日や、どんよりした日には爆撃しないこと」。オッペンハイマーは言った。ポイントを強調した話し方は、緊張して神経がぴりぴりしていた。「目標が見えなくてはいけない。レーダー爆撃はいけない。目視で落とさなければならない」。そう言いながら足指を外に向け大股で歩き回り、またタバコに火をつけるのだった。「もちろん、落下したものをレーダーでチェックすることは構わないが、落下は目視で行わなければならない」。そう言ってはまた歩き回った。「投下が夜になる場合には月夜でなければならない。月夜が最高だろう。もちろん、雨や霧の日は避けなければならない。あまり高いところで爆発させないように。決めた数字が、ちょうど正しいものである。それ以上高くすると、目標に損害を与えることができない」

オッペンハイマーが造り出した原子爆弾が、まさに使われようとしていた。しかし彼は、戦後ソビエトとの間で軍備拡大競争を触発しないような方法で使われるものと、自分自身に言い聞かせていた。トリニティ・テストの直後に、暫定委員会が爆弾の詳細と間近に迫った日本に対する使用に関して、明確にロシアに通告するという、彼の勧告を満場一致で採択したとバネバー・ブッシュから聞いていて彼は安心した。トルーマン大統領がチャーチルおよびスターリンと会談するポツダムで、このような率直な議論が行われると彼は考えていた。その巨頭会談の土壇場で何が起こったか、オッペンハイマーは後に知って愕然とする。武器の性質に関するオープンで率直な議論の代わりに、トルーマンはためらいがちに謎めいた言葉を吐いただけだった。「七月二十四日に」と、トルーマンは回顧録に書いている。「今までにない破壊力を備えた新しい武器を持っていると、わたしはスターリンにさりげなく伝えた。ロシアの首相は、特別な関心を示さなかった。彼が言ったのは、それは結構、日本に対してうまく使ってほしいということだけだった」。これは、オッペンハイマーが期待していたこととは相当かけ離れていた。歴史家A・K・スミスが後に書いているように、「実際にポツダムで起こったことは、まさに茶番であった」。

一九四五年八月六日正午前八時十四分、B29爆撃機エノラ・ゲイ（パイロット、ポール・ティベッツの母の名前）は、テストの完了していない銃型のウラニウム爆弾を広島上空に投下した。ジョン・マンリーはその日ワシントンで、投下のニュースを待ちわびていた。爆弾投下の報告をさせるという、ただ一つの任務のためにオッペンハイマーが派遣したのだった。爆撃機からの連絡から五時間遅れで、マンリーはついに、エノラ・ゲイ同乗の「発射」担当将校パーソンズ大尉から一通のテレタイプを受け取った。「目視できる効果はニューメキシコのテストより大」。しかし、マンリーがロスアラモスのオッペンハイマーに電話をしようとするのを、グローブスが止めた。原子爆弾の投下に関する情報は、大統領がそれを発表するまでは、だれにも流してはならないということであった。欲求不満が募ったマンリーは、ホワイトハウスの向かいにあるラファイエット公園に、真夜中の散歩に出かけた。翌朝早々、午前十一時にトルーマンが発表すると聞かされた。マンリーがやっとオッピーと電話できたのは、大統領がラジオの全国放送で声明を発表するのとほとんど同時だった。マンリーとオッペンハイマーは、電話でニュースを送る場合の暗号を定めてあったが、オッペンハイマーが最初に発した言葉は、「君をワシントンに送ったのは、そもそも何のためだったのかね」であった。

同じ日の午後二時、グローブス将軍はワシントンで電話を取り上げるとロスアラモスのオッペンハイマーを呼び出した。グローブスはお祝いムードだった。「あなたと関係者一同を誇りに思う」と、グローブスが言った。

「うまく行ったのですか?」。オッピーが尋ねた。

「明らかに、大爆発だった」

「だれもが喜んでいます。心からお祝い申し上げます。長い道のりでした」と、オッペンハイマー。

「うん。長い道のりだった。わたしがこれまでにやった一番賢明なことは、ロスアラモスの責任者選びだったと思う」。グローブスが答えた。「さて」と、オッペンハイマーが遠慮がちに応じた。「将軍、わたしには少々異論があります」

グローブスが答えた。「そういう異論にわたしが同意してこなかったことはご承知のとおりだ」。

その日ロスアラモスの拡声器から発表が流れた。「お知らせです。お知らせです。当研究所で製造された装置の一つが、日本への投下に成功しました」。フランク・オッペンハイマーは、兄のオフィス前の廊下に立っていたときこの放送を聞いた。最初の反応は「よかった、不発ではなかった」であった。しかし数秒後、「死んだ人たちすべてが感じたであろう恐怖が突然襲ってきた」と、フランクは回想する。

兵士エド・ドーティは翌日、両親宛の手紙の中で、このシーンを次のように解説している。「この二十四時間はまったく刺激的でした。これほど大量の人が、これほど気分が高揚しているのを見たことがありません。皆が建物の廊下に出て、大みそかのタイムズ・スクエアの群衆みたいにひしめき合っていました。だれもがラジオを探していました」

その晩大勢がオーディトリアムに集った。若手の物理学者サム・コーエンは、オッペンハイマーの登場を待って聴衆が歓声を上げ、足を踏み鳴らしていたのを覚えている。だれもがオッペンハイマーは、習慣どおり舞台のそでから現れると思っていた。しかし、オッペンハイマーは後部入り口から現れ、中心の通路を壇上に向かって進んだ。コーエンによると、オッペンハイマーは壇上に立つと、掲げた両方の手を握り、プロのボクサーのように前後に動かした。聴衆を前にしてオッペンハイマーが、「爆撃の結果を云々するのは早すぎるが、日本にとっては打撃であったことだけは確かなようだ」、と話したのを覚えている。聴衆は拍手し、オッペンハイマーが自分たちの成果を「誇りに思う」と言ったときには、それを承認するかのようにどよめきが起こった。コーエンの話によると、「彼（オッペンハイマー）がただ一つ残念なのは、ドイツ相手に使うのに間に合わなかったことだった。これを聞いた聴衆はどっと沸き立った」。

彼は場違いの舞台へ上がって立ち往生した役者のようだった。科学者は征服に赴く将軍ではないはずだ。しかし彼も人間であるから、純粋に成功のスリルを感じていたに違いない。たとえて言えば、彼は金のリングをつかんだようなもので、それを嬉しそうに高く掲げていた。また観衆は、彼が上気して、誇らしげに現れると見ていた。しかし、その瞬間は短かった。

アラモゴルドで爆発の目もくらむ閃光《せんこう》と爆風を体験した者の何人かにとって、太平洋からのニュースはどちらかと言うと、拍子抜けの感じだった。まるで驚く能力をアラモゴルドが吸い取ってしまったかのようだった。他の人は、ニュースによって酔いが醒めていくばかりだった。フィル・モリソンはテニアンでニュースを聞いた。彼はそこで爆弾を準備し、エノラ・ゲイに搭載するのを手伝ったのだ。「その夜、ロスアラモスから来た連中はパーティーを開いた」と、モリソンが思い出した。「それは戦争であり、その戦争に勝ったのだ。われわれには祝う権利があった。しかし、わたしはベッドの端に腰掛けていたのを憶えている。敵側はどんなだろう、その夜広島では何が起こっているだろうと考えていた」

「ロスアラモスで広島への原爆投下を祝った人はいなかった」と、アリス・キンボール・スミスは後に主張している。しかし数人が男子寄宿舎に集まろうとしたことは認めた。しかしその計画は「忘れがたいほどの大失敗に変わった。人々は参加しなかったか、早々に引き上げた」。確かにスミスは科学者だけについて言及しており、明らかに軍の志願兵より寡黙で異なる反応を示したように見える。ドーティは家への手紙の中に書いた。「多くのパーティーが開かれました。三つのパーティーに招かれたけど、一つしか出席できませんでした。それは朝三時まで続きました。皆が幸せでした。とても幸せでした。われわれはラジオを聞いて、踊って、またラジオに耳を傾けました。そしてニュースの一言一句に声を立てて笑いました」。オッペンハイマーは一つのパーティーに出席したが、去り際に一人の物理学者が酔っ払って草むらで吐いているのを目撃した。これを見たオッペンハイマーは、原子爆弾にかかわる心の清算が始まったと感じた。

ロバート・ウィルソンは、広島からのニュースにぞっとした。彼はこれまで武器が使われることは望まなかったし、使われないと信ずる根拠があると思っていた。一月に、オッペンハイマーに仕事を続けるよう説得されたところだったが、それも爆弾完成をデモンストレーションするのが目的だと言われたのだ。そしてオッペンハイマーが暫定委員会の審議に参加していることを、彼は知っていた。理性的に考えれば、オッピーが確約をする立場にないことは理解できた。この決定は将軍たちの権限であり、スティムソン国防長官の権限であり、そして最終的には大統領が決定するものであった。しかしそれでも彼は、白分の信頼が踏みにじられたと感じた。「その威力を討議し、日本人に対して平和的な方法で威力を示すことなく、日本上空で爆発したとき、わたしは裏切られたと感じた」と、ウィルソンは一九五八年に書いている。

ウィルソンの妻ジェーンはたまたまサンフランシスコに出かけていたとき、広島のニュースを聞いた。急いでロスアラモスへ戻ると、お祝いの気持ちを込めて夫にほほ笑みかけたが、彼は「きわめて沈んだ」様子しか見せなかったという。それから三日後、もう一つの爆弾が長崎を廃墟と化した。「人々は、ゴミ箱のふたなどを叩き鳴らしながら練り歩いていた」と、ジェーン・ウィルソンは思い出す。「しかし夫は加わろうとせず、不機嫌で悲しそうだった」。「わたしは体調を崩していたようだった。むかむかしていた。ちょうど吐き気を催したようだったのを憶えている」。ボブ・ウィルソンが思い出して言う。

ウィルソンだけではなかった。「日がたつにつれて嫌悪感は高まり、戦争終結が爆弾の使用を正当化すると信じていた人たちにさえ、きわめて個人的な後ろめたさを経験させた」。ロスアラモスの冶金学者シリル・スミスの妻アリスが書いた。広島原爆投下の後、メサの大部分の人々が少なくとも瞬間的に興奮したことは、理解できないことはない。しかし長崎からのニュースを聞いた後は、明らかに沈鬱《ちんうつ》な空気が研究所全体を覆っていたと、シャーロット・サーバーは述べている。「原子爆弾はものすごい兵器であるから、もう戦争は不可能だとオッピーが言っている」という話がすぐに広まった。あるFBI情報提供者は八月九日、「オッピーは神経が参っている」と報告した。

スターリンがヤルタ会談でルーズベルトに約束し、ポツダムでトルーマンに確認していたとおり、一九四五年八月八日ソ連は日本に宣戦布告をした。天皇側近のタカ派は、アメリカの主張する「無条件降伏」よりも緩やかな条件をソ連が仲介してくれるのではないかと考えていたが、ソ連の参戦は彼らにとっては致命的な出来事であった。

二日後、長崎被爆の翌日に日本政府はただ一つ、天皇制護持を条件として降伏受諾の申し入れをした。翌日、連合国側は無条件降伏の条件変更に同意した。天皇の権限は、「連合国最高司令官に従属する」こととなった。八月十四日（日本時間八月十五日）に東京のラジオ放送は、政府がこの説明を受け入れ、よって降伏したことを発表した。戦争は終わった。数週間のうちにジャーナリストや歴史家の間で、原子爆弾を使わなかった場合、今と同じような条件で同じ時期に戦争を終了できたか否かについて議論が始まった。

長崎爆撃後の週末、アーネスト・ローレンスはロスアラモスに到着した。今回のことでオッペンハイマーが、良心の呵責《かしやく》から不安、疲労を抱えていることが分かった。二人の旧友は爆弾について議論を始めた。原子爆弾のデモンストレーションを主張したのがローレンスで、反対したのが自分であったことを思い出したオッピーは、ローレンスが金持ちと権力者のことしか考えないと、語気鋭くなじった。ローレンスは、爆弾がこれほど恐ろしいものであったこと、まさにそのことによって、二度と使われることはないだろうと旧友を安心させようとした。

オッピーはほとんど納得することなく、その週末は科学者パネルとしての、スティムソン長官に宛てた最終報告書の下書きに多くの時間を費やした。彼の結論は悲観的だった。「核兵器の使用を防止する適切で効果的な、いかなる軍事的対抗策も見つからないというのが、われわれの動かざる意見であります」。今でさえ膨大な破壊力を有するこれらの核兵器は今後ますます肥大化し、致命的になるばかりだろう。アメリカの勝利のわずか三日後にオッペンハイマーは、これらの新しい武器に対する防衛策がアメリカにはないことを、スティムソン長官と大統領に話していたのだ。「われわれは、今後何十年かにわたって核兵器の分野におけるわが国の覇権《はけん》を保証するようなプログラムの、概要さえ示すことができないだけでなく、たとえそのような覇権が達成されたとしても、最も恐ろしい破壊からわれわれを守る保証は、やはりないのです。敵に損害を与える能力の対極にある自国の安全は全面的に、あるいは基本的にさえ、科学や技術の力に依存することはできないと、われわれは信じています。それを可能にするのは、ただ一つ将来の戦争を不可能にすることしかありません」

その週彼は、この手紙を自らワシントンに運び、バネバー・ブッシュと国防総省でスティムソン長官の補佐官ジョージ・ハリソンと面会した。「時期的に早すぎて、説明しても無駄だった」と、彼は八月の末にローレンスに報告している。彼は原子爆弾の研究を今後も続けることを、科学者が無益と感じていることを説明しようと努力したのだった。その趣旨は、「ちょうど第一次大戦後の毒ガスと同様に、原子爆弾を違法にしなければならない」ということであった。しかしワシントンで会っただれからも、賛同は得られなかった。

「これらの面会を通じて、ポツダムでの話し合いがうまくいかなかったこと、核に関する協力や管理でソ連の関心を引くことには、ほとんど、またはまったく進展がなかったという印象を持った」

事実彼は、この線に沿った真剣な努力は何ひとつ実行されなかったのではないかと疑った。オッピーはワシントンを出発するとき暗い顔で語った。大統領が原子爆弾に関しては今後一切の情報開示を禁ずる命令を出したこと、バーンズ国務長官がトルーマン宛のオッピーの手紙を読んで、現在の国際情勢の下では、「MED（マンハッタン技術部門）プログラムの全力推進以外に代替策はない」という意見を大統領に送ったということを。ニューメキシコへ戻ったオッピーは、出発前よりもずっと落ち込んでいた。

数日後、ロバートとキティは二人だけでペロカリエンテ（ロスピノスの近くにある彼らのキャビン）で一週間を過ごし、信じられないほど激変した、ここ二年間の意義を整理しようとしていた。本当に二人だけで時間を過ごしたのは、三年ぶりだった。ロバートはこの機会を利用して、旧友からの個人的な手紙に返事を書いた。彼らの中には、オッピーが戦争中に何をしていたか、最近の新聞を読むまで知らなかった人たちも多かった。彼は昔の先生ハーバート・スミスに次のように書いた。「お分かりいただけると思いますが、この仕事は決して懸念なしに進められたものではありません。それは今でも、われわれに重くのし掛かっています。今日から見ると将来は多くの希望の要素に満ちていますが、それでも絶望の眼と鼻の先にあるのです」。同様に、ハーバード時代のルームメート、フレデリック・バーンハイムに書いている。「われわれは現在、牧場にいる。健全性をまじめに求めてはいるが、あまり楽天的ではない。大きな頭痛が前方に待ち受けているように思われる」

八月七日、ハーコン・シュバリエが祝辞の手紙を届けてきた。「親愛なるオッピー。君は今日の世界でおそらく最も有名な男だろう」。オッピーは八月二十一日に、三ページの手書きの返信をしている。シュバリエは後に、「その手紙は、われわれの間に常に存在した愛情と個人的な親しさにあふれていた」と書いている。爆弾についてオッピーはシュバリエに次のように書いている。「ハーコン、これはやらねばならぬことだった。世界中の人間が、未だかつてなかったほど平和を切望している時代、そして未だかつてなかったほど生活と思想の手段としての技術や、いかなる人も島ではない〔人はすべてを持ちつ持たれつという、J. Donne の説教文による〕という理念に強く目覚めた時代に、広く公共のために実現しなければならなかった」。しかし彼はこの自己弁護に決して満足していたわけではない。今の状況は疑念が満ちあふれていて、こうあってほしいと思っている世界につくり変える力がもしも我々にあるとするならば、そんな世界と比べると今の状況はずっと、ずっと難しい。

オッペンハイマーはずっと以前から、科学部門の責任者としての職を辞する決心をしていた。八月末までにはハーバード、プリンストン、コロンビアの各大学が、彼に教授職を申し出ていることを知っていたが、彼としては本能的にカリフォルニアに帰りたかった。「わたしにはカリフォルニアに帰属意識があり、多分それを乗り越えることはないだろう」と、友人でハーバードの学長であるジェームズ・コナントへの手紙に書いた。カリフォルニア工科大学（カルテック）の古くからの同僚、ディック・トールマンとチャーリー・ローリッツンは、フルタイムでパサデナに来ることを勧めた。信じられないことに、カルテックからの正式な招聘《しょうへい》は遅れていた。それは学長のロバート・ミリカンが異を唱えたからであった。ミリカンはトールマンに手紙を書いた。オッペンハイマーは良い教師ではない。理論物理学への当初の貢献は、すでに過去のものとなっている。それにカルテックの教授陣にユダヤ人はもう十分いるというのだ。しかしトールマンたちは考えを変えるようミリカンを説得し、八月三十一日に招聘状がオッペンハイマーに届いた。

そのときまでにオッペンハイマーは、バークレーからも戻ってくるようにと誘われており、彼もバークレーを故郷のように感じていた。それでも彼はためらった。彼がローレンスに話したところによると、学長のロバート・スプロウルならびに事務長のモンロー・ドイッチュとうまくいかなかったという。さらに、物理学科長レイモンド・バージとの関係が非常にぎくしゃくしているので、バージを更迭《こうてつ》すべきだと思っていることを、オッピーはローレンスに言った。ローレンスはこれを傲慢《ごうまん》で無頓着《むとんちゃく》な表現と見て怒り、もしオッピーがそのように感じるなら、バークレーに戻ってくるべきではないと言い返した。

オッペンハイマーはローレンスに手紙を書いた。「バークレーに関するわれわれの議論については、非常に複雑で嘆かわしい印象を禁じえない。あなたに比べてわたしは常に負け犬だった。それはわたしの問題の一部であり、おそらく今後も変わらないだろう。なぜならわたしは何ら恥じていないからである」。その時点でオッピーは、次にどうするかを考えてはいなかったが、ローレンスの「非常に強い、非常にネガティブな反応」が彼に一息つかせる結果となった。

「オッペンハイマー」という名前は、今や世界中の家庭で知られるようになっていたが、自分自身を「負け犬」と定義したこの男は低気圧に飛び込みつつあった。オッペンハイマー夫妻がロスアラモスに戻ったとき、キティは友人のジーン・バーカーに話した。「わたしにとって、どれほどひどい滞在だったか、あなたには想像もつかないわよ。ロバートは、完全に我を忘れていたの」。バーカーはキティの精神状態にショックを受けた。「キティはロバートのものすごい反応を見るにつけ、今後何が起こるか恐ろしくなったのだ」

広島と長崎で起こったことが、彼に深い影響を及ぼした。「キティは自分の感情を人と分かち合うことはあまりなかったが、そのときばかりはどうやったら耐えられるか心配だと言った」とバーカーが語る。ロバートも同様に自分の悩みを打ち明けていた。倫理文化学園時代の同級生ジェーン・ディディシャイムによると、ロバートは戦争が終わった直後に彼女に手紙を書いた。「そこには、とてもはっきりと、とても悲しげに、彼の失望と悲しみが示されていた」

ザ・ヒルでは、多くの人々が同様な感情的反応を示すようになった。特に、科学視察団第一陣として広島・長崎を訪れていたボブ・サーバーとフィル・モリソンが、十月に戻るとそれがひどくなった。それまで人々は、ときに仲間の家に集まり、何が起こったか把握《はあく》しようと一生懸命だった。「しかし、状況を本当に理解させてくれたのはフィルだけだった」と、ジーン・バーカーは回想する。「彼は、なかなかの説明力と表現力の持ち主で、わたしは愕然とした。家に帰っても寝つくことができなかった。わたしは一晩中震えていた。それは、それはショックだった」

モリソンが広島に着陸したのは、エノラ・ゲイが恐ろしい原爆を投下してから、未だ二十一日後であった。「実質的に、ほぼ一マイル四方の住民は、すべてが爆弾の熱によって直ちに死んだか、深刻な火傷を負った」と、モリソンは語った。「熱い閃光によって、突然にそして異様に焼かれた。彼ら（日本人）は、皮膚が縞模様に焼き付いた着物を着た人の話を我々にした。わずかに負傷しただけで、廃墟から這《は》い出ることができ、幸運を感じた人も多くいた。しかし、彼らもいずれ死んだ。爆発の瞬間に、大量に放射されたラジウムのような光線によって、何日か何週間か後に彼らは死んでいった」

サーバーは、すべての電柱の爆発に面していた側だけが焦げているのを見た話をした。彼はこのように焼け焦げた電柱を、グラウンドゼロ（投下地点）から二マイル以上にわたってたどった。「ある所で」と、サーバーが語った。「馬が草を食べているのを見た。たてがみの片側が完全に焼け落ちて、反対側は完全に正常だった」。それでも馬は「幸せそうに草を食べていた」とサーバーが軽率に話したとき、「オッペンハイマーは原子爆弾を慈善的な武器のように言うなと、わたしを叱った」。

モリソンはロスアラモスで彼が見聞したことを正式に説明したが、その後地元のアルバカーキ放送局のために、次のようにレポートをまとめた。「われわれは最終的に広島上空を低く旋回し、信じられない思いで街を見つめた。そこにあるのは赤く焼けただれた、元市街の真っ平な土地だけであった。しかしこれは、何百機もの爆撃機が夜間に長時間かけて攻撃した跡ではない。一機の爆撃機と一個の爆弾が、ライフル弾が市を横断するくらいの時間に、人口三〇万人の都市を燃えさかる火葬場に変えてしまったのだ。それは画期的な出来事だった」

ミス・ワーナーは、ある日新鮮な野菜を買いに降りてきたキティから、初めて広島のニュースを聞いた。「その後たくさん説明を受けた」と、ワーナーが後に語った。二人以上の物理学者が義務感からオトウィ橋の家を訪問し、おとなしいミス・ワーナーに自ら説明した。モリソン自身がミス・ワーナーに手紙を書いて、「場所を問わず、知性と善意を持った人たちが、われわれの危機意識を理解して、それを共有してくれることを望みます」という希望を述べている。武器を造るのに力を貸してきたモリソン始め多くの同じ志を持った科学者たちは、残されたただ一つの賢明な行動は、すべての「核的なもの」を国際的管理下に置くことだと信じていた。これに賛同したミス・ワーナーは、「科学者は今、原子力を軍や政治家の手に残したまま、研究所に戻ることはできないことを知っています」と、一九四五年のクリスマスカードに書いた。

基本的な意味においてマンハッタン計画は、まさにラビが懸念したとおりのものを達成したと、オッペンハイマーは理解した。すなわち、「物理学三世紀の集大成として」、大量殺戮《さつりく》兵器を造ったのだ。またそうすることによって、このプロジェクトは形而上的な意味ではなく、物理学を貧困化したと彼は思った。そしてまもなく彼は、プロジェクトの科学的な業績をけなし始めるのだ。「われわれは、熟した果物のいっぱいなった木を激しく揺さぶったら、レーダーと原子爆弾が落ちてきた。既知のものを必死で、むしろ冷酷に搾《さく》取《しゅ》するというのが、戦争における全般的な精神であった」。オッペンハイマーは一九四五年末に、上院委員会でこのように演説した。「戦争は物理学に対して重要な影響を与えた。

ほとんどこれをストップしてしまった」と、彼は言う。彼はまもなく次のように信じるようになる。戦争中、「われわれは物理学分野における本当の意味の専門的活動を、訓練活動も含めて、多分どの国よりも全面的にストップした」のではないかというのだ。しかし戦争は科学に焦点を当てたのも事実である。ビクター・ワイスコップが後に書いている。「科学がだれにとっても最も即時的で直接的な重要性を持つものであることを、あらゆる議論の中で最も容赦のない形によって、戦争は明らかにした。これが物理学の性格を変えた」

一九四五年九月二十一日金曜日の正午、オッペンハイマーはヘンリー・スティムソンに別れの挨拶を言いにいった。それはスティムソンにとって、国防長官としての最後の日となる、七八回目の誕生日であった。オッペンハイマーは、その日の午後スティムソンがホワイトハウスで離任の挨拶をする予定であること、そしてその演説の中で、オッペンハイマーに言わせれば「非常に遅ればせながら」「核に対するオープンなアプローチ」を支持することになっているのを知っていた。スティムソンの日記によると、彼はトルーマン大統領にぶっきらぼうに次のように話したことになっている。「われわれは直ちにロシアに接触して、適当な代償を得たうえで爆弾を共有する機会を提供すべきである」

ロバートは純粋にこの老人が好きで、信用もしていた。戦後の新時代において、原子爆弾をどのように扱うべきかという議論が始まる、この重要な岐路で彼の辞任を聞くのは悲しかった。このとき、オッペンハイマーはもう一回、爆弾のいくつかの技術的知識について彼に説明した。それから、スティムソンはオッピーにペンタゴン内の理髪店まで同行してくれと頼んだ。そこで、スティムソンは薄い白髪を刈ってもらった。別れのとき、スティムソンは理髪店の椅子から起き上がると、オッペンハイマーの手を握って言った。「さあ、後は君の手に任すよ」

第24章　手が血で汚れているように感じます

原子爆弾が交戦中の国々の、あるいは戦争に備えている国の新しい兵器として加えられることになれば、ロスアラモスと広島の名前を人類が呪《のろ》う日が必ずやってくる。

ロバート・オッペンハイマー
一九四五年十月十六日

今やロバート・オッペンハイマーは、何百万ものアメリカ人にその名前を知られた有名人であった。彫りの深い彼の顔写真が、アメリカ中の雑誌のカバーや新聞紙面を飾った。彼の業績は、すべての科学の業績と同義語となった。「研究者たちに脱帽」。《ミルウォーキー・ジャーナル》の社説である。「アメリカの科学の探究者が、冒険的行動のために必要なものを拒否されることは、二度とあってはならない」。《セントルイス・ポスト・

ディスパッチ》はこのように同調した。彼らの「輝かしき業績」を称えようと、《サイエンティフィック・マンスリー》誌は述べた。「現代のプロメテウスは、再びオリンポス山を急襲してゼウスの稲妻そのものを人類のために持ち帰った」。今や物理学者は「スーパーマンのチュニックコートを着ているようだ」と、《ライフ》誌は書いた。

オッペンハイマーは、誇大な称賛も次第に快く感じるようになった。彼がメサで過ごした二年半は、この新しい役割に備えてのトレーニングであったかのようだった。それは、彼を科学者兼政治家、そして一個の偶像に変えた。彼のトレードマークであるパイプを吸う姿と、いつも手離さないポークパイハットさえ、すぐに国際的に有名になった。

彼はまもなく、個人的に感じていた鬱屈《うっくつ》を公にするようになった。「われわれは、あるモノを造りました。まことに恐ろしい武器です」と、アメリカ哲学学会で聴衆に語りかけた。「それは、急激かつ深刻に世界の質を変えました。このモノは、われわれが育った世界のどの基準から見ても悪であります。そして、それによって、科学が人間にとって善であるかという問題を、われわれは再び提起しています」。これは定義するなら恐怖と攻撃の武器であると、「原子爆弾の父」が説明した。そして、それは安く造れる。この二点を組合わせるならば、いつか文明全体に致命的な影響を及ぼすことになるかもしれない。「核兵器は、われわれの現在までの知識からしても、安く造ることができます。核武装は、それを望む人々に大きな経済負担となりません。核兵器の使用のパターンは広島で確立しました」。彼は言った。広島の原爆は、「すでに敗北していた敵に対して」使われたと彼は言った。「これは侵略者に対して使う武器です。そして、驚きと恐怖の要素は、分裂性の核がそうなのと同じくらい、この爆弾とは切り離せない要素であります」

彼の友人の何人かは、そのような雄弁さと安定感をもって、しばしば即興的に話せる彼の能力にびっくりした。ハロルド・チャーニスは、ある日オッペンハイマーがカリフォルニア大学バークレー校の学生集会で演説したのに、立ち会ったことがある。有名な科学者の話を聞くために、数千人が男子体育館を埋め尽くした。しかしチャーニスは心配だった。というのは、「オッペンハイマーが演説家でないと思っていた」からである。スプロウル学長による紹介の後、壇上に立ったオッペンハイマーは、それから四十五分間にわたり一切原稿なしで話した。聴衆を引き付けるオッペンハイマーの力に、チャーニスはびっくりした。「彼が話し始めてから終わるまで、会場には咳《しわぶき》一つ聞こえなかった。これは彼が演じたマジックであった」。事実チャーニスは、あまり上手すぎて却って彼のためにならないのではないか、とさえ思った。「大衆に向かってあのように話せる能力には毒があるのではないか。能力の持ち主にとって大変危険なことである」。このような才能の持ち主は、滑らかな弁舌が政治的な武器であると、思い込むかもしれない。

その秋の間、オッペンハイマーはロスアラモスとワシントンを往復し、突然有名になったことを利用して、政府高官を動かそうと努めた。彼は事実上、ロスアラモスの民間科学者全部を代表して、話しているつもりだった。一九四五年八月三十日、彼らのうちの約五〇〇人がオーディトリアムに集められ、新組織結成に同意した。ロスアラモス科学者協会（ALAS）である。数日のうちに、ハンス・ベーテ、エドワード・テラー、フランク・オッペンハイマー、ロバート・クリスティその他は、軍備拡大競争の危険性、将来の戦争における原子爆弾に対する防御不可能性と国際的な管理の必要性に関して、強い論調の声明書を下書きした。オッペンハイマーは、存在が知られるようになったこの「文書」を、国防総省に回送するよう頼まれた。この声明はまもなく新聞に発表されるだろうと、だれもが完全に予想していた。

九月九日、オッペンハイマーはスティムソンの補佐官ジョージ・ハリソンに、レポートを送った。彼はカバーレターの中で、「文書」が三〇〇人以上の科学者に回覧されたこと、そのうちわずか三名が署名を辞退したことを書き添えた。自分はこの作成に関与していないが、当該「文書」はまさしく自分の個人的見解を反映しており、国防総省がその発表を承認されることを望むとオッピーは書いた。ハリソンは、すぐオッピーに電話をかけて、政府内に配布するためもっとコピーをほしいというスティムソンの意向を伝えた。しかし国防総省としては、少なくとも当面はこれを公表するつもりはないと、ハリソンは付け加えた。

この遅滞に不満なＡＬＡＳのメンバーは、何とかするようオッペンハイマーに迫った。自分も困っていると認めながらも、オッピーは政府側にもいろいろ事情があるだろうから、もう少し辛抱するよう訴えた。九月十八日に彼はワシントンに飛び、その二日後に、「状況は好転している」と電話をかけてきた。「文書」は回覧されており、トルーマン政府が正しい処置を考えていると彼は考えた。しかし月末までに、政府はその「文書」を機密扱いとした。ＡＬＡＳの科学者たちは、自分たちが信頼していた「特使」が、態度を翻してそれを抑えるという意見に同調しているのを知ってびっくりした。何人かの仲間にとっては、オッピーがワシントンで時間を過ごせば過ごすほど、彼は政府側に素直になるように思えた。

オッペンハイマーは、この心変わりにはそれなりの理由があったと主張する。トルーマン政府は、近く原子力に関する法案を提出しようとしていた。オッペンハイマーはロスアラモスの科学者に、「有名なメモ」に反映されたような公の論議は大変望ましいものであるが、原子力に関する教書をトルーマン大統領が議会で発表するまでは、儀礼の問題としても待つべきではないかと説明した。オッペンハイマーの訴えは、ロスアラモスにおいて熱心に討議された。しかしALASのリーダーであるウィリアム(ウィリー)・ヒギンボサムは、次のように主張した。「文書の抑制は政治的な功利主義の問題であり、その理由に関してわれわれは知る立場にも、評価する立場にもない」。しかしALASには、「何が起こっているかを承知しており、関係する当事者を個人的に知っている代表がいる。それはオッピーであった」。そこで、「ウィリーがオッピーに、われわれは強力にオッピーを後押しすることを伝える」という動議が満場一致で採択された。

実際オッペンハイマーは、仲間の科学者が将来に対して抱いている心からの懸念を、反映させるべく最善を尽くしていたのである。九月下旬に彼は国務次官ディーン・アチソンに、マンハッタン計画に参加した大部分の科学者が兵器製造について、『『スーパー』爆弾に限らずどんな爆弾でも』、これ以上は関与したくない気持ちを強く持っていると話した。広島原爆投下後、また戦争終結後、このような仕事は、「彼らの心と魂が命ずるものに逆らっている」ように感じているとオッペンハイマーは述べた。自分は科学者であり「兵器製造人」ではないと、オッピーは自嘲的に新聞記者にこぼした。もちろん、すべての科学者がこのように感じていた、というわけではない。エドワード・テラーは、聞いてくれる忍耐力のある人ならだれに向かっても、「スーパー」爆弾を売り込んでいた。「スーパー」爆弾の研究を続行するよう、テラーがオッペンハイマーに頼んだとき、オッピーは素っ気なく遮《さえぎ》った。「わたしはできないし、やる気もない」。これはテラーにとって、決して忘れることも、許すこともできない反応であった。

一九四五年十月三日トルーマン大統領が議会で教書を発表したとき、多くの科学者は初めそれを心強いものと考えた。アチソンの下で働いていた若い弁護士のハーバート・マークスが立案したメッセージは、全産業を管理する権限を持つ原子力委員会の設置を、議会に強く求めた。ワシントンのインサイダーにさえ気づかれずに、オッペンハイマーはマークスの原案作成を手伝っていたのだ。もっともなことだが、それは原子力の危険性と潜在的利便性の両方に関する、オッピー自身の緊迫感を反映していた。原子力の解放は「あまりにも革命的なため、旧態依然たる考え方の枠組みでは処理できない、新しい支配力を構成する」と、トルーマンは述べた。時間が最重要課題であった。「でき得れば、原子爆弾の使用と開発の放棄を目指す国際協定の中に、文明の希望は存在する」。トルーマンは言明した。オッペンハイマーは、核兵器廃絶を求める大統領の約束を得たと思った。

しかしオッピーが、大きなメッセージは何とか形づくることができたとしても、翌日コロラド選出エドウィン・ジョンソン上院議員とケンタッキーのアンドリュー・メイ下院議員が提出した法案には、手も足も出なかった。メイ－ジョンソン法案は、大統領のスピーチの趣旨とは鋭く対立する方針を骨子としている。大部分の科学者は、これを軍の勝利と解釈した。例を挙げれば、この法案ではいかなる保安違反に対しても厳しい禁固刑と、重い罰金刑が提案されている。どういうわけか彼の同僚にも分からないが、オッペンハイマーはメイ－ジョンソン法案に対する支持を発表したのだった。十月七日、彼はロスアラモスに戻って、ALASの執行委員に同法案を支持するよう強く訴えた。説得に関しては未だ恐るべき力を持っているオッピーは成功した。彼の理由づけは単純だった。何より迅速さが求められているというのだ。原子力の国内問題を管理する法律を速やかに確立することによって、次のステップが可能になる。核兵器を禁止する国際協定である。オッピーは急速にワシントンのインサイダー、すなわち希望に導かれ人の良さに支えられた、政権に協力し努力を集中する支持者になった。

しかし法案の最終プリントを読んだとき、科学者たちは仰天した。メイ－ジョンソン法案では、大統領が指名する九人のメンバーによる委員会に、原子力に関するすべての権限を集約することになっている。軍の将校は委員会への陪席が認められる。科学者には小さな保安違反についても、最高十年の禁固刑が科されるおそれがある。しかし、ロスアラモスの科学者の徴兵をオッピーが初めて認めた一九四三年の場合のように、同僚たちが心配する法案の細部と解釈がオッペンハイマーを警戒させることはなかった。戦時中の体験に基づいて、グローブスと国防総省の両方とうまくやっていけると彼は感じていた。他の人には、それほど確信はなかった。レオ・シラードは憤慨して、法案破棄のために闘うと誓った。シカゴの物理学者ハーバート・アンダーソンはロスアラモスの同僚に手紙を書いて、オッペンハイマー、ローレンス、フェルミに対する信頼が揺らいだことを告白している。「これらの立派な人たちはだまされたと思う。彼らには法案を見る機会も与えられなかったのではないか」。事実、メイ‐ジョンソン法案を支持するようオッピーがローレンスとフェルミを説得したとき、彼らは法案の詳細を読んでいなかった。二人は直ちに支持を取り下げた。

一九四五年十月十七日の彼自身の上院証言においてオッペンハイマーは、彼の用意した声明文は法案を読む「かなり前に」書かれたことを告白した。「ジョンソン法案について、わたしはそれほど知らない。あの法案の下では、ほとんど何でもできる」。ヘンリー・スティムソン、ジェームズ・コナント、バネバー・ブッシュといった立派な人たちが原案の作成に手を貸したことを彼は知っていた。だから、「彼らがこの法案の精神を良いと思うなら」、彼にとっても良いことであった。提案されている委員会の権限を、「賢明に」執行することを託せる九人の立派な人たちをどうやって探すかが問題である。陸軍の将校を陪席させる案について質問されたオッペンハイマーは、「どのような制服を着ている人かの問題ではなく、どのような人物であるかの問題だと思います。マーシャル（ジョージ）将軍より信頼できる管理者をわたしは知りません」と答えた。

シラードは横から見ていて、オッペンハイマーの証言は「傑作だと思った。彼の話し方だと、出席していた議員はオッペンハイマーが法案に賛成であると考えたが、その場にいた物理学者は全員が、彼は法案に反対の意思表示をしたと考えた」。ニューヨーク市の左翼系新聞《PM》は、オッペンハイマーが同法案に対して「間接的な攻撃」を開始したと報じた。

フランク・オッペンハイマーは、兄と議論した。ALASの活動的メンバーであるフランクは、今こそ大衆の中に飛び込み、（核兵器の）国際的管理の必要性を啓蒙するときであると信じていた。「その時間はないと、兄は言った」。フランクは回想する。「彼はワシントンの様子を知っており、あらゆることが流動的であると見ていた。内側から変革しなければならないと考えていた」。おそらくロバートは彼の名声とコネを使って、国際管理に向けて大きく飛躍するようにトルーマン政権を説得できると計算して、ギャンブルに出たのかもしれない。彼としては、国際管理が民間体制で行われようと、軍主導で行われようと関係なかった。またはもっと単純に、彼を部外者あるいは「トラブルメーカー」として排除する方向に、トルーマン政権を追いやりたくなかったのかもしれない。原子力時代の第一幕においては、ステージの中央にいたかった。

抑え込まれたALAS「文書」を書き直して、《ニューヨーク・タイムズ》に送ったロバート・ウィルソンにとっては、これらすべてのことが重荷であった。《ニューヨーク・タイムズ》は早速その声明を、第一面に掲載した。「それを郵送したことは、重い保安違反であった」と、ウィルソンは後に書いている。「わたしにとって、あれはロスアラモスのリーダーたちからの独立宣言だった。これらリーダーを称賛し、大事にする気持ちを失ったわけでは決してなかったが。しかし、われわれがまず学んだことは、最良の人物、最優秀の人物も権力の座に就くと、さまざまな配慮によって束縛され、必ずしも頼れなくなる、ということだった」

メイ－ジョンソン法案への反対が、ロスアラモス外の科学者の間で大きくなると、ALASのメンバーは別の考え方をするようになった。ビクター・ワイスコップはALAS執行委員会のメンバーたちに話した。「オッピーの提案を、もっと批判的に検討すべき」だというのだ。その月の内に、ALASはオッペンハイマーと関係を断って、法案に反対する運動を開始した。ウィリー・ヒギンボサムは、ワシントンD.C.に派遣され、法案反対のキャンペーン展開を命じられた。シラードや他の科学者は、法案に不利な証言をした。

この異例な議会工作は、すぐに国中の新聞と雑誌のフロントページで報じられた。これは反乱であった。そして成功した。

ワシントンの多くの人が驚いたことに、科学者たちの精力的なロビー活動が、メイ－ジョンソン法案を葬り去った。それに代わって、新しい法案がコネティカット選出のブライアン・マクマホンによって提出された。それは民間から任命された原子力委員会（AEC）が、核エネルギー政策を排他的に管理するという内容だった。しかしトルーマン大統領によって、原子力法が一九四六年八月一日に署名されるころには、それは大幅に修正が加えられていたので、「原子力科学者」運動に携わっていた多くの人が、犠牲の大きい勝ち戦ではなかったかと思った。たとえばこの法律には、原子核物理学の分野で働く科学者を、ロスアラモスで経験したものよりはるかに厳しい保安体制の下に置くという条項が含まれていた。したがって、当初オッペンハイマーがメイ－ジョンソン法案を支持したことに不満だった彼の仲間（弟のフランクを含めて）も、長期間にわたってこれを根に持つ人はいなかった。この問題全体に対する彼の二面性は正当化された。彼はペンタゴンのシナリオを変えさせることはできなかったとしても、本当に重要な問題は、原子爆弾の製造に対する効果的な国際管理を達成することであると、理解していたのである。

議会における審議の最中に、オッペンハイマーはロスアラモスでの職を正式に辞した。一九四五年十月十六日、この日のハイライトとなる授賞式には、実質的にメサの全人口に相当する数千人が、この四十一歳のリーダーに別れを言うために集まった。オッピーが告別の辞を述べるために立ち上がる寸前に、ドロシー・マッキビンは彼に短く挨拶した。彼には、用意した言葉はなかった。マッキビンによれば、「彼が深くものを考えているときに見せた、あのかすみの掛かった目がそこにあった。後になってわたしは、この短い瞬間にロバートが挨拶の言葉を準備していたのだと理解した」。数分後、燃えるようなニューメキシコの太陽の下で、壇上の椅子に座っていたオッペンハイマーは、グローブス将軍から渦巻き型の装飾を施した感謝状を受け取るために立ち上がった。彼は低い静かな声で、何年か先に、この研究所の仕事にかかわったすべての人が、達成した仕事を誇りを持って振り返ることができる日がくるよう望んでいると語った。しかし、冷静な調子で彼は警告した。「今日のところ、その誇りは深い懸念によって加減しなければなりません。原子爆弾が交戦中の国々の、あるいは戦争に備えている国の新しい兵器として加えられることになれば、ロスアラモスと広島の名前を人類が呪う日が必ずやってきます」

彼の演説は続く。「世界中の人々が団結しなければなりません。さもなければ人類は滅亡します。地球上の多くのものを破壊した今回の戦争に、この言葉を書き残しました。原子爆弾を、すべての人に分かってもらいたいと、この言葉を書き残しました。他の時代に、戦争や武器について似た言葉を残した人たちもありました。その言葉は受け入れられませんでした。こんな言葉は今日通用しないと、間違った歴史感覚に導かれて言い張る人たちが今でもいます。わたしたちは、そんな主張を認めません。法律や人間性全体に共通な危機が及ぶ前に、われわれは仕事を通じて団結した世界をつくることを誓います」

メイ－ジョンソン法案に対する奇妙な支持にもかかわらず、彼の言葉は彼がまだわれわれの側にいることを示して、ザ・ヒルの多くの人々を安心させた。「その日、彼はわれわれと一体だった」と、一人のロスアラモス居住者は記している。「彼は、われわれに向かって、われわれのために話した」

その朝、彼と並んで壇上に座っていたのは、カリフォルニア大学バークレー校の学長ロバート・スプロウルであった。オッペンハイマーの鋭い言葉にびっくりしたスプロウルは、スピーチの合間に交わした個人的な会話で、さらに不安になった。スプロウルは、オッペンハイマーをバークレーに引き戻す意図を持って来ていた。彼はオッピーが不承知なことを知っていた。九月二十九日付でオッピーはスプロウル宛に、将来については何も決めていないと書き送った。他のいくつかの学校は、バークレーが払っていた給与の二倍から三倍を提示して、教授ポストに招聘していた。そして、バークレーでの長い勤務にもかかわらずオッピーは、「わたしの過去の無分別と見なさざるを得ないものについて、大学側にある種の信頼の欠如がある」ことを承知していると言った。「無分別」とは、オッペンハイマーが教職員組合のために政治的活動をして、スプロウルを不快にさせたことを指す。大学ならびに物理学科が本当に自分を求めていない限り、バークレーに戻ることは間違いだろう、とスプロウルに書いた。そして次のように続けた。「他の大学と不釣り合いな高い給与で戻ることは、わたしには間違っていると思えます」

頑固で保守的なスプロウルは、つねづねオッペンハイマーを厄介者だと考えていたので、アーネスト・ローレンスがオッピーの給与を二倍にするよう提案したのにためらった経緯がある。ローレンスは論じた。「オッペンハイマー教授にいくら払うかは、この際何も問題でない。なぜなら、オッペンハイマーが本学に在籍すれば、われわれの自由にできる予算を政府から獲得でき、彼に払う給与など取るに足らないものになる」。スプロウルは、しぶしぶ黙認した。しかしその日二人が壇上で、改めてこの問題を話し合ったとき、オッペンハイマーはスプロウルの申し出を断り、事実上手紙で言ったことを繰り返した。「自分の難しい気性と貧弱な判断力」から、物理学科の同僚ならびにスプロウルが自分の復帰に乗り気でないことを、彼は承知しているというのだ。彼はそれから急に、カルテック（カリフォルニア工科大学）で教えることに決めたとスプロウルに告げた。しかしその場合でもバークレーの長期休暇は正式に延長して、後日バークレーへ戻る可能性を残しておいてほしいと頼んだ。スプロウルがこの会話の趣旨にむっとしたのは無理もない話だが、彼はオッピーの要請に同意せざるを得なかった。

オッペンハイマーの振る舞いは、彼が次のステップを未だ確信できていなかったこと、しかしそれは意味あるものでなければならないと、確信していたことを示唆している。彼の心のどこかには、バークレーで過ごしたあのすばらしい年月を再現したいという望みはあったのだ。だが、戦後の立場がますます心地良くなったと同時に、新しい野心にも引かれるようになった。カルテックを選んで、ハーバードとコロンビアからの申し出を断ることによって、彼は一時的にこの難問を解決した。一方で、バークレーに戻るオプションを残したまま、カリフォルニアに留まることができた。彼はその間、プロペラ機でワシントンを往復することによって、心身を疲れさせる日が続いた。

事実十月十八日、ロスアラモスの授賞式の翌日には、スタットラー・ホテルでの会議に出席するためワシントンに戻っていた。六人ほどの上院議員を前に、オッペンハイマーは鋭い言葉で、原子爆弾がこの国にもたらす危機を説明した。またそこには、第三期ルーズベルト政権（一九四一年〜四五年）で副大統領を務め、当時はトルーマン政権の商務長官であったヘンリー・ウォレスも出席していた。機会を見つけて、オッペンハイマーはウォレスに近寄り、個人的にお話がしたいと言った。ウォレスは、翌朝の散歩に彼を誘った。

前副大統領とワシントン中心部を通って商務省の方へ歩きながら、オッピーは原爆に対して最も不安に思っている点を話した。彼は現政権の政策に固有の危機について、急いで概要を説明した。その後ウォレスは日記の中で、「オッペンハイマーほど極端に神経過敏な状態にある男を見たことがない。人類全体が破滅に瀕《ひん》していると感じているようだった」と、書いている。「バーンズ国務長官は外交の場面で言い分を通すために、原爆をピストルのように使えると考えている」と、オッピーは激しく不満を述べた。そうはいかない、とオッペンハイマーは主張した。「ロシア人は誇り高い民族で、優秀な物理学者と大量の資源があると彼は言う。たとえ生活水準を落とさざるを得なくとも、できるだけ速やかに大量の原子爆弾を持つため、持てるものをすべて注ぎ込むだろう。ポツダムでの状況判断の誤りが、最終的には何千万人、場合によっては何億人の虐殺への道を開いたと彼は考えている」

前年の春、トリニティ実験のかなり前に、オッペンハイマー周辺の科学者は、ロシアとの戦争の可能性について「非常に心配していた」ことを、オッペンハイマーはウォレスに認めた。ルーズベルト政府は、原爆についてソビエトと意思の疎通を図る計画を持っていたと、オッピーは考えていた。英国が反対したために実現しなかったと、彼は疑っていた。

それでも彼は、スティムソンには問題全体に関する非常に「政治家的な」見方があると考えており、九月十一日付でトルーマン大統領に宛てた国防長官のメモに賛意を表した。彼によれば、このメモは「科学情報と同時に製造のノウハウをロシアに引き渡すことを後押ししていた」という。この時点でウォレスはオッピーを遮って、この点に関するスティムソンの意見が閣議に持ち出されたことはなかったと言った。このニュースを聞いて明らかに困惑したオッペンハイマーは、ニューメキシコにいる仲間の科学者が完全に落胆すると述べた。「彼らが現在考えていることは、原爆の社会的、経済的意味だけである」

話の途中でオッピーは、大統領に会うことで何か利益があると思うかとウォレスに尋ねた。新任の国防長官ロバート・パターソンを通じてアポイントを取るよう、ウォレスは勧めた。ここで二人は別れた。その後ウォレスは日記に書き留めた。「原子爆弾製造にかかわった科学者の罪の意識は、経験したことがないほど仰天すべきものがある」

六日後の一九四五年十月二十五日、午前十時三十分、オッペンハイマーは米大統領の執務室に案内された。この有名な物理学者の雄弁さと、カリスマ的人物像を噂で聞いていたトルーマン大統領は、ごく自然に会うのを心待ちにしていた。ただ一人の同席者パターソン長官がオッペンハイマーを紹介した後、三人は着席した。一説によるとトルーマンは会話の口火を切って、原子力の管理権を永久に軍に委ねるとしたメイ－ジョンソン法案が議会で可決されるよう、オッペンハイマーの応援を求めたとされている。「最初に、国内問題をはっきりさせることだ。それから国際問題だ」。トルーマンが言った。オッペンハイマーは落ち着かない長い沈黙の後で、ためらいながら言った。「おそらく、最初に国際問題をはっきりさせることが、最上の策でしょう」。もちろん彼の言わんとしたことは、原子力技術に国際的管理の網を掛けることによって、これらの武器の拡散を防止するのが至上命令だということだった。会話の途中でトルーマンは突然、ロシアはいつ自前の原子爆弾を開発すると思うか、とオッペンハイマーに尋ねた。分かりません、とオッピーが答えたとき、トルーマンは自信を持って、わたしは知っていると言った。「彼らは絶対開発できない」

オッペンハイマーにとって、この愚かさはトルーマンの限界を証明していた。その「無理解さに、オッピーは心臓が飛び出す思いがした」と、ウィリー・ヒギンボサムが回想する。自分の不安定な立場を、計算づくの決断力を見せびらかすことで埋め合わせてきたトルーマンという男について、オッペンハイマーは腹立たしいほど一時的で、曖昧《あいまい》で、陰気なものを感じた。この大統領は彼のメッセージの絶対的な緊急性を理解していないと感じたオッペンハイマーは、神経質に自分の手を握り締めると、プレッシャーがあるときによくやるように、とうとう悲観的な意見を口にした。「閣下」と、彼は静かに言った。「わたしは手が血で汚れているように感じます」

このコメントはトルーマンを怒らせた。トルーマンは後にデビッド・リリエンソールにこう告げている。「わたしは彼に、血で汚れているのはわたしの手だ。君は心配しなくてよろしい、と話した」。しかし、長年にわたってトルーマンは物語を脚色してきた。一説によると、「気にするな、洗えば落ちる」と応えたという。さらにもう一つのバージョンでは、トルーマンがハンカチを胸ポケットから引き出して、オッペンハイマーに言ったとのことだ。「さあ、これで拭くかい？」

このやり取りの後、気まずい沈黙が続いた。するとトルーマンは立ち上がって、会談は終わったという合図をした。二人の男は握手した。そして伝えられるところによると、トルーマンが「心配いらない。何とか方法を見つける。そのときは手伝ってほしい」と、言ったそうである。

その後、大統領がつぶやいたのが聞こえた。「手に血が付いたって？　ちきしょう。おれの半分も付いていないくせに！　ぐちばかりこぼして歩くな」。彼は後にディーン・アチソンに言った。「おれは二度とあの野郎に、このオフィスで会いたくない」。一九四六年五月になっても、この出会いはトルーマンの心にはっきりと刻まれており、アチソン宛の手紙の中でオッペンハイマーのことを、「五、六カ月前にわたしのオフィスに来て、話の間ずっと手をもみながら、原子力を発見したために手が血だらけ、とぬかした泣き虫科学者」と書いている。

　この重要な出来事を機に、普段はチャーミングで冷静なオッペンハイマーの説得力は失われた。自発性に頼る彼の習慣は、気が楽なときは効果を上げたが、プレッシャーがあると、後で深く後悔するようなことを口にすることが再三にわたってあり、これが大きな害をもたらすことになった。このときも彼には、魔法のランプから飛び出した巨人を再び閉じ込めようとする努力をしており、これを手助けできる権限を持った一人の男に感銘を与える機会があったのだ。しかし彼はこの機会を完全に逃してしまった。ハロルド・チャーニスが述べたように、彼の軽快で整然とした論法は、危険かつ致命的な両刃《もろは》の剣であった。それはしばしば説得力のある武器ではあったが、同時に厳しい研究や準備の作業を軽減するために使うこともできた。それは、愚かなあるいは下手な行動を周期的に彼に取らせた知的傲慢さの一つの形で、破壊的な結果をもたらすおそれのある「アキレス腱」であった。事実それは、彼を破滅させる機会を政敵に提供する結果になった。

　奇妙なことに、オッペンハイマーが権力者を怒らせたのは、これが最初でも最後でもなかった。彼はその人生において、最高の配慮ができる能力を何度も証明してきた。学生が明らかに愚かな質問をしたとき以外は、オッピーは彼らに対して忍耐強く、丁寧で、そして優しかった。しかし権力者に対しては、無礼といっていいほどせっかちで、率直だった。この場合、核兵器の意味に関するトルーマンの著しい誤解と無知から、普通なら大統領を怒らせるかもしれないと気づくべきことを、オッペンハイマーがつい口にしたのだ。

トルーマンの科学者との対話は、決して進展することがなかった。多くの科学者が、大統領は高いところにいる狭量な男と知って愕然とした。「彼は想像力のある男でなかった」と、イシドール・ラビが言う。そして、こういう見方をしたのは科学者だけではない。短期間、トルーマン政権の国防次官として仕えたことのある、ウォール街のベテラン弁護士ジョン・マックロイでさえ、日記に書いている。「大統領は単純な人間で、性急かつ決定的に意志を固めるところがあった。性急すぎる、まさに根っからのアメリカ人だった。際立ったところがまったくなく、リンカーン的なところはなく、ただ本能的で、平凡で、元気だけは良い男」。これでは偉大な大統領と言えない。これと対照的に異なるマックロイ、ラビ、オッペンハイマーといった男たちは、トルーマンの行動パターン、特に原子力外交におけるそれが、慎重に検討したものでもなければ、健全なものでもないこと、そして残念なことだが、現在アメリカと世界が直面している問題を受けて立っていないとだれもが考えた。

メサには、オッペンハイマーのことを「泣き虫科学者」などと考える人は、だれもいなかった。一九四五年十一月二日、雨模様の寒い夕方、前所長がヒルに戻った。ロスアラモス劇場は、オッピーの「われわれを取り囲む苦境」と題する話を聞く人たちで再び超満員になった。「わたしは、実際的な政治についてはあまり知りません」、という告白から彼の話は始まった。しかしそれは重要ではなかった。科学者に直接語りかける、当面の問題があったからである。これまでに起こったことは「科学と常識の関係を再考するよう」、われわれに命令したと彼は言った。

彼は一時間話をしたが、ほとんどが原稿なしだった。聴衆は催眠術にかかったようであった。何年かたっても、人々は「オッピーの演説を覚えている」と言う。彼らがその夜を忘れない一つの理由は、全員が原子爆弾について抱いていたもやもやした感情を、オッピーがみごとに説明したからであった。彼らがやったことは、「組織が必要としたもの」にほかならなかった。オッピーは言った。「われわれは科学者である以上、世界がどのように動いているかを知ることは良いことであり、また人類全体に可能な限り大きな力を与え、その力の光と価値によって世界を管理することは良いことであると信じています」。また彼は続ける。「核兵器の開発が理性的な解決に結びつくチャンスのあるところ、災難を引き起こすチャンスの少ないところは、世界の中ではアメリカしかないだろう、という感じも持っています」。それでもオッペンハイマーは科学者として、「重大な危機」に対する責任を逃れることはできないと告げた。多くの人が、「この責任を逃れるために」努力するだろうと彼は言った。科学者たちには「これもたくさんある武器の一つにすぎない」と弁解するだろう。科学者には分別がある。「非常に深刻な危機であると受け入れること、われわれが製造を始めた核兵器が非常に恐ろしいものであると認めること、これには変化が伴うこと、それもわずかな変更などというものではないことを認めるのが、われわれの責任であると思います」

「戦争を変えたことは明白です。これら最初の原爆、長崎に落とされた原爆が、一〇平方マイルを破壊することができるならば、それはたいした威力だということは明白です。だれかがこれを造ろうと考えたら、非常に安く造れることも明白です」。この定量的変化の結果、戦争の質そのものがまさしく変わったのだ。今や有利さは侵略者の側にあり、防御側にはない。しかし戦争が耐え難くなった場合、国家間の関係についてきわめて「急進的な」変化が必要になる。その変化は「精神面だけでなく、法律だけでなく、概念とか感覚面での変化も」必要になるとオッピーは言うのだった。「国内に向けて力説したいのは、いかに大きな精神面の変化が関係してくるか、という点である」、彼は言った。

この危機は、国際的な立場と行動に、歴史的な変容を要求しており、オッペンハイマーはそのガイド役として現代科学の経験に注目していた。自分には「暫定的解決策」と呼ぶものがある、と彼は考えた。まず主要国は、各国の首脳部が勝手に見直しのできない権限を備えた「共同原子力委員会」を作った上で、原子力の平和的利用を追求しなければならない。第二に、科学者の交流を義務付ける具体的な機構を設立する必要がある。それによって、「科学者間の連帯強化に確信が持てるように」するためである。そして最後に、「原爆を作ってはならないと、わたしは申し上げたい」。これらがすべて最良の提案であったかどうか、彼には分からなかった。しかし、これが出発点であった。「本日お集まりいただいた皆さんは、だいたい同じような考えを持っていると思います。ここで特にボーアについてお話ししたい」

しかし、ボーアその他の大部分の科学者には申しわけないが、国家全体の中で彼らが少数派であることはだれもが知っていた。演説の最後の部分でオッピーは、「核兵器の取扱いに関して、一元的な管理責任を執拗に主張する文言」を特徴とする、多くの「公式発表」によって「悩まされた」ことを認めた。その週の前半にトルーマン大統領は、ニューヨークのセントラル・パークで催された海軍記念日の式典で、アメリカの軍事力を大いに楽しむような、好戦的な演説を行った。米国は原子爆弾を、世界の他の国から預かった「神聖なる信託財産」として保有し続ける、とトルーマンは言った。また次のように付け加えた。「いかなる悪との妥協も、われわれは承認しない」

オッペンハイマーは、トルーマンの勝ち誇った調子が嫌いだった。「この問題に取り組むとき、『何が正義かわが国は知っている。だから貴国を説得して言うことをきかすために原子爆弾を使う』と言うならば、われわれの立場は非常に弱くなり、成功しないでありましょう。われわれは、災害を防ぐために武力をもってしようとしている自分自身に気づくことになります」。オッピーは、大統領の動機や目的を論ずるつもりはないが、「わが国には一億四〇〇〇万人が暮らしており、地球上には二〇億の人々がいるのです」と、聴衆に訴えかけた。自分たちの意見は世界中で通用すると、アメリカ人がどんなに自信を持とうとも、「他人の見解と思想を絶対的に否定することは、いかなる合意の基礎にもなり得ません」。

その夜、感動なしに会場を後にした聴衆は一人もいなかった。オッピーは分かりやすい言葉で語り、彼らの疑問、恐れ、希望の多くを明瞭に表現した。何十年か後、彼の言葉が皆の心によみがえる時がくる。彼が説明した世界は、原子自身の量子世界と同じくらい、微妙で複雑だった。彼は謙虚に話し始めたが、最高の政治家のように、問題の核心に迫る単純な真実を話したのだ。世界は変わった。アメリカ人は、自国の危険を覚悟で一方的に振る舞うことになる。

数日後、ロバートとキティと二人の子供（ピーターとトニー）は、自家用のキャデラックでパサデナに向かった。特にキティはロスアラモスを後にしてほっとした。しかし、それはロバートも同じだった。彼は最愛のメサにおいて、科学の歴史に類のない何ものかを成し遂げた。彼は世界を変えた。そして、自分も変わってしまった。気味の悪いためらいの感覚を振り落とすことができなかった。

カルテックへ着任後まもない彼のところに、オトウィ橋の小さな家の住人から、手紙が届いた。エディス・ワーナーからの手紙は、「親愛なるオップ様」で始まっていた。だれかが彼女に、オッピーの別れのスピーチをコピーして渡したのだった。「それはまるであなたが、うちの台所を行ったり来たりしながら、半分わたしに、半分あなた自身に向かって話しているのを聞くようでした」と、彼女は書いた。「わたしが何度も感じた確信がよみがえってきました。つまりあなたには、程度の多少はありますが、ベーカー氏（ニールス・ボーアの変名）が放射する何かと同じものがあるということです。ここ数カ月の間に、わたしはそれが、原子力と同じようにあまり知られていないエネルギーであると思うようになりました。峡谷から河の囁《ささや》きが聞こえるたび、そして世界の難儀がこの静かな場所にまで伝わってくるたびに、わたしはお二人のことを思い浮かべます」

第25章　ニューヨークだって破壊できます

物理学と、物理学を教えることは、（これがわたしの人生であるが）今や関係がないように思える。

ロバート・オッペンハイマー

今やオッペンハイマーの発言はワシントンで影響力を持ち、影響力が出てきたという事実が、J・エドガー・フーバー（FBI長官）に詳細な調査を開始させるきっかけとなった。その秋同長官は、この物理学者と共産主義者との関係について、不名誉な情報を流し始めた。一九四五年十一月十五日に、フーバーはホワイトハウスと国務長官宛に、オッペンハイマーに関する情報を三ページに要約して送った。フーバーの報告では、サンフランシスコの共産党幹部が、オッペンハイマーを「正規に登録された」メンバーとして言及しているのを耳にしたことになっている。「原子爆弾の使用以来、オッペンハイマーが原子爆弾プロジェクトにかかわる前から彼を知っていた個々の共産党員は、古い付き合いを再開したいという関心を示し始めた」と、フーバーは書いた。

フーバーの持っている情報は問題を含んでいた。一部のカリフォルニアの共産主義者が、オッペンハイマーを党員として扱っているのを、FBIの盗聴装置が捕らえていたというのは本当だった。しかし、これは驚くべきことではなかった。戦争前は、オッペンハイマーも党の活動に賛同していると考えた党員も多かったし、戦前から彼を知っていた人たちは、だれもがこの有名な「原子爆弾」物理学者と仲間だったと、主張したかったのも当然であった。かくして、広島の原爆投下から丁度四日後にFBIの盗聴器は、共産党オーガナイザーであったデイビッド・アデルソンが次のように述べたのを記録している。「オッペンハイマーがこのように信用を得ているのは、喜ばしいことではないか？」。もう一人の活動家ポール・ピンスキーが答えている。「そうですね。彼を党員と主張しましょうか？」。アデルソンは笑って言った。「オッペンハイマーは最初におれを首にした男だ。覚えているかい、あのセッションを」

「ええ、覚えています」と、ピンスキー。それからアデルソンは言った。「ゲシュタポを追い払ったらすぐに、彼をつかまえて、ミツバチを放つつもりだ。あの男は今では大物だから、直接に接触はできないが、出かけてきて何かアイデアを語ってもらわねば」

明らかに、アデルソンとピンスキーは、オッペンハイマーが彼らの政治課題に同情的であると考えていた。しかし、彼は同志だったろうか？　FBIさえ、「彼を党員と主張しましょうか」というピンスキーの質問は、「当該者（オッペンハイマー）を本当に党の活発なメンバーであると見なすには問題を残す」と、認識していた。

同様に、一九四五年十一月一日に、FBIは北オークランド・クラブ（アラメダ郡共産党支部）の委員会メンバーの間で、会話を聞いた。一人の党幹部カトリーナ・サンドウは、オッペンハイマーが共産党メンバーであると述べた。もう一人の共産党関係者ジャック・マンリーは、彼とスティーブ・ネルソンが「オッペンハイマーと親しかった」ことを自慢し、オッペンハイマーを「われわれの部下の一人」と呼んだ。「ソ連は自国内に非常に大きなウラン鉱を持っており、アメリカが新兵器を独占できると考えるのは愚かなことだ。オッペンハイマーは二、三年前にそのことについて、非常に詳しくわれわれと話し合った」と、マンリーははっきり主張した。彼は、放射線研究所の他の科学者の中に、日本に落としたものよりもずっと強力な爆弾に取り組んでいる人たちもいることを知っているとも言った。彼は無邪気にも、「大衆が理解できるよう、その爆弾の簡単な図面を手に入れて、国内の新聞全部に発表するつもりだ」と話したという。

ホワイトハウスと国務省は、フーバーの盗聴に何の手も打たなかった。しかしフーバーは、エージェントに調査継続を命じた。一九四五年末までに、FBIはバークレー郊外のフランク・オッペンハイマーの家の中に、盗聴網をめぐらした。一九四六年一月一日の元旦パーティーで、FBI盗聴器は、弟の家を訪ねてきたオッピーがピンスキーおよびアデルソンと話しているのを記録した。彼らが計画している集会で原子爆弾についてスピーチをするよう、説得を試みた。フランクは同意したけれども、オッピーは丁重に断った。アデルソンとピンスキーは驚かなかった。彼らはすでに別の党関係者バーニー・ヤングと、オッペンハイマーについて話していた。ヤングは、党がオッペンハイマーに情報交換を持ちかけたが、オッペンハイマーは「党との接触を続ける方向へ、少しも足を踏み出さなかった」と、語ったのだ。オッピーの旧友スティーブ・ネルソン（オークランド共産党支部の幹部）は、交際を再開しようと何度も努力したが、オッピーは応じなかった。

スティーブ・ネルソンは、その後二度とオッペンハイマーには会っていない。その他の党幹部は、オッピーのことを一度は党の周辺にいた男と考えていたかもしれない。しかし、ハーコン・シュバリエでさえ、オッペンハイマーが一度たりと、党の規律に従ったことはないことを知っていた。当時も今も、彼は常に「個人主義的なコース」を取り続けた。共産党と彼の関係がどうであったか、共産党がオッペンハイマーにとってどういう意味があったかを、オッペンハイマー以外の人が正確に知ることが難しかったのは、この辺に理由があるのだ。ＦＢＩは、オッペンハイマーの党員資格を絶対に証明できないだろう。しかし次の八年間にわたって、フーバーと彼のエージェントたちは、オッペンハイマーに関する毎年一〇〇〇ページ近いメモ、調査レポート、盗聴記録のコピーを作成することになる。そのすべては、ただただ、この「個人主義的な」思想家の評判を落とすことを目的としていた。イーグルヒル一番地のオッペンハイマー宅の盗聴装置は、一九四六年五月八日に取り付けられた。

フーバーは調査を個人的に指示したが、多少気がとがめることもあった。ロスアラモスでオッピーの秘書を務めたアン・ウィルソンを情報提供者にするため、一九四六年三月初めに、ＦＢＩはカトリックの神父を利用した。ボルチモアの神父ジョン・オブライエンは、ウィルソンを「カトリックの女性信者」として知っており、「オッペンハイマーの接触先と活動、特に原子爆弾の秘密漏洩《ろうえい》の可能性に関して情報をとる目的で」、彼女の協力を説得できると主張した。フーバーはこの試みに同意し、行動指示メモに「ＯＫ。ただし神父はこれを口外しないこと」と記した。

するとオブライエン神父は、ウィルソンを「引き込む材料となるような」オッペンハイマーに関する不名誉情報を要請した。フーバーの配下は、それはうまいやり方ではない。少なくともまず、ウィルソンの意向を打診する必要があるだろうと彼に話した。同神父は、一九四六年三月二十六日の夕方ウィルソンと会ったが、翌朝ＦＢＩに電話をかけてきて、「例の女性は説得できなかった。宗教的な信念と愛国心に基づいて協力を拒否した」と、報告してきた。神父の報告によると、ウィルソンは義理堅くかつ気骨があり、「オッペンハイマーの誠実性を完璧に信頼している」と話したそうである。この背が高くブロンドのハンサムな神父が、自分の高校時代の教師であり、家族同士も親しく付き合っていたことを承知のうえで、ウィルソンはオブライエン神父にいかなる情報を与えることも拒否した。彼女は、「情報機関がオッペンハイマーを監視していることに」憤慨していた。オッペンハイマーが以前、ＦＢＩに監視されていると語ったことがあり、ウィルソンはこれを悪意に満ちたことと考えた。

オッピーは監視に腹を立てていた。バークレーでのある日、教え子のジョー（ジョセフの愛称）・ワインバーグと話している途中で、壁に張られた真鍮《しんちゅう》板を突然に指さしてオッピーが言った。「いったいこれは何だい？」。大学が古いインターホン設備を取り外して、穴をカバーするために真鍮のスペーサーを取り付けた、とワインバーグは説明しようとした。しかしオッピーは口を挟んで言った。「これは前から隠しマイクだったよ」。それからドアをバタンと閉めると、足を踏み鳴らして部屋から出て行った。

フーバーにとって、オッペンハイマーだけが標的でなかったのは確かだった。一九四六年の春、このＦＢＩのチーフはトルーマン政府高官の多くを調査して、突飛な嫌疑を申し立てていた。いわゆる「信頼できる情報提供者」の話に基づいて、彼はジョン・マックロイ、ハーバート・マークス、エドワード・コンドン、ならびにディーン・アチソンまで含む、原子力政策に関係する大勢の官僚について、その忠誠心を疑った。

オッペンハイマーや他のトルーマン政権高官に対する一九四六年に始まったフーバーの調査は、政敵を黙らせ追い落とすために「共産党員」「共産党シンパ」「共産党支持者」の嫌疑を利用した反共政策の前兆であった。実はこれは新しい戦術ではなかった。一九三〇年代後期にそのような告訴を受ければ、州レベルでは致命的な打撃であることが常識になっていた。しかし、アメリカとソビエト連邦の間の亀裂が深まると、「核の秘密」を保護する必要性に注意を向けることは容易だった。この必要性から、核研究に関係する人はだれでも厳しい監視下に置くことが正当化されるようになった。核問題で最も保守的な立場からちょっとでもそれた人物を、フーバーはすべて疑っていた。そして原子力政策に取り組んでいる人の中で、彼にとってはロバートより疑わしい人物はいなかった。

一九四五年のクリスマス休暇中であった。あるひどく寒い午後遅く、オッペンハイマーはイシドール・ラビをニューヨーク市内リバーサイド・ドライブのアパートに訪ねた。ラビのリビングルームの窓から沈んでいく太陽を眺めていた二人の旧友には、黄色やピンクに彩られた浮氷がハドソン川をゆっくり下っていくのが見えた。その後二人の男は、広がっていく闇の中でパイプを吹かしながらポツンと座り、核軍備拡大競争の危険性について話し合った。ラビが後に述べたところによると、彼は国際管理の機構をつくり、オッピーがその「セールスマン」となるアイデアを「新しく打ち出した」。もちろんオッペンハイマーはロスアラモスでボーアと話して以来、この線に沿って考えていたのである。しかしおそらくその晩の彼らの会話は、考えを具体的に整理するようオッピーに促したと思われる。「そこで、わたしは二つのことが重要であると気づいた。まず原爆を国際的な管理下に置かなければならない。なぜなら、一国の管理に任せば、どうしても競争意識が出る。次に、この産業の時代が続けば、必ず核エネルギーに依存するようになると確信していた」。ラビとオッペンハイマーはこのように、原爆と原子力の平和利用の両面を管理できる、本当の力を持った国際的原子力機関を提唱した。エネルギー工場で核兵器を造っていることが見つかったら、核拡散を進める可能性ありとして、工場の懲罰《ちょうばつ》的な閉鎖というある種の罰則を科されることになる。

四週間後の一九四六年一月末にオッペンハイマーは、数カ月前から始まった交渉の結果、ソ連、米国、その他数カ国の間で国連原子力委員会設立が合意されたことを知って勇気づけられる。これに応えてトルーマン大統領は、核兵器の国際管理に関する具体案を作成するために特別委員会を任命した。ディーン・アチソンは委員会の議長を務めることになっていた。他のメンバーとしては、元国防次官ジョン・マックロイ、バネバー・ブッシュ、ジェームズ・コナント、レスリー・グローブス将軍といったアメリカ外交政策の大立者が含まれていた。アチソンが個人秘書のハーバート・マークスに、自分は原子力について何も知らないとこぼしたとき、マークスはコンサルタントの諮問《しもん》委員会をつくるよう提案した。優秀で社交的な若い弁護士のマークスは、かつてデビッド・リリエンソール（TVA会長）のために働いたことがある。首尾一貫した計画を考案するのに、リリエンソールが力を貸してくれるだろうとマークスは示唆した。リベラルなニューディール支持者であったリリエンソールは科学者ではなかったが、何百人ものエンジニアや技術者を動かした経験豊かな管理者であった。彼は早速諮問委員会の議長を務めることに同意し、四人の他の男性が参加を勧められた。ニュージャージー・ベル・テレフォン社長チェスター・バーナード、モンサント化学社の副社長チャールズ・トーマス博士、ジェネラル・エレクトリック社副社長ハリー・ウィニー、それにオッペンハイマーの四人である。

オッペンハイマーは、この進展を喜んだ。原子爆弾の制御に関連する重要な問題に対処するため、彼が待ち望んでいた機会がついにやって来た。アチソン委員会と諮問委員会は予備的な計画策定のため、その冬から断続的に会合を始めた。ただ一人の物理学者として、オッペンハイマーは自然に議論の中心に立ち、その明晰《めいせき》さとビジョンは、これら意志の強い男たちの心に強い印象を与えた。彼には満場一致が必要で、彼はそれを獲得する決心だった。スタート時点から彼は、リリエンソールの心を奪った。

彼らが初めて会ったのは、オッペンハイマーが泊まっていたホテル、ワシントンのショアハムの一室だった。「部屋の中を行ったり来たりした。床を見つめながら行き来する間、話の合間に奇妙な『ハッ』というような音を挟む、まことに不思議な振る舞いだった。きわめて弁舌さわやか。ホテルを辞するころには、わたしは彼が好きになっていた。彼の心のひらめきに感動した。しかしあふれ出る言葉には、どちらかというと悩まされた」。その後何度かオッピーと会うようになってからリリエンソールは次のようにまくしたてた。「人類はこのような人間をつくり出せる、という証拠として一生過ごすだけの価値がオッペンハイマーにはある」

グローブス将軍は、オッピーが自分の魅力を他人に発揮する場面を何度も見てきたが、今回はちょっとやりすぎではないかと思った。「だれもが追従《ついしょう》を言った。リリエンソールは症状が進行して、今朝はどんなネクタイを締めるべきかまで、オッピーに相談した」。マックロイも、ほとんど同じくらい虜《とりこ》になった。マックロイは戦争の初期にオッピーに会っている。そして今でもオッピーのことを、「ほとんど音楽的と言っていいほど繊細な心」の持ち主、「偉大な魅力」を備えた広い教養の持ち主と考えていた。

アチソンは回顧録の中に書いている。「メンバーの中ではロバート・オッペンハイマーが最も刺激的、最も創造的であることは、今回のすべての参加者が同意するとわたしは考える。ロバートはこの仕事でも、最も建設的であり、最も適応していた。ロバートは議論好きで、鋭く、ときにはペダンチックでさえあった。しかし、そのような問題がここで取りあげられることはなかった」

アチソンはオッペンハイマーの素早い機知、明確なビジョン、それに辛辣《しんらつ》な弁舌さえも称賛した。最初のころ審議は、ジョージタウンのアチソンの家で行われた。カクテルと夕食の後、彼は手にチョークを握って小さな黒板のそばに立ち、アチソンとマックロイに原子の複雑性について講義をした。視覚資料として、彼は小さな棒線画を描き、電子、中性子、陽子がお互いを追い回して、一般に予測できない方法で行動していることを示した。

「当惑したわれわれが発する質問は、彼を苦しめたようだった」と、アチソンが後に書いている。「彼は最後には穏やかな絶望のうちにチョークを置くと、『絶望的です』と言うのだった。『お二人は、中性子と電子を小さな人間のように思っていますね！』」

一九四六年三月早々までに、諮問委員会は約三万四〇〇〇語の答申案を作成した。これはオッペンハイマーが原稿を書いて、マークスとリリエンソールが手を入れた。三月中旬の十日間にわたって、彼らはワシントンD.C.でまる一日のミーティングを四回開いた。場所はビザンチン美術品が飾られたジョージタウンのマンション、ダンバートン・オークスであった。ほぼ三階まで吹き抜けの壁には、すばらしいタペストリーが掛かっていた。一条の陽光が、一隅に飾られたエルグレコの絵画「聖地巡礼」に注いでいる。黒檀《こくたん》彫刻のビザンチンの猫が、ガラスケースの中に座っている。審議が終わり近くになると、アチソン、オッペンハイマーその他の人間が、交替で声を出して答申案を一部分ずつ読むことにした。それが終わったとき、アチソンは顔を上げて、拡大鏡を外すと言った。「これは素晴らしく内容の深い文書である」

オッペンハイマーは仲間のパネルメンバーに向かって、このドラマティックで包括的な計画案を支持するよう説得した。中途半端な対策では不十分だと、彼は主張した。核兵器を禁止する単なる国家間の取り決めではなく、世界中の人々が実施を確信できるものでなければ十分でなかった。そして、国際的な査察官の体制でも十分ではなかった。オークリッジにある核精製プラント一カ所をモニターするだけでも、三〇〇人以上の査察官を必要とするだろう。そして、原子力の平和利用を行っていると公言する国に対して、査察体制はどのように機能するのか？　オッペンハイマーが説明したように、民生用の原子力プラントから軍事目的に転用された、濃縮ウランまたはプルトニウムを査察官が見つけることは非常に難しい。原子力の平和利用は、原爆製造の技術能力と密接不可分に関連している。

このジレンマを明確にしたオッペンハイマーは、その解決のために再び現代科学の国際性と取り組むことにした。彼は、原子力の全局面を独占して、その利益を個々の国に恩恵として割り当てる国際機関を提案した。そのような機関はテクノロジーを管理すると同時に、これを厳格に民生用として開発することにする。長い目で見れば、「世界政府なしで永久の平和はあり得ない。平和がなければ核戦争が起きるだろう」と、オッペンハイマーは信じていた。世界政府が今すぐ見込まれるものでないのは明らかであったから、原子力の分野においてはすべての国が「部分的主権の放棄」に同意すべきである、というのがオッペンハイマーの主張であった。彼の計画に基づいて提案された原子力開発局は、ウラニウム鉱山、原子力発電所、原子力研究所のすべてについて絶対的権限を有することになる。いずれの国も、原爆の製造は許されないが、科学者はどこでも平和目的のために利用することは認められる。彼が四月初めのスピーチにおいてその概念を説明したように、「ここに提案されている主権の部分的制約は、原子力開発局を設置し、原子力の開発、利用および管理を実行させ、核兵器の利用から世界を守り、原子力の恩恵を世界にもたらすために十分な、そして決してそれ以上にならない制約である」。

完全な透明性から、どんな国も核兵器を秘密裏に造るに必要な、産業的または技術的な資源を用意することは不可能になるだろう。一度発明したこの武器を、なかったことにはできないとオッペンハイマーは思った。秘密は公になったのだ。しかし、あるならず者国家がこのような武器を造ろうとしたら、少なくとも文明世界は十分な警告を受けられるだけの透明度の高いシステムを構築することはできるだろう。

しかしある一点で、オッペンハイマーの政治的な見方が、彼の科学的な判断を曇らせた。核分裂可能物質の特性を永久に「変性」させるか「不純」にすることによって、原爆製造に役立たなくすることもできるだろうと示唆したのだ。しかし結局明白になったように、変性させたウラニウムとプルトニウムは復元が可能である。「後にオッペンハイマーは、ウランに毒性を加えたり変性したりすることができると、誤った示唆をした」。ラビが言う。「これはおかしかった。あまりの大間違いであったので、彼をたしなめることさえしなかった」

モンサント社のチャールズ・トーマスのようなビジネスマンや、共和党員でウォール街の弁護士ジョン・マックロイまでがこの案を支持したことは、だれもが緊急意識を持つようになっていたことを表している。ハーバート・マークスは後に述べている。「原子爆弾ほどのドラスティックな問題でなかったら、トーマスが鉱山の国際管理などに賛成するはずがなかった。年商一億二〇〇〇万ドルの会社の副社長だよ」

オッペンハイマーが下書きし、アチソン・リリエンソール報告書という名前で知られることになるこの文書が、この後すぐホワイトハウスに提出される。大統領はきっと、原子力管理の切迫した必要性を理解するようになったのだと、オッペンハイマーは喜んだ。

しかし、彼の楽観主義は見当違いだった。バーンズ国務長官は、「好意的な印象を受けた」ふりをしたが、実は同報告書の勧告の幅広さにショックを受けたのだ。翌日彼はトルーマンに会い、この報告書を政権の提案として国連に提出する前に、彼（バーンズ）の永年のビジネス・パートナーであるウォール街の金融家バーナード・バルークに「翻訳」させるよう説得した。アチソンは愕然とした。リリエンソールは日記に書いた。「昨晩ニュースを読んだとき、わたしは気分が悪くなった。われわれが必要としているのは、若く、元気で、うぬぼれ屋でなく、真の国際協調を考えず、単に封じ込めにだけ出てきたとロシアに感じさせないような人物である。バルークは、この特性のどれも備えていない」。オッペンハイマーはこの指名を知ったとき、ロスアラモス時代の友人で新しくつくられた「原子科学者連合」の会長であったウィリー・ヒギンボサムに、「われわれは負けた」と語っている。

非公式ながらバルークはすでに、アチソン・リリエンソール報告書に「大きな限定意見」ありと表明していた。アドバイスのために、彼は二人の保守的な銀行家、フェルディナンド・エバーシュタットと、ジョン・ハンコック（リーマン・ブラザーズのシニア・パートナー）、ならびに鉱山技師で親しい個人的友人フレッド・サールズJr.の意見を求めた。バルークとバーンズ国務長官は偶然、ウラン鉱山に大きな持分を有するニューモント鉱山株式会社の役員会メンバー兼株主であった。サールズは、ニューモント鉱山株式会社の最高経営責任者（CEO）であった。もっともなことだが彼らは、私有鉱山が国際的な原子力開発機構によって買収されるというアイデアに、警戒心をかき立てられた。これらの人間のうちだれ一人として、新しく生まれる原子力産業の国際化を真剣に考えた人はいない。そして核兵器に関する限り、バルークはアメリカの原爆を「勝利をもたらした武器」と見なしていた。

オッペンハイマーの名声はとても広まっていたため、バルークでさえアチソン・リリエンソール報告書を骨抜きにするにあたって、科学アドバイザーとしてオッペンハイマーを採用する工作を行った。一九四六年四月の初め、二人はニューヨークで会い、協力の可能性を話し合った。オッピーの考えからすれば、この面会は紛れもない災害であった。強く意見を求められたとき、オッペンハイマーは自分の案が、現在のソ連の政府組織と必ずしも適合性がないことを認めざるを得なかった。しかしながら、アメリカの立場は、「名誉ある提案をして、彼らが協力する意思があるか否かを見る」というものでなくてはならないと彼は主張して譲らなかった。バルークと彼のアドバイザーたちは、アチソン・リリエンソール報告書はいくつかの基本的な点で変更の必要があると主張した。すなわち、アメリカ合衆国が抑止力として核兵器の備蓄を維持することを、国連は承認すべきこと。提案された原子力開発機構には、ウラン鉱山管理権を与えてはならない。そして最後に、同機構は原子力の開発に関して拒否権を持ってはならない。このやりとりの結果、バルークは「ロシアが拒否する方向へアメリカを持っていく」ことを仕事と考えていると、オッペンハイマーは結論した。

その後、バルークはエレベーターまでオッペンハイマーを送りながら、彼を安心させるように言った。「この連中に、君を悩ませないようにさせよう。ハンコックはかなり『右』だが、彼のことは見張ってあげる（バルークはウィンクした）。サールズはとても頭が良いが、『アカ』を徹底して軽蔑《けいべつ》している」

言うまでもなく、バルークとのこの出会いは安心させられるものでなかった。オッペンハイマーは、この老人がばかであることを確信して辞去した。彼は「バルークを軽蔑した」と、ラビに話した。そして程なく彼はバルークに、科学アドバイザーに加わる要請を断る旨返事した。ラビはこれを間違いだと思った。「彼は許しがたい何かを犯した。彼はスタッフに加わることを拒否した。代わりに彼らが捕まえたのは、かわいそうに老いたるリチャード・トールマンであった」。トールマンは健康を害しており、バルークのような人間に立ち向かうスタミナも気力もなかった。オッペンハイマーに関しては、バルークはリリエンソールに話した。「あの青年（オッペンハイマー）にとって残念なことだ。これほど大きな将来があるのに、彼は協力しない。自分の態度を後悔するだろう」

バルークは正しかった。オッペンハイマーは彼の決断について考え直す点があった。彼が断ったほんの数時間後に、彼はジム・コナントに電話して、自分が愚かだったと認めた。彼は、考えを変えるべきか？　バルークが彼に対する信頼を失っているので、もう手遅れだとコナントは言った。

何週間か前にオッペンハイマー、アチソン、リリエンソールは、官僚とメディアに働きかけて、アチソン－リリエンソール計画を復活させるよう最善を尽くした。これに対抗してバルークは、自分の価値をおとしめられて「不愉快である」と、アチソンに不平を言った。まだバルークに影響力があると期待していたアチソンは、一九四六年五月十一日金曜日の午後、ペンシルベニア通りに面したブレアハウスに全員を集めた。

しかしアチソンが原子力の巨人をランプに閉じ込めようとしているのに対して、他の人々はオッペンハイマーを破壊とまではいかないが、封じ込めようと画策していた。その同じ週、エドガー・フーバーは彼のエージェントに、オッペンハイマーの監視を強化するよう督励《とくれい》していた。一片の証拠もなかったが、フーバーはそのとき、オッペンハイマーがソビエト連邦へ逃走する可能性ありとの情報を流した。オッペンハイマーをソビエトのシンパと決め込んでいるFBI長官は、「オッペンハイマーをアメリカ国内にとどめ、時折情報提供者として使うより、ソ連へ連れて行って原子力プラント建設のアドバイザーとして使った方が、ずっと価値がある」ことを、論拠としていた。

「オッペンハイマーの活動と連絡先を詳細に追うように」と、エージェントに命じた。

このサミット会談の一週間前、オッペンハイマーはキティへ電話をして、今回の会議は「じいさん（バルーク）を封じ込める会で、あまり楽しい集まりではない」と語っている。彼は付け加えた。「わたしは彼らから何も望んでおらず、バルークの良心に働きかけることができれば、それ以上望むものはない。それ以外に何の価値もない会議だ」。キティは彼に、「ご老体が何を望んでいるか」を、はっきりさせるべきだと主張した。オッピーは同意したが、そこで交換手がキーを入れたり抜いたりする音を耳にすると、キティに尋ねた。「まだそこにいるかい？　ぼくらの話を聞いているのはだれだろう？」。「FBIよ、あなた」と、キティが答えた。「FBIだって？」と、オッピー。「FBIがちょうど受話器を置いたところじゃないの?」と、キティがからかった。キティはくすっと笑ったが、二人は話を再開した。

キティの推量は正しかった。二日前、FBIはバークレーのオッペンハイマー家に盗聴器を仕掛けていた(そして、フーバーはバーンズ国務長官にこの盗聴記録を、「閣下と大統領のご参考になれば」として送りつけた)。フーバーはエージェントに、オッペンハイマーの国内旅行も尾行するよう命じた。

オッペンハイマーのさげすんだ言及が、バルークに伝わったか否かは不明であるが、ブレアハウスでの会合はうまくいかなかった。バルークは自分および周辺の関係者が、ウラン鉱山の国際管理の概念には、まったく反対であることを明らかにした。そして議論は完全に「罰則」の問題に飛んでしまった。バルークは、協定違反者に対する罰則規定がないのはなぜか、と尋ねた。核兵器を造っていることが判明した国はどうなるのか?

核兵器は別に備蓄しておいて、協定違反のあった国に対しては自動的にこれを使わねばならない、というのがバルークの考えであった。彼はこれを「当然の報い」と呼んだ。そのような規定はアチソン-リリエンソール計画の精神と完全に矛盾すると、ハーブ・マークスは言った。この他マークスが指摘したのは、ある国が協定違反をしても、核兵器を用意するまでには最低一年かかり、その間に国際社会が対応策を取る時間があるということだった。アチソン自身は、彼らが本当にこの問題点を把握していること、そして「主要国が条約に違反するか、戦力を試したいと考えた場合、条約にどのような文言や条項が盛られていようと、国際組織は破壊に至ったことは明らかである」と、結論していることを思慮深いトーンで説明しようとした。

それでもなおバルークは、罰則のない法律は役に立たないと主張した。バルークは大部分の科学者の意見を無視して、ソビエトは少なくとも今後二十年間は彼ら自身の核兵器を造ることができないと決めた。もしそうであれば、今すぐにアメリカの核独占を放棄する緊急の理由はない、と彼は結論した。したがって、彼が国連に提出しようとしている案は、アチソン－リリエンソール計画を大幅に修正し、実際は基本的に改変するものであった。すなわち、新しい原子力機構によるいかなる行動に関しても、ソビエトは安全保障理事会における拒否権を放棄しなければならない。また、協定を破ったいかなる国も、直ちに核兵器による攻撃の対象となる。さらに、原子力の平和利用に関するいかなる秘密についても、アクセスを認められる前に、ソビエトは彼らのウラン資源に関する調査結果を提出しなければならない。

アチソンとマックロイは、このような懲罰規定を最初から強調することに、強く反対した。このことと併せて、少なくとも数年間は米国の核兵器独占を維持しようと、バルークが明らかに意図していた事実が、この計画の運命に影を落とすこととなる。特に米国が核兵器の製造と実験を続けているとき、ソビエトがこのような条件に絶対に同意するはずがなかった。バルークが提案していたものは、原子力の協調的な管理ではなく、米国の独占を延ばすように策定された原子力協定であった。そのような完全な安全保障といった条件は存在せず、またこのように厳しい自動的罰則条項を設けることは「厚かましい」と、マックロイは怒って主張した。その翌日、フェリクス・フランクフルター判事はマックロイに手紙を書いた。「まことに闘牛のようだったと伺いました。あなたは相手側紳士に相当不快感を覚えられ、口角あわを飛ばしてやりあったそうですね」

共和党のジョン・マックロイは単に怒るだけだったが、オッペンハイマーの怒りは気分の落ち込みにつながった。すべてが終わった後、彼はリリエンソールに手紙を書いて、「未だに心が重い」と伝えている。彼の政治的な洞察《どうさつ》力を再び示して、オッペンハイマーは、その後事態がどのように展開するかについて、正確な予測をした。「アメリカ人の性質として、ものごとに時間をかけ、性急には進めないでしょう。それから十月二日のレポートは、（安全保障理事会に）提出され、ロシアは拒否権を行使して共同歩調を取ることを辞退するでしょう。われわれはこれを、ロシアの好戦的な意図の実証と解釈するでしょう。初めは心理的に、それから本格的に、わが国を戦時体制にもっていきたい人たちがますます多くなり、その人たちが作る計画に上記のことがみごとにフィットすることになるでしょう。その計画とは、軍による国の研究の方向づけ、『アカ』狩り、すべての労働団体（まずCIOを皮切りに）を共産党員として、次いで裏切り者等々として扱う動きを指します」。オッペンハイマーは、彼流の忙しいスタイルで行ったり来たりしながら、「実に悲しげな調子で」話したと、リリエンソールが後に日記に記した。

オッピーはリリエンソールに、ソ連外相アンドレイ・グロムイコの科学アドバイザーをやっている、あるソ連科学者とサンフランシスコで会ったときのことを話した。そのソビエト科学者は、バルークの提案は米国の核独占を維持することを意図するものだと、強調したという。「アメリカの提案は、アメリカが自国の原爆と工場を、三十年から五十年という、われわれが必要な限りほとんど無期限に維持するのを許すように策定されている。一方ロシアのウラニウム、つまりロシアの原料製造のチャンスは、即刻ADA（原子力開発機構）によって管理されることを望んでいる」とオッペンハイマーは言っている。

一九四六年六月十四日に、バルークは国連に彼の計画を提示した。そして、聖書の言葉を使って劇的に宣言した。「生者と死者の選択を世界に提供した」。オッペンハイマーおよび当初のアチソン－リリエンソール計画にかかわったすべての人が予想したとおり、バルークの提案はソビエトによってすぐに拒絶された。モスクワの外交官は代替案として、核兵器の製造または使用を禁止するという単純な条約を提案した。その翌日キティに電話をしたときオッペンハイマーは、「ロシアの案は、それほど悪くないよ」と話した。バルーク案の拒否権条項にソ連が異を唱えたことには、だれも驚かなかった。だがオッピーがキティに話したところによると、バルークは「それがばかなパフォーマンスであることを承知のうえで」、ソ連の反対に深く失望したと大声で弁じ立てたという。

それでもオッピーが予測したとおり、トルーマン政府はソビエトの対案を即座に拒絶した。交渉は、とりとめなく成果も出ないまま何カ月も続いた。誠実な努力によって、二大国間の歯止めのない核兵器開発競争を防ぐという、当初考えていた機会は消え去った。これが一九六二年のキューバ・ミサイル危機、それに続くソ連による核増強の脅威につながり、その後一九七〇年代になって米国政府は、許容可能な軍備制限合意を真剣に提案することになる。しかしそのときまでに、すでに何万発もの核弾頭が造られていた。オッペンハイマーとその同僚の多くは、この機会を逃したバルークを常に非難し続けた。アチソンは後に怒りをあらわに語った。「彼（バルーク）の責任だったのに、彼は台無しにしてしまった。事態はまったくめちゃめちゃになってしまった」。ラビも同じようにズバリと言う。「あの件は、まさに狂気そのものだ」

一九四六年にオッペンハイマーが提案した国際管理案を批判する者は、長年にわたって彼の政治的な認識の甘さを指摘してきた。スターリンは絶対に監査を受け入れなかっただろうと、批判者は主張する。オッペンハイマー自身は、この点を理解していた。後年オッペンハイマーは書いている。「ボーアが提案する線に沿って早めに行動していたら、歴史の流れが変わったかどうか、わたしは何とも言えないし、だれも言えないと思う。その点でわずかな望みをつなげるようなスターリンの動きを、わたしは何も知らない。しかしボーアは、この行動が状況の変化を引き起こすと理解していたのだ。『もう一つの実験的な枠組み』という言葉は、一度冗談で使っただけだったが、これはボーアの心にあったモデルである。彼の見解にしたがって賢く、明確に、かつ思慮深く行動していたら、自分のことを全能だと信ずるうす汚いセンス、秘密主義の有効性に対する幻想から解放され、住むに値する今よりも健全な未来に向けて、社会のビジョンを変えることができたと思う」

その夏の終わりころ、リリエンソールはワシントンのホテルに滞在するオッペンハイマーを訪ね、それまでに起こったことについて、二人で夜遅くまで話した。リリエンソールは日記に書いた。「大きな魅力を備え、優れた魂の持ち主なのに、彼は実に悲劇の人物である。別れ際に彼はとても悲しそうに見えた。どこへでも出かけ、何でもします、しかしアイデアは使い切ってしまいましたとオッペンハイマーは言った。また、物理学と物理学を教えることは、別物だと分かりこの最後の思いが自分の胸を締めつける、と彼は言った」

オッペンハイマーの苦悩は本物で深刻だった。ロスアラモスでの仕事の結果に対して、彼は個人的に責任を感じた。新聞の見出しは毎日、世界が再び戦争への道を進んでいるような根拠を伝えている。「もう一度大きな戦争が起こったら、核兵器が使われることを、すべてのアメリカ人が知っている」と、彼は一九四六年六月一日号の《アトミック・サイエンティスト》誌に書いた。これは何を意味するか？　今すぐやらなければならないことは、戦争そのものの廃絶であると彼は主張した。「われわれがこの理由を知っているのは、先年の戦争において、われわれが世界で最も開けていると信じたい二つの国、つまり英国と米国が、基本的に敗北している敵に対して核兵器を使用したからである」

彼はこの見解を、以前ロスアラモスでの演説で述べたことがある。しかし一九四六年にこれを公に発表することは、驚くべき告白であった。一九四五年八月の出来事からまだ一年もたたないうちに、日本の二都市の中心部に原爆を正確に落とすことを指示した男が、「基本的に敗北している敵に対して」核兵器の使用を手助けした、との結論に達していたのだ。この認識は彼の心に重くのしかかっていた。

オッピーが心配していたのは、大きな戦争ばかりではない。彼は核のテロリズムも心配していた。上院秘密聴聞会で、「三人または四人の男性がニューヨークに原子爆弾を持ち込んで、全市を吹き飛ばすことができるか否か」と質問されたオッペンハイマーは答えた。「もちろん可能です。ニューヨークを廃墟とすることもできます」。飛び上がった上院議員が次の質問を続けた。「街の中に隠された原子爆弾を見つけるために、あなたならどんな器具を使うか？」。オッペンハイマーはからかった。「ネジ回しです。すべての木枠、すべてのスーツケースを開けるためです」。核テロリズムへの対抗策はなかったし、今後も絶対にないだろう。

原爆の国際管理は、「わが国が戦争前に享受《きょうじゅ》していた安全保障に匹敵するものを、持つことができるただ一つの方法である」と、彼は後に外務省の役人と軍の将校の前で講演した。「今後百年間に生まれる可能性のある悪い政府、新しい発見、無責任な政府の下で、これらの兵器が予告なく使われる恐れに対して、絶え間なく心配せずに生きるためには、これしか方法はありません」

一九四六年七月一日、午前九時を三十四秒過ぎたとき、太平洋マーシャル群島の一部であるビキニ環礁において、世界で四発目の原子爆弾が爆発した。あらゆる形とサイズの廃棄艦船が、沈んだり殺人的な放射能を浴びた。ソ連を含む多くの国の議員、ジャーナリスト、外交官が大挙してこのデモンストレーションを目撃した。オッペンハイマーもこのショーを見るよう招待された科学者の一人であったが、彼の不在が目を引いた。

その二カ月前に、欲求不満が高まったオッペンハイマーはビキニ実験に出席しないことを決めた。一九四六年五月三日、表向きは自分の欠席を説明するために、彼はトルーマン大統領に手紙を書いた。しかし彼の本当の意図は、トルーマンの姿勢すべてに疑問を呈することが狙いだった。彼は自分の「懸念」を説明することから切り出した。彼はこの懸念が、「満場一致とはいかないが、非常に広く」科学者の間で共有されていると主張した。次いで圧倒的な論理で、彼は実験のすべてを槍玉に挙げた。テストの目的が戦時における海軍の戦闘に、核兵器がどれくらい効果的かを決定することにあるとするならば、答えは至極単純であった。「原子爆弾が十分に艦船に近づけられれば、相手が旗艦であろうとこれを沈めることはできます」。要は、原爆を艦船のどれくらい近くまで運ばねばならないか、ということだけである。そしてこれは数学的な計算から割り出すことができる。今回計画している実験の費用は、軽く一億ドルに達する。「この一パーセント以下で、もっと有用な情報を入手することができます」。オッペンハイマーは説明した。

同様に、実験によって海軍の機器、食料、動物に及ぼす放射能の影響について、科学的なデータを得ることが目的なら、このような情報は「簡単な研究室の実験によって」、もっと安く、もっと正確に入手できるというのだ。実験の支持者は「核戦争に備えなければならない」と論じたと、オッペンハイマーは述べる。もしこれがテストの背後にある本当の目的であるなら、「核兵器の圧倒的効果は、都市爆撃に使用した場合に認められる」ことを、すべての人が理解するだろう。これと比較して、「海軍の船舶に対する核兵器の破壊力を詳細に決定したところで、取るに足らないものでしょう」。最後に、そしてこれが間違いなくオッペンハイマーの最も激しい反論であったが、彼は次のような質問を発した。「核兵器を国家の軍備から効果的に排除する計画が始まったばかりの現在、その純粋に軍事的な実験が適切であるか否か？」（ビキニ環礁の核実験は、国連におけるバルークのプレゼンテーションと実質的に同時に行われた）

大統領の諮問委員会の一員としてビキニ核実験を見学することは可能かもしれないが、「実験完了後」に実験全体を批判するレポートを自分が発表したら、「大統領にとって、最も好ましくないことでしょう」と、オッペンハイマーは結論した。こんな事情の下では、自分が大統領のお役に立つ場所は他にあるでしょうと、彼は書いた。

この手紙がトルーマンを説得して、ビキニ核実験を延期するかまたは中止する可能性があるとオッペンハイマーが思ったとしたら、彼は間違っていた。オッペンハイマーの異議の要旨をじっくり読む代わりに、大統領は彼との最初の出会いを思い出した。手紙で侮辱《ぶじょく》されたと感じたトルーマンは、当時の国務長官代理であったディーン・アチソンに、短いメモを付けて届けた。その中でトルーマンはオッペンハイマーのことを、以前に手が血で汚れていると言った例の「泣き虫科学者」と呼んでいる。「彼はこの手紙で、自分のアリバイ作りをしているのだと思う」。だがそれはトルーマンの誤解だった。オッピーの手紙は実は、個人的な独立宣言であった。そしてまたこの手紙によって、彼はアメリカ合衆国の大統領と、さらに疎遠になっていった。

第26章　オッピーは発疹にかかったが、免疫ができた

オッペンハイマーは、自分を神だと思っている。
フィリップ・モリソン

オッペンハイマーはカルテックで物理学の講義を再開したが、もはや心はそこにはなかった。「わたしは確かに講義はやった。しかしどんな風に講義したか、今になってははっきり覚えていない」。彼は後に言った。「戦争が大きな変化をもたらした結果、教えることの魅力は消えていた。わたしは他のことを考えていたので、気を散らされ、悩まされることが多かった」。彼とキティは事実、ついにパサデナには家を建てなかった。キティはイーグルヒルのバークレーの家に残り、ロバートはパサデナに通った。そして週に一日か二日は、旧友リチャードとルース・トールマンの家の裏にあった来客用の小屋に泊まった。しかし、ワシントンからの電話は決してやまなかった。何カ月かすると、この暮らし方は

不便なことが分かった。一九四六年の春後半に、ワシントン、ニューヨーク、ロスアラモスを渡り歩く交渉の最中に、オッペンハイマーはその年の秋からバークレーで講義を再開する意向を発表した。

「バルーク案」では完敗して精神的にも知的にも深く落胆したが、オッペンハイマーとリリエンソールは相変わらず共同して動いた。FBIは十月二十三日、二人の男が議論しているのを耳にした。八月一日に通過したマクマホン法に基づいてつくられた原子力委員会（AEC）にだれを任命すべきか、という話だ。オッペンハイマーは新しい友人に言った。

「声明文を引き受けたのに、まだ書いてありませんでしたね。今晩まで書かなかったのは慎重を期したからです。前回お会いしてから後のきわめて不快な情勢の中で、わたしが意気消沈していたわけではありません。あなたがやっていることを、わたしがどれほど称賛しているか、それがどれほどわたしの世界を変えたか、言葉では表現できないくらいです」

リリエンソールはその言葉に感謝して述べた。「この問題を把握するには、まだまだ時間がかかると思いますよ」

その秋トルーマン大統領は、原子力委員会（AEC）の議長にリリエンソールを任命した。そして議会の要請に基づいて、AECの委員を補佐する一般諮問委員（GAC）をつくった。トルーマンはオッペンハイマーを嫌っていたが、このような委員会のメンバーから「原子爆弾の父」を外すわけにはいかなかった。そこでさまざまなアドバイザーの推薦に従って、次のような人々と並べてオッペンハイマーを諮問委員に任命した。イシドール・ラビ、グレン・シーボーグ、エンリコ・フェルミ、ジェームズ・コナント、シリル・スミス、ハートレー・ロー（ロスアラモスのコンサルタント）、フッド・ワージントン（デュポン社役員）、それと最近カルテック学長に任命されたリー・デュブリッジである。トルーマンは議長の選出を委員の互選に任せた。しかし、コナントが委員会の議長に任命されたと新聞が誤って報道したとき、キティ・オッペンハイマーは、なぜロバートが指名されなかったのかと不機嫌に尋ねた。ロバートは妻に、それは重要なことではないと、はっきり言った。実はデュブリッジとラビが、舞台裏でオッペンハイマーのために運動していたのだ。GACの第一回会合が一九四七年一月の初めに開催されたときには、すでに運動は成功していた。吹雪のために到着が遅れたオッペンハイマーは、同委員会が満場一致で彼を議長に選出したことを知る。

そのときまでにオッピーは、ソ連とアメリカ両方の態度に幻滅を感じていた。どちらの国も、核兵器開発競争を避けるのに必要なことを実行する用意が、何もできていないように思えた。絶望が広がり、新しい責任を負わされた結果、彼の見方は変わり始めた。その年の一月、ハンス・ベーテがバークレーにオッピーを訪ねてきた。二人は長く話し合ったが、その中でオッピーは、「ロシアをこの案に同意させることはあきらめた」と告白した。ソ連の態度は柔軟性がないように見えた。原爆を禁止するという彼らの提案は、「ロシアが西ヨーロッパへ進攻することを阻止する、一つの武器をわれわれから奪うよう考えられたものだ」とオッピーは言い、ベーテはこれに同意した。

その春後半オッペンハイマーは、GACの議長として彼の影響力を利用して、交渉におけるアメリカの立場を強化する。一九四七年三月に彼はワシントンに飛んで、そこで、近くトルーマンが発表することになっている大統領ドクトリンの原稿をアチソンから見せられる。オッペンハイマーが後に証言しているが、「アチソンはわが国がソ連と敵対関係に入ったことを明確に認識し、原子力に関する一切の交渉は、このことを念頭に置くべきことを」オッペンハイマーに求めた。オッペンハイマーは、ほとんど直ちにこのアドバイスに従って行動した。まもなく彼は、国連原子力交渉におけるバーナード・バルークの後任である、フレデリック・オズボーンに会った。オズボーンが驚いたのは、アメリカ合衆国は国連の会談から撤退すべきだと、オッペンハイマーが話したことだ。実行可能な計画にソ連は絶対に同意しないと、オッピーは言う。

今ではソ連に対するオッペンハイマーの態度は、新しく生まれつつあった冷戦の一般的な軌道に沿っていた。彼は戦争中にも自分の考えによって、左翼的な国際主義に対する情熱に背を向けたことがある。スターリンが一九四六年二月九日に行った演説も、彼にとっては心配だった。西側でこれを聞いた大部分の人と同様、オッペンハイマーはこの演説を、「囲い込みと守りを固め軍備を強化する必要性」に対するソ連の懸念の表れと取った。それに加えて彼は、戦時中のソ連スパイ活動の実態を知り落胆した。バークレー校の職員で、暗号名「T－1」というFBIの情報提供者によると、一九四六年のワシントンでの説明会から戻ったオッペンハイマーは、「きわめて気落ちしていた」という。「T－1は、氏名不詳の政府役人がオッペンハイマーに、共産党のスパイ活動に関する実態を話し、その結果オッペンハイマーは共産主義に対してまったく幻滅を感じるようになったと報告している」

オッペンハイマーが受けた説明というのは、ソビエトの暗号係イーゴリ・グゼンコの離反によって引き起こされた、カナダのスパイ事件に関係がある。モントリオールで働いていた英国の物理学者アラン・メイが、ソ連のスパイとして逮捕されたのだ。オッペンハイマーは仲間の科学者によるこの「裏切り」の証拠に心底から震え、その年遅くFBIがシュバリエ事件で彼のインタビューにきたとき、「ソ連外のいろいろな国のコミュニストは、意識してか無意識かは別として、ソ連のスパイとして働くような状況に置かれる事実についてコメントした」。彼ら（ソビエト）が国際関係において携わった裏切り行為と、地元アメリカの共産党がソ連に対して抱いている、高い理想と民主的な目的とが、彼の中ではつながらなかった。

バルーク計画の失敗は事態を一段と悪化させた。国際管理の夢は、地政学的な状況の変化を待たなければならなくなった。アメリカとソ連のイデオロギー上の溝は、そう簡単には埋まらないことを彼はようやく理解した。一九四七年九月、外交官と軍関係者を前にした講演で、オッペンハイマーは次のように話した。「米国にとっても、このような提案（原爆の国際管理）には非常に現実的な権限の放棄が関係するのは明らかであります。とりわけそこでは、アメリカ合衆国が世界の他地域から相対的に隔離されて暮らせるという希望を、多かれ少なかれ永久に放棄することになるかもしれないのです」

国際管理に関する彼の提案の大胆さに、多くの外国外交官が文字どおり「目を丸くして」いるのに彼は気づいた。彼の提案には急激な犠牲、ならびに少なくとも部分的な主権の放棄が関係してくる。しかしそのとき彼は、ソ連に要求される犠牲は、規模の違う大きさになるだろうと理解していた。将来の分析に関して彼は述べた。「それは、提案されている国際管理のパターンが、ロシアに現存する国家権力のパターンと非常に大きな対立を示しているからである。その国家権力をイデオロギー的に支えているもの、すなわち、ロシアと資本主義的世界の対立は不可避であるという信念といえども、原子力を管理するための我々の提案を実現可能にする程度の強さと親密さを持った相互協力さえかもし出せれば、ぬぐい去ることができるであろう。このように、われわれがロシアに要求しているものは、彼らの国家権力の基礎を覆す、非常に広範囲にわたる放棄と方向転換である」

ソ連は「この大きな転換にあえて飛び込まない」ことを、彼は知っていた。遠い将来には、国際的な規制が達成できるという希望を、彼は捨てていなかった。一方、アメリカ合衆国が武装しなければならないことを、彼はしぶしぶ決断した。これによって彼は、かなり気落ちしながらではあったが、原子力委員会の主要な仕事は「核兵器を、それも良い核兵器、大量の核兵器を提供すること」にあると結論するに至った。一九四六年には国際的な管理と開放性の必要性を説いていたオッペンハイマーが、一九四七年までには、多数の核兵器に支えられた防衛態勢という考えを受け入れ始めていた。

今やオッペンハイマーはどう見ても、米国エスタブリシュメントの優良な一員であった。彼の資格証明には、AECの一般諮問委員会議長、だれもがほしがる保安許可「Q」（原子機密関係）、アメリカ物理学会の理事長、ハーバード大学の監査委員会メンバーなどの肩書きが記されていた。ハーバード監査委員としてオッペンハイマーは、詩人アーチボールド・マックリーシュ、判事チャールズ・ウィザンスキーJr.、ジョセフ・オルソップといった名士と親しく付き合った。一九四七年六月初めの暖かい太陽がいっぱいの日に、ハーバードはオッペンハイマーに名誉博士号を授与した。卒業式の間に彼は、友人のジョージ・マーシャル将軍が、トルーマン政権のヨーロッパ復興計画を発表するのを聞いた。これはヨーロッパに何十億ドルも注ぎ込むもので、のちにマーシャル計画として知られることになる。

オッペンハイマーとマックリーシュは特に親しくなった。詩人はオッペンハイマーにソネットを送るようになり、彼らはしばしば連絡を取り合った。彼とロバートは、似たような自由な価値観を共有しており、この価値観が、左からはコミュニストによって、右からは極右主義者によって、等しく脅かされていると二人は考えていた。一九四九年八月、マックリーシュは驚くほど厳しいエッセイを《アトランティック・マンスリー》誌に発表した。「アメリカの征服」と題するそのエッセイの中で、彼は戦後アメリカが陥っている「暗黒郷」、つまり間違ったユートピアを攻撃した。アメリカは地球上で最強国ではあるが、米国民はソビエトの脅威によって自らを定義するような、おかしな衝動に取り付かれているというのである。マックリーシュは、その意味で米国はソ連によって征服され、ソ連は今やアメリカ人の行動を支配している、と皮肉っぽく結論した。「ロシアが何かをすると、われわれは反対のことをする」と書いた。彼はソ連の専制政治を厳しく批判したが、非常に多くのアメリカ人が、反共という名の下に、自分の市民的自由を進んで犠牲にしている事実を嘆いた。

マックリーシュはオッペンハイマーに、エッセイをどう思うかと尋ねた。ロバートの返事を聞くと、彼自身の政治的な見解の進化を明らかに読み取ることができる。「現在の状況」に関するマックリーシュの説明は、堂に入っていると彼は思った。しかし、彼はマックリーシュの処方箋、すなわち「個人革命の再宣言」には首をひねった。ジェファーソン流の個人主義への、このよく耳にする勧告は、どうも不適切で、あまり新しいものではなかった。「人間は、目的であると同時に道具でもある」と、オッペンハイマーは書いた。彼はマックリーシュに「人間的な価値、人間の救済、人間の解放の定義そのものにおいて、文化と社会が果たす深遠な役割」を思い出させようとした。したがって、「個人を社会の制約から解放する、ということとは微妙に違う何かが必要だと私には思えるし、過去百五十年の間でそのことがいやが上にも明確になってきたことからも分かるように、人間というものは基本的に仲間に依存しているものだと思う」。

ロバートはそれからマックリーシュに、その年初めに雪の夜中ニールス・ボーアと散歩したときのことを話した。そのときボーアは、開放性と相補性について詳しく説明した。「個人と社会の関係についての新しい見方がないと、コミュニストにも、好古趣味者にも、われわれ自身の混乱にも有効な解答を与えることができない」ことをボーアは言うのではないか、と彼は考えた。マックリーシュはロバートの手紙を歓迎した。「このように長いお手紙、恐縮です。あなたが指摘する点は、もちろん、すべての仕事の中心です」

左翼の友人の何人かは、彼の変化をどのように利用するべきか、まだ確信を持っていなかった。しかし、オッペンハイマーのことをずっと人民戦線的民主主義者であると考えてきた人たちは、彼の政治的視点が変わったと見る理由がなかった。むしろ、問題点の方が変わったのだ。ファシズムとの戦いは勝利に終わり（フランコのスペインは別として）、大恐慌も収まり、共産党はもはやかつてのように、政治活動に熱心なインテリを引き付けなくなった。ロバート・ウィルソン、ハンス・ベーテ、イシドール・ラビといった、コミュニストではない彼のリベラルな友人にとって、オッピーは同じ動機を持った同じ人間であった。

それに比べてフランク・オッペンハイマーの変容は、明らかにそれほど急激ではなかった。もはやコミュニストではなかったが、彼はロシアがアメリカを脅かしたとは考えていなかった。この問題に関して、兄弟は最も真剣な政治的議論を闘わせた。ロバートは弟に、

「ロシアは機会さえ与えられれば、前進してくる準備はできている」と、彼は信じていることを話した。彼はソ連に対しては、当時トルーマンの強硬路線を支持しており、フランクが議論を始めると、ロバートは、「ここでは話すわけにはいかないが、自分はいろいろと知っていて、それらのことから考えるとロシアが協力するとは思えない」と言うのだった。

戦後初めて彼と再会したハーコン・シュバリエも、オッピーの見方の変化に気づいた。一九四六年の五月ころオッピーとキティは、スティンソン・ビーチに新築したシュバリエ夫妻の家を訪問した。少なくともハーコンの見たところ、オッピーの政治的共感は相当右に傾いていたことは明らかだった。シュバリエは、彼がアメリカ共産党とソ連について口にせざるを得なかった「非常に無礼な」言葉にショックを受けたことを思い出した。「ハーコン」と、オッピーは言った。「わたしは真剣なのだよ。その理由を言うわけにはいかないが、ロシアについての見方を変える理由があるのだ。彼らは、われわれが考えているような人たちではない。ソ連の政策を、盲目的に信じ続けてはいけない」

さらにシュバリエは、引き続いて旧友に関係する話を聞き、彼の政治的変心を確信した。二人はある晩ニューヨークの通りで、シュバリエはフィル・モリソンにばったり出会った。二人は戦争勃発以来の出来事について話し合った。シュバリエはモリソンを元同志と考えていた。しかし同時に、戦争前はオッピーの親友の一人であり、主要な科学者としてロスアラモスまでオッピーについていったことも知っていた。「オッピーはどうだい？」と、シュバリエが訊いた。「わたしは、もう彼にほとんど会うことはない」と、モリソンが答えた。「もう話す言葉も違ってしまった。付き合う人種も違うし」。モリソンはそこで、彼とオッペンハイマーが話し合ったことに触れた。オッピーがしきりに「ジョージ」という名前を口にした。最後に、モリソンはオッピーを遮って、ジョージとはだれのことか尋ねた。「いいかね」と、モリソンがシュバリエに言った。「ジョージ・マーシャルのことだった。わたしにとってはマーシャル将軍または国務長官だよ。ジョージだなんてとんでもない。これは典型的な例だけどね」。オッペンハイマーは変わったと、モリソンが言った。「彼は自分を神だと思っている」

一九四三年の春に、最後にオッペンハイマーに会って以来、シュバリエは数多くの失望を味わってきた。戦時情報局（ＯＷＩ）での保安許可を政府が出さなかったため、戦争に関連した仕事を探そうとした彼の努力は成功しなかった。彼のＦＢＩファイルは「信じ難い」嫌疑でいっぱいだったと、ＯＷＩで働いていた友人が言った。「明らかにだれかが、あなたに恨みを抱いている」。この話をふしぎに思いつつ、シュバリエはニューヨークにとどまり、翻訳や雑誌記者などの臨時の仕事を見つけて暮らした。一九四五年の春に彼はバークレーでの教職に戻った。しかし戦争が終わった直後に国防省に雇われ、ニュールンベルグの戦犯裁判で翻訳者として働いた。彼は一九四五年十月にヨーロッパへ飛び、一九四六年五月までカリフォルニアには戻らなかった。そのときまでに、バークレーでの教員資格は抹消されていた。学者としての経歴には打撃であったが、シュバリエは出版社クノップと契約していた小説に、フルタイムで取り組むことを決めた。

オッピーと再会してから約六週間後の一九四六年六月二十六日、自宅で小説に取り組んでいたシュバリエを二人のFBI捜査官が訪ねてきた。サンフランシスコ市内のFBI事務所まで同行願いたいと言う。その同じ夏の日、同じ時間に、FBI捜査官はジョージ・エルテントンの家にも現れて、オークランドのFBI地域事務所まで同行を求めた。シュバリエとエルテントンは、およそ六時間にわたって、同時進行的に質問を受けた。矢継ぎ早の質問の中で、FBIが知りたいのは一九四三年冬の初め、彼らがオッペンハイマーについて交わした会話の内容であることが、二人の男には分かった。

各々がもう一方の質問の内容は知らなかったけれども、両方の男性は似たような答えをしている。一九四二年末、ソ連がナチの猛攻を辛うじて押しとどめていたころ、ソビエト領事館のピーター・イワノフが接近してきて、アーネスト・ローレンス教授、ロバート・

オッペンハイマー、それにもう一人はっきり思い出せないが、多分アルバレスという人たちについて知っているかを尋ねたと、エルテントンは認めた。エルテントンは、その中で知っていたのはオッペンハイマーだけだが、それほどよく知っているわけではないと答えた。しかしエルテントンはオッペンハイマーに近い友人が自分にはいると、進んで言った。次いでイワノフは、そのエルテントンの友人がオッペンハイマーに、ソビエトの科学者と情報を共有するよう依頼できないかと質問した。エルテントンはシュバリエに照会し、ロシアの友人はこのような情報を、「写真の複写が関係するチャネルを通じて、安全に運ぶことができる」と保証したと述べた。数日後、シュバリエが「わたしの家に立ち寄り、情報を取ることは無理であること、オッペンハイマー博士は引き受けなかった」と言った旨を、エルテントンはFBIに語っている。さらにエルテントンは、他のどんな個人にも接近したことはないと答えた。

シュバリエはFBIに、エルテントンの説明をおおむね認めた。なぜFBIが自分とエルテントンおよびオッペンハイマーとの会話を知っていたのか、不思議に思ったと彼は後に回顧録に書き込んでいる。またなぜ彼が三人の科学者に接近したと信じているのか、理解できなかった。

しばらくして、おそらく一九四六年の七月か八月だろうが、シュバリエとエルテントンは、偶然に友人のバークレーの自宅で同じ昼食会に出席することになった。互いに会ったのは、一九四三年以降これが初めてだった。シュバリエはエルテントンに、六月のFBI尋問について話した。情報を交換した後、同じ日に尋問を受けたことが分かった。FBIは、どのようにして彼らの会話をかぎつけたか、二人は不思議に思った。

数週間後オッペンハイマーは、カクテル・パーティーにシュバリエ夫妻を招いた。彼らはオッピーの要請によって、皆が来る前に話ができるよう、一足先にやってきた。シュバリエの回顧録によると、最近FBIの調査を受けた話をすると、「オッピーの顔が急に暗くなった」という。

「外に出よう」と、ロバートが言った。シュバリエはこれを聞いて、この家が盗聴されているためだと受け取った。彼らは建物の裏の樹木が茂った一隅に入っていった。歩きながらシュバリエは、彼の尋問について詳細を語った。「オッピーは明らかに大変動揺していた」と、シュバリエは一九六五年に書いている。「彼は、わたしに延々と質問を続けた」。FBIにエルテントンとの会話の件を告げるのは気が進まなかった、とシュバリエが説明したとき、それは正当な行いだったと、オッペンハイマーは彼を安心させた。「わたしはその会話を報告しなければならなかったのだよ」と、オッペンハイマーが言った。

それが本当に必要だったかどうか、シュバリエは内心で疑問に感じたが、「うん」と答えた。「しかし三人の科学者へのアプローチを試み、何度も秘密情報を得ようとしたという嫌疑はどうなのだろう？」

シュバリエの話によると、オッペンハイマーはこのきわどい質問に答えなかった。

オッペンハイマーは自宅の庭に立って、一九四三年にパッシュに話した内容を思い出そうとしながら、ますますいらだってきた。シュバリエは、オッピーが「非常に神経質に、緊張しているように思えた」。

最後にキティが呼んだ。「あなた、お客様が見えているわよ。もう中へ入った方がいいわ」。オッピーは即座に、「すぐ行くよ」と答えた。しかし、彼は今までどおりのペースで歩き、シュバリエに話をもう一度繰り返させた。何分かが過ぎ、キティが再び外に出てきた。そしてもう一度、中へ入るように呼びかけた。オッピーが素っ気なく答えたとき、キティは強い言葉で注意した。「そこでわたしはまったく狼狽《ろうばい》した」と、シュバリエが書いた。「オッピーがキティに向かって、考えられないような汚い言葉を投げつけ、余計なお世話だというようなことを言った」

シュバリエは、オッピーがこれほど乱暴に振る舞うのを見たことがなかった。それでも末だ、オッピーはシュバリエとの話を終えたくないようだった。シュバリエは書いている。「明らかに、何かが彼を悩ましていた。しかしそれが何であったか、彼はヒントを与えなかった」

シュバリエとのこの問題の会話のすぐ後、一九四六年九月五日にFBIのエージェントが、オッペンハイマーのバークレーのオフィスを訪問した。彼らはシュバリエと彼の一九四三年の会話について尋ねてきたが、オッピーは驚くことはなかった。シュバリエが彼にエルテントンの計画を知らせ、彼は完全にそれを拒絶したと、いつものように丁寧に彼は説明した。「そのようなことは反逆罪であるか、反逆罪にきわめて近い」と、シュバリエに話したことを覚えている。さらなる質問に対してシュバリエが原爆プロジェクトに関する情報を要求した、という点は否定した。シュバリエがオッペンハイマーは次のように述べた。「事件以来とても時間がたっているため、自分とシュバリエが会話でどんな言葉を使ったか曖昧であり、今ここで自分がそれを再構築しようとしても、単なる推測になるだろう。しかしはっきり覚えていることは、『裏切り』あるいは『裏切り的な』という言葉を使ったことだ」

マンハッタン計画に関係のある他の科学者三人へのアプローチについての説明を、FBI捜査官が強要したとき、この部分はシュバリエの身元を保護するために「工夫した」ものだと話した。「以前この問題をMED（マンハッタン技術部）に報告するにあたって、シュバリエの名前が表面に出ないよう努め、またその過程で、後に複雑な嘘とされる話を完全にでっち上げたと、オッペンハイマーは述べた。それはエルテントンのために、情報を求めて三人の氏名不詳の科学者にアプローチがあったとする話である」

なぜ、オッペンハイマーはそのようなことを言ったか？　なぜ彼は一九四三年に言ったことについて、嘘をついたことを認めたのか？　明らかな説明は、物語のこのバージョンが真実であったということである。一九四三年にパッシュから詰問されてパニックになったオッペンハイマーは、パッシュの注意をそらすため、架空の科学者三人をでっち上げ、その重要性を劇的に表現し話を飾ったというのだ。もう一つの説明は、当初オッピーはシュバリエが三人の科学者に接近したと考えていたが、シュバリエと彼の庭園での会話の間に、そうではなかったことを知ったというものである。結局エルテントンは可能性のある対象として、オッペンハイマー、ローレンス、それにおそらくアルバレスの名前をシュバリエに告げた。それを、まったくもっともらしく話したので、シュバリエは台所での会話において、これをオッペンハイマーに伝えたのだ。さらにもう一つの可能性がある。彼は一九四三年にこの真実味のあるバージョンを話したが、シュバリエおよび氏名不詳の科学者を守るために、話の修正を余儀なくされたのかもしれない。彼の敵は一九五四年の保安聴聞会において、これが真実であると主張することになるが、数ある説明の中で一番もっともらしくないものである。シュバリエについてはかなり前から言及しており、ローレンスとアルバレスについては、ほとんど配慮は必要なかった。そのとき保護が必要だったのは、ロバート・オッペンハイマーであり、一九四三年に軍諜報機関に対して嘘を言ったと、一九四六年にFBIに認めることは、それがまったくの真実でない限り、自分自身を守るために最上の方法ではないはずだ。これらの説明その他が、八年後保安聴聞会で再び取り上げられ、問題にされることになる。これら二つの物語の矛盾が致命的となる。

一九四六年末、トルーマンによって新しく任命された原子力委員の一人であるルイス・ストローズは、サンフランシスコに飛び、空港でアーネスト・ローレンスとオッペンハイマーの出迎えを受けた。原子力委員会（AEC）のビジネスを議論する前に、ストローズはオッペンハイマーを脇に連れて行って、彼には別に話すことがあると言った。ストローズは、戦争末期に一度だけオッペンハイマーに会ったことがあった。コンクリートの舗装の上を歩きながら、ストローズは自分がニュージャージーのプリンストン高等研究所の理事であると説明した。当時彼は、理事会の新役員選定委員会の議長を務めていた。オッペンハイマーの名前は、五人の候補者リストの最上位であり、理事会はストローズがオッペンハイマーを理事に推挙することを許可したという。オッペンハイマーは関心を示したが、もう少し考える時間がほしいと言った。

約一カ月後の一九四七年一月、オッペンハイマーはワシントンへ飛び、ストローズと長時間かけて朝食をとりながら仕事の内容についての説明を聞いた。その日、オッペンハイマーはキティに電話して、まだ決心はしてないが、「結構な話だと思う」し、あまり現実的ではないが、ストローズが研究所でのオッペンハイマーの役割について、「非常にすばらしいアイデアを持っている」と言っていると、伝えた。オッピーは、「あそこの科学者には、科学をビジネスと見る人はいないが、すぐに変えて見せる」とも言った。

同研究所は、アルバート・アインシュタインの自宅兼知的な避難所としてよく知られていた。所長として理想的な人は、とストローズに聞かれたアインシュタインは答えた。「ああ、それはね、非常に静かな人で、考えている他人を邪魔しない人です」

オッペンハイマーとしてはここを、真剣な学問研究の場所とは必ずしもみなしていなかった。一九三四年に初めて同研究所を訪問した後に、彼はあざけるような調子で弟に手紙を書いたことがある。「プリンストンは精神病院だ。自分の世界に閉じこもった天才たちが、別々に、救いがたい孤独の中で光っている」

しかし今は違って見えた。「しかるべき仕事を達成するには、いくらかの思案といくらかの懸念が必要だろう。それはむしろ自然に達成できるものである」。彼はキティに話した。彼は、プリンストンへ引っ越しても、夏の間はバークレーで過ごせるようイーグルヒルの家は残しておくことを約束した。そのほかにも、彼はワシントンを行き来する「長距離通勤」にも飽きていた。「今年の冬みたいに、飛行機の中で暮らすような生活は、もうごめんだ」。その年だけで、彼はワシントンとカリフォルニアの間を一五回も飛行機で横断している。

それでも、彼は検討に時間をかけた。ある話によると車のラジオで、ロバート・オッペンハイマーが高等研究所の所長に任命されたというニュースを聞いたという。「さて、どうやら決まったようだね」と、ロバートがキティに言った。《ニューヨーク・ヘラルド・トリビューン》紙は、この指名に拍手を送り、その社説で「きわめて適任である」と書いた。「彼の正式な名前はJ・ロバート・オッペンハイマー博士であるが、彼の友人は彼のことをオッピーと呼ぶ」《トリビューン》紙の社説は、「すばらしい人物」「科学者の中の科学者」「機知に富んだ実務的な人間」という言葉の洪水でオッペンハイマーを称賛した。研究所の理事の一人ジョン・フルトンは、彼らの家でロバートとキティと共に昼食をとった後、日記に新任の所長についての印象を走り書きした。「彼は一見ほっそりとやせているが、その眼光は鋭く冷徹である。また当意即妙の応答の速さは、彼に大きな力を与え、どんな人たちの間においても、すぐに尊敬を集めるだろう。彼はまだ四十三歳である。原子核物理学を専門としながら、ラテン語やギリシャ語の知識を維持し、一般史書を広く読み、絵画を収集する。要するに、彼は科学と人文科学のとてつもない組み合せである」

しかしながらルイス・ストローズは、オッペンハイマーが決断するのに大変時間が掛かっていることで、いらいらしていた。独力で財を成したストローズは、ハイスクールを出て最初の仕事が靴の行商だった。一九一一年二十一歳のとき、「進歩的な」セオドア・ルーズベルト共和党の一員として評判だった、エンジニアで将来有望な政治家ハーバート・フーバーの助手という職を見つけた。そのころフーバーは、戦争で破壊されたヨーロッパで難民のために、ウッドロー・ウィルソン大統領の食糧救援プログラムを実行していた。優秀なボストンの名家出身弁護士ハービー・バンディなど、他のフーバー配下と仕事をしながら、ストローズは食糧救援プログラムを、ウォール街で出世する足がかりとして使った。戦後フーバーは、ストローズが望んでいたニューヨークの投資銀行クーン・ローブに職を世話した。勤勉で、おもねるのがうまいストローズは、すぐに同社パートナーの娘アリス・ハナウアーと結婚する。一九二九年までに、彼自身が年間一〇〇万ドル以上稼ぐ無限責任社員となっていた。彼は比較的に無傷で、一九二九年の大恐慌を生き残った。一九三〇年代中に、彼はニューディールの激烈な敵になったが、真珠湾の九カ月前に、ルーズベルト政府を説得して、海軍省軍需品局の仕事を手に入れた。後に彼は、ジェームズ・フォレスタル海軍長官の特別補佐官を務め、戦争が終わったときは、彼は名誉海軍少将の肩書きを得ていた。一九四五年までにストローズは、ウォール街とワシントンでのコネを利用して、第二次世界大戦後の米国のエスタブリッシュメントのなかで、強大な地歩を築き上げた。その後の二十年間にわたり、彼はオッペンハイマーの人生に、悪意ある影響力を行使するのである。

オッピーが口にしたストローズに関する最初の印象が、FBIの盗聴に引っかかった。「ストローズに関して、わたしは多少知っている。大して教養がある人物ではないが、邪魔にはならないだろう」。リリエンソールはストローズのことを、「活発な心の持ち主で、根っからの保守だが、表面的にはそれほど悪い男ではない」と思うと、オッピーに話している。どちらの評価も、ストローズを見くびっていた。彼は病的なほど野心家で、粘り強く、そして、きわめてトゲがあった。この組み合わせがあるからこそ、官僚的な世界での争いにおいて、彼は飛び切り危険な敵と目されていた。仲間のAEC委員の一人は彼について言った。「あなたがルイスと何かで、意見が合わなかったとすると、彼はまずあなたのことをばかだと決めてかかる。しかし意見の不一致が続くと、今度はあなたのことを裏切り者だと結論を下す」。《フォーチュン》誌はかつて彼を次のように表現した。「フクロウに似た顔」を持ち、彼を批判する人間にとっては「神経過敏で、知的に尊大で、戦いにおいて手強い男である」。長年にわたってストローズは、マンハッタンのエマヌエル寺院の長を務めたが、皮肉にもフェリクス・アドラーが一八七六年まで属していたシナゴーグである。アドラーはこの年、このシナゴーグと袂《たもと》を分かち倫理文化協会を設立する。ユダヤ人としての出自と、南部の伝統の両方を誇りに思っていたストローズは、「シュトラウスではなく、ストローズと発音する」ことをことさらに主張した。極端に独善的で、どんなに小さな侮辱も忘れず、長い間それを克明に記録した。それぞれの記録には「ファイルすべき覚書」と、タイトルが付けられていた。オルソップ兄弟が書いているように、彼は「必死で人を見下さずにはいられない」男であった。

キティは、東部へ引っ越すという夫の決定を歓迎した。FBIの盗聴器は彼女がセールスマンに、「それほど長く東部にはいないわ。十五年か二十年よ」と話しているのを記録している。オッピーは彼女に、プリンストンのオールデン・メイナーの新居には一〇のベッドルーム、五つのバスルーム、それに「気持ちの良い庭」があると話した。当然のことながら、バークレーの同僚は彼がいなくなるのに失望した。物理学科長は、「彼を失うことは、未だかつて経験したことのない大きな打撃である」と述べた。アーネスト・ローレンスは、ラジオ報道によってオッピーの離反を知りむっとした。一方で、東部にいるオッペンハイマーの友人たちは喜んだ。イシドール・ラビは「わたしはあなたが来られることを、非常に喜んでいます」とオッピーに手紙を書いてきた。「あなたにとっては、過去からの急激な決別でありますが、人生の転機としては絶好の時期でしょう」。彼の友人で元の家主メアリー・エレン・ウォッシュバーンは、彼のためにお別れパーティーを開いた。

オッピーは、多くの旧友と共に一人の恋人を残していった。彼は、ルース・トールマン博士との付き合いを常に大事にしてきた。戦争中に彼は、ルースの夫リチャードと親密に働いた。そしてリチャードは、ワシントンでグローブス将軍の科学アドバイザーとなっていた。戦後カルテックで再び教壇に立つようオッピーを説得したのは、リチャードであった。オッペンハイマーはトールマン夫妻を最も親しい友人に数えていた。一九二八年の春にパサデナで初めて会って以来、オッペンハイマーは二人を常に敬愛していた。「彼は非常に尊敬を集めていたが、当然であった」と、オッペンハイマーは何年か後にリチャード・トールマンについて語っている。「彼の知恵と幅広い関心、それは物理学だけでなく、すべてにわたっていた。彼の礼儀正しさ、きわめて知的でまったく美しい妻、そのすべてが南カリフォルニアの地を優しい島としていた。友情が生まれ、それは非常に親しいものになった」。リチャード・トールマンが「わたしにとって、非常に親しく親愛な友人であった」と、オッペンハイマーは一九五四年に証言した。「ロバートはトールマン夫妻、特にルースが好きだった」と、フランク・オッペンハイマーが後年に語っている。

戦時中のいつごろだったか、あるいは多分ロスアラモスから戻った直後、オッピーとルースの間に一件が起きた。臨床心理士であるルースは、ロバートよりほぼ十一歳年上であった。しかし、彼女はエレガントで魅力的な女性であった。もう一人の友人、心理学者ジェローム・ブルーナは彼女のことを、次のように評価した。「完璧な親友、賢い女性。彼女は、触れるものすべてを個性あるものに変えることができた」。インディアナ州生まれのルース・シャーマンは、一九一七年にカリフォルニア大学を卒業した。一九二四年に、彼女はリチャード・チェーズ・トールマンと結婚し、心理学の研究を続けた。リチャードは、それから優秀な化学者と数理物理学者になった。彼はルースのまた十二歳年上であった。このカップルには子供がいなかったけれども、「お互いにとってまったくぴったりであった」と、友人たちは言う。ルースは、リチャードの心理学に対する関心、具体的には科学の社会的意味に対する関心を刺激した。

オッペンハイマーは、精神医学に対する関心をルースと共有していた。博士論文のテーマとして、ルースは成人犯罪者グループ間の心理的差異について研究した。一九三〇年代後半に、彼女はロサンゼルス郡保護観察部の上級精神鑑定官として働いた。そして戦争中は戦略サービス部の臨床心理士を務めた。一九四六年から復員軍人局の上級臨床心理士であった。

キャリア・ウーマンであるルース・トールマン博士は、恐るべき知性を備えていた。しかしだれに聞いても、彼女は温かく穏やかで、人間の様態を細やかに観察する女性であった。彼女はオッピーの性格について、他の人には見えない面が分かっているようであった。「一週間先にならないと会えないような場合、われわれは、二人とも悲しかったことを覚えていますか？」

一九四七年の夏、オッペンハイマーがプリンストンへ引っ越す準備をしていたころ、休暇を過ごしていたロスピノスから手紙を書いてルースに不平をこぼした。彼は「疲れ」て、将来のことを考えるとき「ぞっとする」と、書いた。ルースは答えた。「わたしの心には、言いたいことがいっぱいあります。あなたと同様に、手紙を書けることに感謝しています。あなたと同様に、夏の休みが終わると毎月きまって訪問し合っていたこともできなくなる、という事実はまだ受け入れられません。リチャードから、わたしはあなたのニュースをあまり多く得ることはできませんでした。ただ、あなたが未だ疲れていらっしゃるという印象は残っていますけど。学会でデトロイトに行きますから、その節にはぜひお会いしたい。

さもなければ、パサデナまでお出かけください」。彼女は彼に訴えた。「可能なときはわが家をお訪ねください。客室はいつでも、完全に貴方のものです」

ルース・トールマン宛のオッペンハイマーの手紙はほとんど残っていない。ほとんどが、彼女の死後に処分された。しかし彼女のラブレターは深い優しさと親しさを示している。「あなたがここにいらした、すばらしい一週間を思い出しています」。彼女はある手紙の中で書いている。「心からの謝意を込めて、親愛なるロバート。忘れられません。もう一日だけでもこれが続くなら、どんなに代価を払っても構いません。その間わたしが送る愛と優しさをお受け取りください」。別の機会に、彼女はある週末に会う計画について書いている。彼女は飛行場に迎えにいく約束をして、「その日は海に行きましょう」と書いている。彼女は最近「シギやカモメが遊んでいる長い海岸をドライブした」ことを書いている。「ああロバート、ロバート。すぐに、あなたに会えるわね。あなたとわたし、二人とも、それがどういうことか分かっています」。予定した海辺での遠出の後、オッペンハイマーは書いた。「愛するルース。一緒に過ごした楽しい一日を称えて手紙を書きます。わたしにとっては非常に意味深い一日でした。あなたが勇気と知恵でいっぱいであることを知らなければならないと思っていました。しかしそれを知ることと、あなたのそばにいることはまったく別です。あなたに会うことは、とてもすばらしいことでした」。最後に、

「愛するルースへ、変わらぬ愛を込めて」と署名した。

キティは確かに、トールマン夫妻とロバートの長年の友好に気づいてはいた。カルテックでの授業に毎月パサデナへ出かけたロバートが、トールマン家のコッテージに泊まっていたことを彼女は知っていた。しばしばロバートはトールマン夫妻、ときにはバーカー夫妻も、行きつけのメキシコ料理店へ連れて行った。そしてキティはしばしばバークレーから電話をかけてきた。「キティは自分以外の人がロバートと関係を持つことに、とても憤慨していたと思う」と、ジーン・バーカーが回想する。しかし、キティがもし性格的に所有欲の強い女だとすれば、彼女がこの情事を知っていた痕跡は見当たらない。

一九四八年八月中旬のある土曜日の晩、ルースとリチャード・トールマンが自宅でパーティーを催している間に、リチャードが心臓発作に襲われた。キティの元夫スチュワート・ハリソン博士が呼ばれて、なんとか三十分以内にリチャードを病院に運び検査してもらうことができた。三週間後、リチャードは死んだ。ルースは打ちのめされた。彼女は、二十四年来の彼女の夫を心から愛していた。しかし彼らの友人の何人かは、ロバートを中傷するためにこの悲劇を利用した。そのときまでに、ロバートに対する態度がはっきりと敵意に満ちたものに変わっていたアーネスト・ローレンスは、リチャードの心臓発作が、妻の恋愛問題発覚によって急に引き起こされたものと推測した。ローレンスは後に、ルイス

・ストローズにその話をした。そして、「オッペンハイマー博士のことを最初に（ローレンスが）認めなくなったのは、カルテックでトールマン教授の奥さんを誘惑したからです」と言った。「この有名な関係は長く続いたから、心臓発作で亡くなったトールマン博士にも、それは伝わっていたと思う」。ローレンスは主張した。

リチャードの死後も、ルースとロバートは逢瀬《おうせ》を重ねた。四年たって、ルースはこのような密会の後でロバートに手紙を書いた。「わたしは海と、光と、頭上から襲いかかるような飛行機と共に、ドックでの二つの魔法の椅子を決して忘れません。わたしがあえて言わなかったことを、あなたは理解されていたと思います。あの日はリチャードの四周忌でした。一九四八年八月のあの恐ろしい日の記憶と、それまでの甘い日々の記憶はわたしを圧倒していました。わたしは、あの晩あなたと一緒にいることができたことを非常に感謝していました」。もう一つの日付の無い手紙に、ルースは書いた。「愛するロバート、先週と先々週の貴重な時間が、わたしの心を何度もよぎります。感謝をしながらも、物ほしそうに、もっと望んでいる自分がいます。わたしは感謝しています、親愛なるロバート。そしてご存じのように、わたしはあのような時間がもっともっとほしいのです」。彼女は、次のデートの日付を決めようと提案した。「あなたがＵＣＬＡでだれかに会わなければならないという方法はどうかしら。そうすれば一日家を空けられ、夕方のパーティーまでには戻れるわ。これについて考えましょう」。明らかに、ルースとロバートは愛し合っていたが、どちらもお互いの家庭を破壊するつもりはなかった。この期間を通じて、ルースはキティとオッペンハイマー家の子供たちとの親しい関係は維持することができた。彼女は、単にオッペンハイマー家の古い友人で、ロバートの特別な女性の腹心にすぎなかった。

プリンストンでの仕事を引き受ける前に、オッペンハイマーはストローズに対して、「わたしに関しては不名誉な情報があるが」と、自ら申し出た。そのときストローズは、この警告を取り上げなかった。しかし、新しく可決されたマクマホン法によって、FBIはすべての原子力委員会関係者の保安許可を見直しており、すべての理事はオッペンハイマーのファイルを読むことを義務付けられた。エドガー・フーバーの補佐官の一人によると、これによって慎重にとか用心してとかいう足かせがなくなり、「FBIはオッペンハイマーを大っぴらに、徹底的に調査する機会を与えられた」。エージェントはオッペンハイマーを尾行し、スプロウルやアーネスト・ローレンスを含む彼の関係者二〇人以上と面談した。だれもがオッペンハイマーの愛国心を保証した。スプロウルは「左翼的だった過去を恥じている」と、オッペンハイマーが語ったことがあるとエージェントに話した。ローレンスは「オッピーは発疹にかかったが、現在は免疫がある」と言った。

オッペンハイマーの信頼性に関するこれらの証言にもかかわらず、ストローズと他のAEC理事たちは、オッペンハイマーの保安許可が単なる通常の手続きの問題ではないことをFBIから知らされる。一九四七年二月の末、フーバーはオッペンハイマーのファイルを一二ページに要約して、ホワイトハウスに送り、この物理学者と共産主義者との付き合いを強調した。一九四七年三月八日土曜日に、このレポートはAECにも送られた。まもなくストローズは、AECの顧問弁護士ジョセフ・ボルピーをオフィスに呼んだ。ボルピーは、ストローズが「文字どおり身を震わせている」のを見て取った。二人の男はファイルをじっくり検討し、最後にストローズはボルピーに向かって言う。「ジョー、君はどう思うかね？」

「そうですね」とボルピーが答えた。「だれかがこのファイルの内容すべてを印刷して、AECの民間トップ顧問に関するものだと言ったら、大問題になるでしょうね。彼の経歴はひどい。しかし、あなたの責任は現在、この男が保安上の危険人物であるか否かを決定することにあります。シュバリエのケースを除けば現在、この男性が危険であることを示す証拠はこのファイルには見当たりません」

その週の月曜日に、AEC委員会はこの問題を議論するために集まった。オッペンハイマーの許可を差し止めることが、どれほど深刻な政治的結果をもたらすかはだれもが理解した。ジェームズ・コナントとバネバー・ブッシュは、FBIの嫌疑は何年も前に一度申し立てられ、却下されたものであると委員たちに説明した。しかし、AECがオッペンハイマーの保安許可を承認したかったら、FBIの同意が必要であることを彼らは知っていた。三月二十五日、リリエンソールはFBI長官に会いに行った。

フーバーは、シュバリエとの会話を適時に報告しなかったオッペンハイマーの怠慢を、未だに根に持っていた。彼はそれでも、オッペンハイマーが「一時は共産主義的なものに接していたかもしれないが、その後は着実にその立場から遠のいた」、ということにしぶしぶ同意した。AECの保安担当者は、オッペンハイマーの保安許可を否定するほどこの証拠は強くないと感じていると伝えられると、フーバーはこれ以上は無理押しをしないと意思表示した。実際、オッペンハイマーの保安許可の資格がAECの制度上の問題であれば、FBIは引き続きオッペンハイマーの身辺調査ができるので好都合だと考えたのだ。それでもフーバーは、フランク・オッペンハイマーのケースはまったく別で、FBIとしてはフランクの許可更新を承認しないと言った。

その後ストローズはFBIファイルを「かなり慎重に」調べたが、高等研究所所長任命を妨げるものは見当たらなかったとオッペンハイマーに告げた。当然ながら、AECからの正式な許可はもう少し時間がかかった。AEC委員会が正式にオッペンハイマーに最高機密の「Q」資格を認めたのは、ようやく一九四七年八月十一日であった。賛成は全会一致であった。最も保守的な委員であるストローズさえ、許可賛成に投票をした。

オッペンハイマーは戦後第一回目の審問は生き延びたが、未だ要注意人物と見られている十分な感触があった。フーバーは、本件をこれ以上追及しないとリリエンソールに話したにもかかわらず、うるさく付きまとった。AEC委員会がオッピーに保安許可を出すと決定してから一ヵ月後の一九四七年四月に、「オッペンハイマー兄弟が一九四二年まで、サンフランシスコの共産党へかなりの寄付をしていた事実を、具体的に立証する」新情報を、フーバーは提出した。新情報はFBIがサンフランシスコの共産党事務所を家捜しして、収支記録をコピーしたものである。

フーバーはオッペンハイマーの案件を残すべく努力し、何でもいいからオッペンハイマーの名誉を損なう資料を発掘するよう、エージェントを駆り立てていたのだ。たとえば一九四七年の秋に、FBIサンフランシスコ事務所は、フーバーと副長官のD・M・ラッドに、オッペンハイマーと何人かの親友との性的行動に関する猥雑《わいざつ》な資料を含む、秘密メモを送っている。氏名は出せないが、カリフォルニア大学に勤務する「非常に信頼できる個人」が、FBIのために定期的な情報提供者になると申し出たことを、フーバーは知らされた。この氏名不詳の関係者は、伝えられるところでは、一九二七年以降バークレーでのオッペンハイマーの友人を知っているとのことであった。FBIの情報提供者は、そのような友達の一人である人妻を、「性欲の強すぎる」ボヘミアン趣味の人間として描写している。その情報提供者は「当時キャンパスで、このカップルが別の教員夫妻と夫婦交換をしていたのは、よく知られていた」と主張したという。話をもっと猥雑にするかのように、この女性が恋愛遍歴の過程で一九三五年に教職員のパーティーに出席し、酔った末に数学科の学生ハーベイ・ホールと姿を消したと、フーバーは聞かされた。FBIの情報提供者はまるで追伸のように、この事件のあったころ、ホールはロバート・オッペンハイマーと一緒に暮らしていたと主張した。オッペンハイマーは一九四〇年に結婚するまで、同性愛の傾向があり、「ホールと関係があった」のも常識であったと情報源は言った。

事実として、オッペンハイマーが男性と関係を持つために、ホールと部屋を共有していたことは決してなく、またオッペンハイマーが男性と関係を持ったために、異性との活発な交渉を中断した根拠もない。FBIの情報源そのものが、これら性的冒険話を「噂話」と呼んでいるが、多分それが当たっているだろう。しかしフーバーはこれにたじろぐことなく、オッペンハイマーとホールの嫌疑のさわりを、膨大なオッペンハイマーFBIファイルのサマリーのいくつかに取り込んでいる。これらのサマリーは、最終的にはストローズ始めワシントンの高官たちに読まれた。このような資料が間違いなく多くの当局者の興味をそそる一方で、オッペンハイマーに関して自分たちが回覧している情報は、少しも信頼できないと確信する人たちもいた。例えばリリエンソールは、ある匿名《とくめい》の情報提供者が十二歳の男子として記述されているのを確認した。ダメージを与える物語の大部分が、戦前の情報を基にした悪意あるゴシップにすぎず、これら情報源の多くの人は、明らかに当時のオッペンハイマーを知らない、と彼は結論した。これは、オッペンハイマー関連のFBI文書に出てくる不名誉情報の多くに対する、正確な評価であろう。しかしそれは、現在未だ評価を受けていない情報が、オッペンハイマーに特に同情的でない読者に及ぼす、蓄積された重みと致命的な影響を忘れている。

第27章　知識人のホテル

「俗悪さ、ユーモア、誇張をもってしても抹消することができない、ある乱暴な言い方をするなら、物理学者は罪を知った。そしてこれは科学者が失うことができない意識である」

ロバート・オッペンハイマー

オッペンハイマー一家は一九四七年の七月中旬にプリンストンに着いた。異常に暑く、湿度の高い夏であった。オッペンハイマーが就任することになっている高等研究所所長という新しい地位は、ほぼ十五年間にわたってアルバート・アインシュタインの聖域であったが、ますます増えるワシントンでの原子力関連委員会にオッペンハイマーが出席するには、格好の肩書きと交通の便の両方をもたらすものであった。研究所は彼に二万ドルという十分な年俸と、無料の所長官舎オールデン・メイナーを提供した。官舎には住み込みのコック、広大な庭を管理する庭師兼用務員が付いている。また研究所は、好きなところへ、好きなときに旅行する多くの時間を彼に与えた。十月まで正式な任命はなく、最初の職員会議を主宰するのは十二月になってからであった。彼とキティと二人の幼児、六歳のピーターと三歳のトニーは、新しい環境に慣れるためにゆっくりとした数ヵ月を過ごすことになる。ロバートは、四十三歳になったところだった。

キティはオールデン・メイナーの、二六五エーカーに及ぶ緑の森と野原に囲まれた、だだっ広い、三階建ての白いコロニアル様式の家がすぐに大好きになった。家の裏には納屋と馬小屋が建っていた。ロバートとキティは二頭の馬を買って、それぞれに「トッパー」「ステップアップ」と名づけた。

オールデン・メイナーの主要部分ができたのは、一六九六年にさかのぼる。プリンストンに入植した初期のパイオニアであるオールデン家は、この地で農業を始めた。家の西ウィングは一七二〇年に増築されたが、一七七七年前半のプリンストン戦闘の間は、ワシントン将軍の野戦病院として用いられた。オールデン家は何世代にもわたって増築を続け、十九世紀末までには一八部屋ある邸宅となっていた。同家は一九三〇年代まで資産を所有していたが、最後に研究所に売却した。

建物の内外は共に鮮やかな白で塗られ、明るくゆったりとした雰囲気を持っていた。天井の高い中央廊下は建物全体を突っ切って進み、正面玄関からスレート敷きのテラスに出るアーチ型の裏ドアまで続いている。メインの食堂は大きなL字状の農家式台所につながっている。居間の八つの窓からは太陽が流れ込む。ホールウェイを挟んで第二の小さなリビングがあり、音楽室と呼ばれていた。音楽室から一歩下ったところに、大きなレンガ造りの暖炉がでんと構える図書室があった。オッペンハイマー一家が入居したとき、ほとんどすべての部屋に書棚が作りつけられているのを発見した。ロバートはそのほとんどをはがし、図書室の壁一カ所だけに、床から天井までの本棚を残した。明るいオーク色の厚板フローリングは、至る所で軽くきしんだ。二階に上がると、隠されたクロゼットとか、台所に通ずる裏階段とか、不思議な場所やすき間がいっぱいある。数字のついたブザーのパネルによって、家中のどの部屋からでも、コックまたはメイドを呼ぶことができた。

着任直後ロバートは家の裏側、台所の近くに、ゆったりとした温室を建設した。それはキティの誕生日プレゼントだった。キティはそこで、何十種類ものランを栽培した。古い納屋の土台に使われていた四枚の石で周りを囲った、手入れの行き届いた花壇を含めて、何エーカーもの庭に囲まれていた。植物学の素養のあるキティは庭造りが好きで、長年にわたって、ある友人が言う「古代ガーデニングの魔法を持ったアーティスト」になっていた。

「最初引っ越してきたときは、こんな大きな家になじめるかなと思ったけど、住み続けていると適度に古びた感じも楽しく、大変気に入っている」と、オッペンハイマーは後にレポーターに話している。ロバートは父秘蔵の名画、ヴィンセント・ヴァン・ゴッホの「畑に昇る太陽」（サンレミ、一八八九年）を、メインの暖炉の上に掛けた。食堂にはドランを、音楽室にはビュイヤールを飾った。家の調度はかなり快適に整っており、散らかった所帯くささを感ずることは決してなかった。キティは、すべてをきちんと片付けた。オッピーの簡素な書斎は、白い壁に一枚の絵も掛かっておらず、旧友に言わせるとロスアラモスの家を思い出させた。

オールデン・メイナーのテラスから、南の空地を隔てて、研究所の敷地を眺めることができた。四〇〇メートルと離れていないところに、フルト・ホールがある。四階建ての赤レンガの建物で、二つのウィングと教会のような立派な尖塔を持っている。一九三九年に五二万ドルをかけて造られたこの建物は、何十人もの学者の地味なオフィス、板壁の図書室、厚い詰め物をして外張りされた茶色い革のソファーが並んだ集会室を備えていた。カフェテリアと会議室は一番上の四階にあった。一九四七年に、アインシュタインは二階の二二五号室、角のオフィスを使っていた。ニールス・ボーアとポール・ディラックは、三階の隣り合わせの部屋を仕事部屋としていた。オッペンハイマーの一階事務所（一一三号室）は、部屋から森と草原を眺めることができた。彼の前任者、フランク・エイデロッテはエリザベス朝文学の専門家で、額縁入りの物言いたげなオックスフォードの風景が何枚か壁に掛かっていた。オッペンハイマーはこれらを降ろして、壁の長さ全部を占める大きな黒板と入れ替えた。彼は二人の秘書を引き継いだ。フェリクス・フランクフルター判事の秘書であったエリノア・レアリー夫人と、未だ二十代で有能なキャサリン・ラッセル夫人である。オフィスを出たところに、「化け物みたいな金庫」があり、ここにはAECの一般諮問委員会（GAC）の議長としての仕事に必要な機密文書がしまってあった。武装した警備員が二十四時間、ロックされた金庫のそばに座っていた。

フルト・ホールへの訪問客は、「権威を備えて燃え上がっている男性」を目にする。電話が鳴る。秘書がドアをノックする。「オッペンハイマー先生、マーシャル将軍からお電話です」。仲間が見ていると、このような電話が彼を「興奮させる」ように思えた。彼は明らかに、歴史が彼に課した役割を楽しんでおり、一生懸命上手に役を果たそうとしていた。研究所で古顔の学者はおおむねスポーツ・ジャケットを着て歩き回っていた。アインシュタインは、しわくちゃのセーターで平気だった。オッペンハイマーはしばしば、プリンストンの高級洋服店ラングロックスで特別にあつらえた、高価な英国ウールのスーツを着ていた（そうかと思うと、「ネズミが食ったような」ジャケットを着て、パーティーに現れることもあった）。多くの学者が自転車でプリンストンを動き回る中、オッピーは衝撃的な青のキャデラック・コンバーチブルを乗り回した。一度は髪の毛を長くぼさぼさにしていたが、今度は「坊さんのスキンヘッド」みたいに短くしてしまった。四十三歳の彼は繊細で、か弱くさえ見えた。しかし実際はきわめて頑強で精力的だった。「彼は非常にやせていて、神経質で、落ち着きがなかった」と、フリーマン・ダイソンが思い出した。「彼は絶えず動き回っていた。五秒間じっと座っていることができなかった。だれにも、ものすごく落ち着かない人間と映っただろうと思う。煙草を手離したことがない」

プリンストンは、バークレーやサンフランシスコのような、捕らわれない精神の、自由で奔放な気風とは異なった世界であった。もちろんロスアラモスの景色やライフスタイルとはかけ離れていた。一九四七年のプリンストンは人口二万五〇〇〇人の郊外の街で、信号機はナッソー通りとウィザースプーン通りの交差点に一カ所しかなかった。公共輸送機関といえば、今でもプリンストン・ジャンクションの鉄道駅へ、毎日数百人の通勤客を運んでいる「チビ電」しかない。そこから、ピンストライプのスーツを着た銀行員、弁護士、株式仲買人が、マンハッタンまで五十分の電車通勤をしている。大部分のアメリカの小さな町とは異なり、プリンストン自体が威厳のある歴史と、エリート意識を持っていた。しかし、かつて長く暮らしたことのある人が言ったように、「特徴はあるが魂のない街」だった。

ロバートの野心は、研究所を学際的な学問のための、刺激的な国際機関に変えることにあった。この研究所は一九三〇年に、ルイス・バンバーガーと、その妹ジュリー・キャリー・フルトが寄付した五〇〇万ドルを最初の基金として設立された。バンバーガーと妹は、家業であったバンバーガー百貨店を大恐慌直前の一九二九年に、現金一一〇〇万ドルという大金でR・H・メイシー社に売却した。より高度な教育機関をつくりたいという考えに夢中のバンバーガーは、教育者でもあり基金の管理者でもあったエイブラハム・フレクスナーを雇い、彼が同研究所の初代所長となる。この研究所は教育大学にも研究のための学校にもしないと、フレクスナーは約束した。「これら二つの間のくさびと想像してもらえればいい。教授の数は限定するが、研究量は自由な小規模な大学である」。オックスフォードのオール・ソウルズ・カレッジ、パリのコレージュ・ド・フランス、オッペンハイマーのドイツの出身校ゲッチンゲンといったヨーロッパの知的な避難所にならって、この研究所を開きたいと、フレクスナーはバンバーガーに話した。「学者のためのパラダイス」になるだろう、と言うのだ。

一九三三年にフレクスナーが、年俸一万五〇〇〇ドルを払ってアインシュタインを招聘したことによって、研究所は評判になった。他の学者にも、同様にたっぷりした報酬が支払われた。フレクスナーは最高の人がほしかった。そして学者たちが収入を補うために、「不必要な教科書を執筆したり、他の形で金のために働いたり」することがないようにしたかった。ここにあるのは「機会だけで、義務はない」。一九三〇年代を通じてフレクスナーは、すばらしい才能を採用したが、大部分はジョン・フォン・ノイマン、クルト・ゲーデル、ヘルマン・ワイル、ディーン・モンゴメリー、ボリス・ポドルスキー、オズワルド・ベブレン、ジェームズ・アレキサンダー、ネーサン・ローゼンのような数学者であった。フレクスナーは「無用な知識の有用性」を歓迎した。しかし一九四〇年代になると研究所は、すばらしい知性を甘やかせて、永遠に才能を発揮させずに終えるとの評判を取る危険にさらされていた。ある科学者はそれを、「科学が花咲くが、決して実を結ばないすばらしい場所」と言った。

オッペンハイマーは、これを変えようと決心した。彼の専門分野である理論物理学において、一九三〇年代にバークレーのためにやったこと、つまり世界に通用する理論物理学のセンターをつくることを、研究所のためにやりたいと望んだ。戦争がどんなにオリジナルな仕事でも、それにかかわることを中断させてしまったことを知っていた。しかし、事情は急速に変わりつつあった。一九四七年の秋にＭＩＴで聴衆を前に彼は話した。「今日、戦争が終わって二年しかたたないというのに、物理学がブームに沸いている」

一九四七年四月の初め、高等研究所の臨時研究生であった若い物理学者エイブラハム・パイスは、カリフォルニアのバークレーから電話を受けた。「こちらはロバート・オッペンハイマーです」。飛び上がるパイスに、電話の主は告げた。「わたしは今、高等研究所所長の要請を承諾したところです。そこでぜひともお願いしたいことは、あなたに来年も研究所にとどまっていただいて、そこで理論物理学を作り上げられるようにしたいのです」。これに気をよくしたパイスは、デンマークでボーアの研究に参加する計画を即座に棚上げした。彼は同研究所に、その後十六年間残ることになり、オッペンハイマーの長年にわたる親友の一人となった。

パイスにはすぐに、活躍するオッペンハイマーを観察する機会があった。一九四七年六月中の三日間、米国理論物理学界をリードする二三人の学者が、ロングアイランド東端シエルター島の贅沢《ぜいたく》なリゾートにある、ラムズヘッド・インに集まった。オッペンハイマーは率先して、この会議を組織してきた。集められた学者の中には、ハンス・ベーテ、イシドール・ラビ、リチャード・ファインマン、ビクター・ワイスコップ、エドワード・テラー、ジョージ・ウーレンベック、ジュリアン・シュウィンガー、デビッド・ボーム、ロバート・マーシャック、ウィリス・ラム、ヘンドリック・クレイマースが含まれており、テーマは「量子力学の基礎」を議論することであった。戦争の終了とともに理論物理学者は、ついに彼らの注意力を基本的な問題へ移すことができるようになった。オッペンハイマーの博士課程の学生ウィリス・ラムは、学会発表されたすばらしいプレゼンテーションの中で最初のものを担当した。これがその後に新しい量子電気力学理論への重要なステップとなる「ラムシフト」と呼ばれるものである（ラムはこのテーマによって、一九五五年にノーベル賞を受賞する）。同様に、ラビは核磁気共鳴について草分け的な講演をした。

物理学会の書記長カール・ダローが、公式には同大会の議長を務めたが、実際に仕切ったのはオッペンハイマーであった。ダローが彼の日記に記した。「会議が進行するにつれて、オッペンハイマーの支配力はますますはっきりしてきた。ほとんどすべての議論に関する（しばしば痛烈な）分析、ためらいや手探りによって損なわれることのないすばらしい英語力」。同様にパイスは、オッペンハイマーが聴衆の前で話すときの、「聖職者のようなスタイル」に打たれた。「彼が目指しているのは、自然の神聖なミステリーに聴衆を誘導することのように思えた」

第三日目と最終日は、オッペンハイマーが中間子の矛盾したような作用に関する議論を誘導した。このテーマはオッペンハイマーが戦争前にロバート・サーバーと開発したものである。パイスは後にオッペンハイマーの「堂に入った」パフォーマンスを回想した。すべて適切な瞬間に、先導する質問で遮り、議論をまとめ、出席者が解決策を思いつくよう刺激を与えるのだった。「この議論の間わたしは、マーシャックの隣に座っていた」と、パイスが後に書いている。「彼が突然どれほど顔を真っ赤にしたか、今でも思い出す。彼は立ち上がって言った。『多分、二種類の中間子があるのでしょう。一種類はおびただしい数で生まれ、弱くしか吸収しない別の種類に崩壊するのでしょう』」。パイスの意見によると、オッペンハイマーはこのようにして、マーシャックの革新的な二中間子仮説の誕生を手助けしたのだ（これを発展させて英国の物理学者セシル・パウエルは一九五〇年にノーベル賞を受賞する）。シェルター島の会議は、ファインマンとシュウィンガーが「くりこみ理論」を考案するのにも役立った。この理論は、電子の自己相互作用と外の電磁場との相互作用を計算する新しいみごとな方法である。ここでも多くの参会者は、オッペンハイマー自身がこれら理論の発見者ではないとしても、大きく手助けをしたことは間違いないと見なした。

オッペンハイマーのパフォーマンスに、だれもが拍手をしたというわけではなかった。デビッド・ボームは、オッピーがしゃべり過ぎたと思い出す一人である。「彼の言葉は非常に滑らかだったが、それだけの多弁をバックアップするものが、彼の話にはなかった」と、ボームは言った。何年間も基本的な物理学にはかかわってこなかったという理由から、オッピーの守護神はその洞察力を失いつつあった、とボームは思った。「彼（オッペンハイマー）は、わたしが物理学においてやっていることに同調しなかった」と、ボームは回想する。「わたしは基礎的な問題を質問したかったが、彼は現在の理論を使い、それを利用し、その結果を導き出すべきだと感じていた」。初めのうちボームは、オッペンハイマーを非常に高く買っていた。しかし時間がたつとともに、オッペンハイマーと仕事をしたことがある友人、ミルトン・プレセットの意見に傾いている自分を発見する。プレセットはオッペンハイマーについてこのような意見を述べている。「オッピーには本物の独創性はないが、他人のアイデアを理解すること、その意味を見極めることには非常に長けている」

シェルター島を出発するにあたってオッペンハイマーは、個人専用の水上機を借りてボストンへ出発した。ボストンで、ハーバード大学から名誉博士号を受けることになっていた。ケンブリッジに戻る何人かの物理学者、ビクター・ワイスコップ他数人が同乗を誘われ、これを受けた。途中で飛行機は嵐にぶつかり、パイロットはニューロンドン（コネティカット州）の海軍基地に緊急着陸することを決めた。民間の航空機にはこの飛行場の使用が禁じられていたので、彼らがドックに横付けすると、怒った海軍キャプテンがどなっているのがパイロットには見えた。「わたしに任せなさい」と、オッペンハイマーはパイロットに言った。飛行機から降りて進むと、「わたしはオッペンハイマーです」と名乗った。慌てた海軍将校が尋ねた。「あのオッペンハイマーさんですか?」。そっくり口調をまねてオッピーが答える。「ただのオッペンハイマーです」。有名な物理学者を前にして動転した将校は、部屋を飛び出すとオッペンハイマーとその一行にお茶とクッキーを運んできた。それから海軍の専用バスでボストンまで送った。

アメリカ合衆国で最も有名なこの物理学者は——研究所の理事会を説得して所長と「物理学教授」という先例のない二重のポジションを認めさせたにもかかわらず——あまり物理学に身を入れていなかった。一九四六年の秋にオッピーは、電子散乱に関する論文をハンス・ベーテと共同執筆する時間を見つけ、これを《フィジカルレビュー》誌に発表した。その年、彼はノーベル物理学賞の候補に挙がったが、広島と長崎にこれほど密接に関係していた名前に賞を与えることを、ノーベル委員会は明らかにためらった。次の四年間に、彼は短い物理学の論文三本と、生物物理学に関する論文を一本発表した。しかし一九五〇年以降、科学的な論文は一つも発表していない。「彼は、辛抱強さがなかった」と、一九五一年に研究所の客員物理学者であったマーレー・ゲルマンが言った。「忍耐、ドイツ人はそれを『椅子に座った尻の肉』と呼ぶ。わたしが知る限り、彼は長い論文とか、長い計算式とか、そういうものを決して書かなかった。彼には、そういったものに対する辛抱強さがなかった。彼の仕事に見られる洞察力は、すばらしいものばかりであった。しかし、彼は他の人にやる気を起こさせる人であり、その影響力はすばらしかった」

ロスアラモスで彼は数千人を監督し、数百万ドルを費やしたが、彼は現在、わずか一〇〇人の人々と、八二万五〇〇〇ドルの予算しか統轄していない。ロスアラモスは完全に連邦政府に依存していたが、研究所の理事は所長が連邦政府の資金を求めることを、ことさら禁じていた。研究所は、著しく独立した場所であった。プリンストン大学と隣接してはいるが、公式な関係は一切なかった。一九四八年までに約一八〇人の学者が、数学と歴史学という二つの学問のいずれかに関係した。研究所には、実験室とかサイクロトロンはなく、黒板より複雑な装置は見当たらなかった。講座というものはなく、学生はいない。学者だけだった。ほとんどが数学者であったが、何人かの物理学者もいた。後は数人の経済学者と人文学者である。実際に、この研究所は数学を重く見ていたので、オッペンハイマーが所長に就任したのは今後、同研究所が数学と物理学に専念するという、理事会の意思表示だと考える人もいた。

事実、オッペンハイマーが最初に指名されたとき、彼のただ一つの優先課題は同研究所を理論物理学の一大センターにすることかと思われた。彼は、臨時のメンバーとしてバークレーから五人の物理学研究者を一緒に連れてきた。パイスの残留をうまく画策したのち、もう一人の有望な若い英国人物理学者フリーマン・ダイソンを研究所の常任スタッフとして採用した。ニールス・ボーア、ポール・ディラック、ウォルフガング・パウリ、湯川秀樹、ジョージ・ウーレンベック、ジョージ・プラシェク、朝永振一郎その他数人の若い物理学者に、夏季休暇や特別研究休暇を同研究所で過ごすよう勧誘した。一九四九年には、当時二十七歳の優秀な物理学者チェン・ニン・ヤンを招聘する。彼は同じくオッペンハイマーが研究所に呼んだ中国生まれの物理学者T・D・リーと共同で、一九五七年にノーベル物理学賞を受賞する。「ここは現実とは思えない世界である」と、パイスは一九四八年二月の日記に書いた。「ボーアがわたしの部屋に入ってきて話をする。窓の外を見ると、アインシュタインがアシスタントと一緒に歩いて家に帰るところである。二つ向うの部屋には、ディラックが座っている。階下には、オッペンハイマーがいる」。そこは世界中どこを探してもない、科学の天才の集まりだった。もちろん、ロスアラモスは別だが。

一九四六年六月、オッペンハイマー着任のかなり前に、ジョン・フォン・ノイマンはフルト・ホール地下のボイラー室で、高速計算機の組み立てを始めた。これほど実用的なもの、またこれほど高価なものが、研究所に出現したのは初めてのことであった。理事会はまず手始めに、フォン・ノイマンに一〇万ドルを与えた。また研究所の方針からは珍しくそれて、RCA社、米国陸軍、海軍調査局、原子力委員会から資金援助を得ることが認められた。一九四一年に、小さなレンガ造りの建物がフルト・ホールから二三〇〇ヤードのところに建てられ、そこにノイマンが構想した計算機が格納された。

考えることこそ自分たちの仕事だと考える学者の間では、機械を組み立てるなど、どちらかというと反対があった。「大量の計算を必要とするものなど何もない」と、一人の数学者ディーン・モンゴメリーが不満を表明した。オッペンハイマー自身、フォン・ノイマンの計算機については、二つの思いがあった。多くの他の学者と同様に、研究所が防衛予算で賄われる実験室に変わってはならないと考えていた。しかし、これだけは別だった。フォン・ノイマンは、研究活動に革命をもたらす機械を造っていたのだ。そしてオッペンハイマーは、このプロジェクトを支持した。フォン・ノイマンはこの機械で特許は取らないことに同意し、これはまもなく商業的なコンピュータの一世代を築くモデルとなる。

オッペンハイマーとフォン・ノイマンは一九五二年六月、正式に研究所の計算機を公開した。それは当時世界最速の電子頭脳であり、これが存在しただけで、二十世紀後半のコンピュータ革命が触発されたのである。しかしその後一九五〇年代後半に、より高品質、より高速な計算機が現れてこの計算機を追い越したとき、研究所の終身メンバーはオッペンハイマーの居間に集まり、計算機・プロジェクトを完全に終了することを票決した。同時にメンバーは、今後このような装置を研究所の敷地に決して設置しない、という緊急動議も可決した。

一九四八年にオッピーは、バークレー時代の旧友でプラトンとアリストテレスに関しては国内有数の学者である、古典学者ハロルド・チャーニスを招聘した。その同じ年、彼は理事会を説得して、一二万ドルの「所長基金」の設置を認めさせた。これによって所長は、個人の判断で学者を短期間招聘する決定権を与えられた。この自由裁量の資金を使って、彼は研究所に幼なじみのフランシス・ファーガソンを連れてきた。ファーガソンはその資金を使って、『ある劇場の構想』という本を書いた。ルース・トールマンから強く勧められて、オッピーは心理学奨学生制度を運営する諮問委員会を設置した。年に一、二回、ルース自身が義理の兄弟エドワード・トールマン、ジョージ・ミラー、ポール・メール、アーネスト・ヒルガード、ジェローム・ブルーナ等と研究所を訪問した（エド・トールマンとヒルガードは共に、一九三八年から四二年にかけてサンフランシスコで開かれたジークフリート・バーンフェルトの月例勉強会に、オッペンハイマーと参加した仲である）。オッペンハイマーのオフィスに集まったこれら優秀な心理学者たちは、彼らの分野に関する「深遠な質問」に答えたり、最新の情報を彼の耳に入れたりするのだった。オッペンハイマーはすぐに、ミラー、ブルーナならびに有名な児童心理学者デビッド・レビイを短期招聘した。オッペンハイマーは、心理学について話すのが好きだった。ブルーナのオッペンハイマー評。「明晰で関心が無限に広く、我慢することができず、場所を問わずどんなテーマでも追いかける用意のできている、極め付きの愛すべき人だ。どんな話題でも取り上げたが、心理学と物理学の精神に関する話題は、抵抗できないほどすばらしかった」

まもなくその他の人文学者が研究所に加わった。その中には考古学者ホーマー・トンプソン、詩人T・S・エリオット、歴史家アーノルド・トインビー、社会哲学者イザヤ・バーリン、そして後になるが、外交官で歴史家でもあるジョージ・ケナン等の名前が見える。オッペンハイマーはエリオットの『荒地』を常に称賛しており、一九四八年に一学期だけ研究所に来ることを、エリオットが同意したときは大変喜んだ。しかし、あまりうまくいかなかった。構内に詩人を住まわせることを、研究所の数学者が好まなかったのだ。そのうちの何人かは、その年エリオットがノーベル文学賞を受賞した後でさえ彼を冷遇した。エリオットはエリオットで孤高を貫き、ほとんどの時間を研究所ではなく、プリンストン大学で過ごした。オッペンハイマーは失望した。「エリオットをここに招聘したのは、新しい傑作を書いてもらおうと思ったからだ。エリオットがここで書いたのは、最も出来の悪い『カクテル・パーティー』だけだ」。オッペンハイマーはフリーマン・ダイソンにこぼした。

それでもオッペンハイマーは、この研究所を今後とも自然科学と人文科学の拠点にすることが、絶対必要だと確信していた。研究所についてスピーチをするときオッペンハイマーは、科学がそれ自身の特性と影響をより理解するためには、人文科学を必要とすると絶えず強調した。滞在中の年配数学者のごく少数だけが彼の意見に同意したが、彼らの支持は貴重だった。ジョン・フォン・ノイマンは、自分の専門分野と同じくらい古代ローマの歴史に興味を持っていた。その他にも、オッペンハイマーと同様に詩に対する関心を持っている人たちがいた。人間の様態を学際的に理解することに関心ある、科学者、社会科学者、人文学者のための安息の地に研究所をしたいと、オッペンハイマーは望んでいた。これは彼にとっては抑えがたい機会であった。つまり、若いころのオッペンハイマーにかかわり合いのあった二つの世界、科学と人文学を統合するチャンスであった。その意味で、プリンストンはロスアラモスのアンティテーゼであり、おそらく心理的な解毒剤であったであろう。

研究所の最も有名な住人とオッペンハイマーの関係は、常に宙ぶらりんだった。「わたしたちは親しい同僚であり、ある意味で友人でした」と、彼は後にアインシュタインに書いた。しかしオッペンハイマーはアインシュタインのことを、働く科学者としてではなく、物理学の生きている守護聖人として考えていた（研究所の何人かは、《タイム》誌に載った「アインシュタインは灯台ではなく道標である」という言葉の出所はオッペンハイマーではないかと考えている)。アインシュタインも、オッペンハイマーについて、似たような相反する感情を抱いていた。オッペンハイマーが研究所の終身教授職の候補として、一九四五年に最初に提唱されたとき、アインシュタインと数学者ヘルマン・ワイルは、オッペンハイマーよりも理論物理学者ウォルフガング・パウリの方を推薦するメモを教授会に書いた。そのころアインシュタインは、パウリのことはよく知っていたが、オッペンハイマーはついでに知っているという程度だった。皮肉にも、一九三四年にオッペンハイマーを研究所に招聘すべく努力したのはワイルであった。しかし、「わたしは、そのような場所でまったく何の役にも立たない」として、オッペンハイマーは断固これを辞退した。しかし現在では、物理学者としてのオッペンハイマーの資格は、パウリのそれに匹敵しなかった。「確かにオッペンハイマーは、パウリの排他律や電子スピンの分析のように基本的な貢献を物理学に残さなかった」。アインシュタインとワイルは、オッペンハイマーが「理論物理学については、国内最大の学校を造り上げた」ことは認めた。しかし、学生が広く彼を教師として称賛していると述べた後で、「彼にはいくぶん支配的すぎるところがあり、彼の学生はオッペンハイマーの小型版になる傾向がある」と警告した。この推薦に基づいて、一九四五年に研究所はパウリに就任を申し出たが、パウリがこれを断る。

アインシュタインは、最終的に新任所長に不承不承敬意を払い、「多面的な教育に関しては異常に優秀な男」と表現した。しかし彼が褒めたのはオッペンハイマーの人間であって、彼の物理学ではなかった。未だにアインシュタインは、オッペンハイマーを親友の一人として挙げることをしない。一つの理由として、「われわれの科学的な意見が、はっきりと正反対に異なるから」だと言う。かつて一九三〇年代に、アインシュタインが頑固に量子論を受け入れることを拒絶したため、オッピーは彼のことを「完全に頭がおかしい」と批評したことがある。オッペンハイマーがプリンストンに連れてきた若い物理学者は、全員がボーアの量子観を信仰しており、アインシュタインが世界の量子観に対抗して提示するものに興味を示さなかった。この偉大な物理学者が、量子論の矛盾点と見なすものに代わる「統一場理論」を開発するために、なぜ絶え間なく研究を続けているのか、彼らは理解することができなかった。それは孤独な作業であったが、「神は連続してさいころを振り、ものごとを決めるという提言」から神を守ることに、彼はまだまったく満足していた。これはハイゼンベルクの不確定性原理（量子物理学の基盤の一つ）に対する、アインシュタインの簡潔な批評である。そして彼は、プリンストンの同僚の多くが、「いわば彼らより生き延びたわたしを、異教徒的、反動思想家と見なしても」意に介さなかった。

オッペンハイマーは、「幾何学と重力の他に類を見ない統合」である一般相対性理論を形作ったアインシュタインの、「並外れた独創性」を称賛した。しかし彼は、アインシュタインが「独創性の高い研究に、深い伝統の要素を持ち込んだ」と考えた。そしてオッペンハイマーは、アインシュタインの晩年において彼を誤った方向に導いたのは、この「伝統」であったと確信していた。オッペンハイマーが「残念に思った」のは、プリンストンで過ごした年月をアインシュタインが、量子論にはかなりの矛盾があると証明するのに捧げたことである。オッペンハイマーは書いている。「予想外で独創的な例を考え出すのに、彼ほど巧みな人はいなかった。しかし量子論に矛盾はないことが分かった。そして矛盾はむしろ、アインシュタイン自身の以前の研究の中に発見された」。量子論の中でアインシュタインを苦しめたのは、不確定性の概念であった。だが、ボーアの洞察のある部分を触発したのは、アインシュタイン自身の相対性の研究だったのだ。オッペンハイマーはこれを、非常に皮肉であると見た。「彼は決然とすさまじくボーアと戦ったが、論争の対象となった理論は、彼が生み出し自ら憎んでいた理論であった。科学でこのようなことが起こったのは、これが初めてではなかった」

こういう論争があったからといって、オッペンハイマーがアインシュタインとの付き合いを敬遠したということはなかった。一九四八年初めのある晩、彼はデビッド・リリエンソールとアインシュタインをオールデン・メイナーに招待した。リリエンソールはアインシュタインの隣に座り、オッペンハイマーがニュートリノを「これら生き物」と呼び、物理学のすばらしさを語るのをアインシュタインが（深刻に、熱心に、ときにクスクス笑いながら、目にしわを寄せながら）聞き入っているのを眺めていた。オッペンハイマーは、未だに気前よく贈り物をするのが好きだった。アインシュタインがクラシック音楽を好むのを知って、またアインシュタインのラジオはカーネギーホールからのコンサート放送を聴けないことを知って、オッペンハイマーはマーサ通り一一二番地にある、アインシュタインのこぢんまりした家にアンテナを取り付ける手配をした。これはアインシュタインの知らない間に設置し、彼の誕生日にオッペンハイマーはアインシュタインのドアに立つと、新しいラジオをプレゼントし、コンサートを一緒に聴きましょうと提案した。アインシュタインは喜んだ。

一九四九年、プリンストンを訪問していたボーアは、アインシュタイン七〇回目の誕生日に彼の研究を祝って出版される本に、エッセイを寄稿する約束をした。彼とアインシュタインは互いに同席を楽しんだが、オッペンハイマーと同様ボーアも、アインシュタインにとって量子論がなぜ悪魔なのか理解できなかった。記念論文集の原稿を見せられたアインシュタインは、このエッセイには称賛の言葉と同じくらい辛辣な批評が含まれていると述べた。「これは、わたしのための記念論文集ではなく弾劾《だんがい》の書である」と、彼は言った。

誕生日の三月十四日、オッペンハイマー、ラビ、ユージン・ウィグナー、ヘルマン・ワイルがアインシュタインにお祝いを述べるのを聞くため、二五〇〇人の著名な学者がプリンストンの講堂に集まった。この老人と同僚がどんなに意見が合わなかろうとも、アインシュタインがホールに入ってきたときの空気は、期待でピンと張り詰めた。突然の沈黙が一瞬続いた後、全員が立ち上がって彼等の知っている二十世紀最高の物理学者に拍手を送った。

オッペンハイマーとアインシュタインは、物理学者としては対立したが、ヒューマニストとしては同志であった。軍との契約に依存する兵器研究所や大学での科学者としての仕事が、冷戦下の国家安全保障のネットワークによって大口取引されている。このような歴史の瞬間において、オッペンハイマーは別の道を選んだ。科学のこうした軍用化が「始まっている現在」ではあるが、オッペンハイマーはロスアラモスに背を向けた。そしてその影響力を軍拡競争に歯止めを掛けることに使おうとしていることに、アインシュタインは敬意を表した。同時に彼は、オッペンハイマーが用心深くその影響力を利用するのを目にした。一九四七年の春、新しく設立された原子科学者緊急委員会の夕食会で講演するようにとのアインシュタインの誘いを、オッペンハイマーが拒否したとき、アインシュタインは不思議に思った。オッペンハイマーは説明した。「現在のところ、原子力に関して公式な場所で、われわれが望む方向に結果としてリードできる自信を持って講演する準備ができていない」というのが理由であった。

なぜこれほどまでにオッペンハイマーは、ワシントンの体制との関係維持を望んでいるのか、アインシュタインは明らかに理解していなかった。アインシュタインは、そのゲームをしなかった。彼は、政府に依頼して保安許可を出してもらおうなど、夢にも思わなかっただろう。アインシュタインは政治家、将軍、または権力者に会うことを本能的に嫌った。オッペンハイマーが言うように、「彼は政治家や権力者と、都合よく、自然に話し合うことはなかった」。オッピーが自分の名声と、権力者と付き合う機会を大事にする一方で、アインシュタインは常にへつらいが大嫌いだった。一九五〇年三月のある晩、アインシュタインの七一回目の誕生日のときに、オッペンハイマーはマーサ通りに面した彼の家までアインシュタインを送り届けた。「ご存じでしょうが」とアインシュタインは言った。「人間というものは何か意味のあることをすることになると、それからの人生はちょっと変わったものになってしまうものです」。彼が何を言おうとしたか、オッペンハイマーはだれよりも正確に理解した。

ロスアラモス時代と同様、オッペンハイマーには未だに特別な説得力があった。パイスは、ちょうどオッピーのオフィスから出てきた先輩の学者に会ったときのことを思い出した。「今ちょっと妙なことが起こった」と、その教授は言った。「わたしは、自分がはっきりした意見を持っている、ある問題についてオッペンハイマーに会いに行った。帰り際にわたしは、まったく逆の見方に同意していることが分かった」

オッペンハイマーは研究所の理事会に対しても、同様にカリスマ的な支配力を発揮しようとしたが、結果は必ずしも一様ではなかった。一九四〇年代後期に同理事会は、自由派と保守派の対立でしばしば行き詰まった。ここは副理事長のルイス・ストローズが支配していた。他の理事は彼の判断に従う傾向があった。相当な資産のある理事は彼一人だったからである。同時に、自由派理事の何人かは、彼のずる賢い保守主義によって妨害された。理事会に「前世紀の遺物のようなフーバー共和党的思考は必要ない」と、ある理事は不満を漏らした。プリンストンに来る前にオッペンハイマーがストローズに会ったのは、ほんの短時間だったが、彼の政治的な考え方はよく承知していたので、ストローズが理事長に昇進するのを内心でははっきりと歓迎していなかった。

ストローズとオッペンハイマーの個人的関係は、最初のうちはきちんとしており、心温まるものだった。それでも、ものすごい確執《かくしつ》の種が播《ま》かれたのは、これら最初の数年であった。プリンストンへストローズが来ると、オッペンハイマーはオールデン・メイナーで彼をもてなした。あるとき、そのような夕食の後で彼はロバートとキティに、すばらしいワインのケースを贈った。しかし、二人の男性が権力を熱望しており、お互いに対してそれを行使したいと考えていたのは、だれの目にも明らかだった。ある日、エイブラハム・パイスがフルト・ホールの外に立っていると、研究所とオールデン・メイナーを仕切っている広大な芝生にヘリコプターが着陸し、ストローズが降りてきた。「一目見て彼の様子にはショックを受けました」と後になってパイスは書いている。「如才ないというよりはもの柔らかなのですが、本能的な反発を感じさせられました。この男の振る舞いの後ろにあるものに気をつけよう」。パイスが後に書いている。

ストローズには、何か「共同管理者」になりたい野望があることを、オッペンハイマーはすぐに理解した。一九四八年に、研究所の敷地にある元教職員の家を買うことを考えていると、彼はオッペンハイマーに話した。明らかな意思表示ととったオッペンハイマーは、直ちに問題の家を研究所に買わせて、別の学者に貸すことで対処した。ストローズは、オッペンハイマーの意図を明らかに読み取った。未公開の研究所の歴史が書いているように、「このエピソードは、短期間のうちに研究所を支配するというストローズ氏の見込みが消えたことを意味する」。同時にまた、研究所を超えて広がった、生涯の緊張関係と相互不信が決定的になった。この妨害にもかかわらずストローズは、理事長ハーバート・マース、ならびにただ一人の教授兼理事である数学者オズワルド・ベブレンとの連携を通じて、研究所に対する彼の影響力を行使した。

オッペンハイマーが政治的に微妙な決定を、理事会の賛成を求めることなく下したことが、しばしばストローズの気に障った。一九五〇年末にオッペンハイマーが中世史学者エルンスト・カントーロヴィチ教授を招聘したとき、同教授がカリフォルニア評議委員会の忠誠宣誓に署名を拒否したので、ストローズはその招聘を一時的に妨害した。ストローズは、反対票が自分一人であることを知ったときに初めて折れた。AECから資金を助成される科学者には、FBI保安許可の取得を義務づける法律が議会を通過したとき、オッペンハイマーはAECに抗議の手紙を突きつけた。要求される資格調査は研究所の「伝統」に反するという理由から、今後研究所は一切このような助成金は受け取らないことにすると、オッペンハイマーは書いた。オッペンハイマーが理事会にこの行動を知らせたのは、一カ月たってからであった。会議の議事録を読むと、一部の理事は所長の行動が研究所を「政治的な論争」、特にFBIとの抗争に巻き込む恐れがあるとの意見を表明している。今後このような行動をとる場合は、前もって理事会の了承を得るよう、オッペンハイマーは求められた。

一九四八年の春に、オッペンハイマーは《ニューヨーク・タイムズ》のリポーターとのインタビューにおいて、研究所に関する彼の率直な展望を話している。今後もっと多くの学者を集めるつもりである。また場合によっては、学者以外のビジネスや政治に経験ある人たちまでも、一学期とか一年といった短期で招聘したいと考えていると彼は言った。「オッペンハイマーは、終身研究員の数を減らす予定である」と、《ニューヨーク・タイムズ》は報じた。それからリポーターは、オッペンハイマーの仕事について次のような率直な説明を加えた。「二一〇〇万ドルの基金をバックにして、自由にできる豊富な資金を想像してみよう。この資金を使って、世界最高の学者、科学者、アーティスト、いやそれだけではない、好きな詩人、大好きな本の著者、宇宙とは何かについて共に語り合えるヨーロッパの物理学者を、給料を払ってお客として招待できるということが、どういうことか想像してみよう。これこそまさに、オッペンハイマーが享受している制度である。彼は、あらゆる関心と好奇心を満足させることができる」

言うまでもなく、研究所の終身研究員の何人かは、これらの記事に嫌な顔をした。他の人は、所長の知的気まぐれによって研究所が運営できる、という考え方に反発した。一九四八年にオッペンハイマーは、もう一つの無分別を犯した。「研究所は人間が『座って、考える』ことができる場所であるが、はっきり見えるのは、座っていることだけだ」と、《タイム》誌の記者をからかったのである。続けて言った。「研究所には中世の修道院のような輝きがある」。それから彼は、研究所の一番良いところは「知識人のホテルとして役立っていることだ」と不用意に述べて、終身研究員の気分を損ねた。《タイム》誌はこの研究所を「思索をする人たちが、一時的に休息し、回復し、また歩き出す元気を取り戻す場所」と表現した。その後教授陣は、このような広報活動は「好ましくない」というのが、自分たちの「きわめて強い意見」である、とオッペンハイマーに申し入れた。

オッペンハイマーが研究所について、より大きな計画を立てようとすると、所内から特に数学者たちからしばしば抵抗を受けた。当初数学者は招聘にあたって優先されており、研究所予算の大きな部分が認められると考えていた。議論は驚くほどささいなことに及ぶことがあった。「研究所はおもしろいパラダイスです」と、観察眼のある秘書バーナ・ホブソンが述べた。「しかし理想的な社会にあっては、日常的なものごとの一切を取り除くと、それに代わって引き起こされるものごとはもっと過酷なものになります」。争いは大部分が、新メンバーの指名に関するものであった。あるときオッペンハイマーが会議を開いていると、オズワルド・ベブレンが入ってきて討議を聴かせろと主張した。オッペンハイマーは彼に出ていくよう話したが、この数学者は拒否したので、オッペンハイマーは会議を中断して別の部屋に移った。「まるで男の子の喧嘩でした」と、ホブソン。

ベブレンは、しばしばオッペンハイマーに迷惑をかけた。理事の一人として、ベブレンは研究所内で、常にちょっとした黒幕であった。数学者の多くは事実、ベブレンが所長に任命されると期待していた。研究所のある教授の言い方を借りると、「その代わりにこの成り上がりのオッペンハイマーが連れてこられた」。フォン・ノイマンは、オッペンハイマーの所長選任に強く反対した。「オッペンハイマーの知的輝きには議論の余地はない」と、彼はストローズに手紙を書いた。しかしノイマンは、「オッペンハイマーを所長にするという考えに重大な不安」を抱いていた。フォン・ノイマンと多くの他の数学者は「研究員中から、一年か二年の持ち回りで所長を任命する」アイデアを望んでいた。ところが結果は、まさに彼らの望まないものであった。意志が強く、広範で複雑な計画を持つ所長が現れたのだ。

研究所でのオッピーは、ロスアラモスにおいて彼のリーダーシップを特徴づけた、同じ忍耐とエネルギーを発揮した。ダイソンによると、数学者と彼の関係は「壊滅的」だった。研究所の数学部門は常に第一級だった。そしてオッペンハイマーは決して彼らの仕事に干渉しないよう、一生懸命に努力した。事実、所長就任から一年間に、数学部門の会員数を六〇パーセント増加する決裁をしたのだ。しかし数学者は、これに報いるどころか、数学部門以外の指名には、いつも多くの反対があった。頭にきたオッペンハイマーは、あるとき三十八歳の数学者のことを、「今まで見たこともない、尊大で、がんこなこんちくしょう」と呼んだ。

悪感情が深まり、理性を欠く爆発につながった。「オッペンハイマーは数学者に恥をかかせようと画策した」と、偉大なフランスの数学者で研究所に何十年もいるアンドレ・ワイル（一九〇六〜一九九八）が言った。「オッペンハイマーはまったく困った人物だ。彼の楽しみは人を争わせることだ。実際にやっているところを目撃した。彼は、研究所の人々を互いに口論させるのが好きだった。彼がイライラしているのは、自分がニールス・ボーアもしくはアルバート・アインシュタインになりたいが、その格でないことを知っているからだ」。ワイルはオッペンハイマーが研究所で出会った、高慢なエゴの典型だった。彼らは、オッペンハイマーが自分の個性を武器として、たやすくリードできたロスアラモスの若者ではなかった。ワイルは尊大で、痛烈で、要求が多かった。彼は他人を脅かすことに、ほとんど悪党のような喜びを感じていたが、オッペンハイマーを脅迫することができないことでカッカとしていた。

アカデミックな世界の権力争いはささいなものであったが、オッペンハイマーは研究所に特有ないくつかのパラドックスに向き合うことになる。学問の性格からいって、数学者の直観的な最高の仕事は、きまって二十代または三十代の初めに達成している。一方、歴史家その他社会科学系の学者は、本当に創造的な仕事をするまでに、長い刻苦勉励の年月を必要とすることが多い。そのため研究所は、才能のある若い数学者を簡単に判定し採用することができたが、未だ十分に年季の入っていない歴史家を採用することは滅多になかった。そしてまた、若い数学者が歴史家の著作を読んで意見を述べることはできるが、歴史家は数学系の候補論文について、同じことはできない。最も頭の痛いパラドックスは次のことであった。対象の性質から、数学者は全盛期を越すのが早く、また講座を持つ義務が課されていないことから、中年になると多くが数学以外の問題に首を突っ込む傾向があった。気晴らしをするとは言わないまでも、数学者たちは必然的に、あらゆる指名を論争の材料とした。逆に言えば、数学系以外の学者は数学者より年を取っており、学者人生の中で一番生産性の高い時期にあるため、こんな学者間の陰謀には関心もなく、割く時間もなかった。数学者にとって不幸だったことは、所長であるオッペンハイマーが、物理学者でありながら研究所の人材構成を自然科学、人文科学、社会科学間でバランスを保とうと決心しているのに気づいたことである。数学者の狼狽をよそに、オッペンハイマーは心理学者、文芸評論家、詩人まで加えようとした。

こういった領域間の陰謀に疲れたオッペンハイマーはときどき、彼に近い人々との付き合いで欲求不満を発散した。間近に迫った新しい物理学者の指定に関して、フリーマン・ダイソンが不用意に噂をしているのを聞きとがめたオッペンハイマーは、早速ダイソンを自分の部屋に呼んだ。「文字どおりこてんぱんに、やっつけられた」と、ダイソンが思い出した。「こんなに激しいオッピーを見たことがなかった。それはすごい剣幕だった。わたしは、本当に虫のように小さくなった。今まで培ってきたわたしに対する信頼を、彼は失ったと言ったが、確かに彼の言うとおりだった。これが、彼流だったのだ。彼は、自分の思うように物事を動かしたかったのだ。研究所は小さいながら彼自身の帝国であった」

ロスアラモスではほとんど目にしなかったオッペンハイマーのいらいらした傾向が、プリンストンではときどき、最も親しい友人でさえ飛び上がるほどの残忍さで現れることがあった。ロバートがおおむね、機知と丁寧な態度で人々を魅惑したことは間違いない。しかしときどき、激しい傲慢を抑えることができないようだった。エイブラハム・パイスは、オッペンハイマーから必要以上に辛辣なコメントを受けた若い学者が、彼のオフィスにやってきて、泣いていたことが何度かあったのを思い出した。

休むことを知らず、異彩を放ち、感情的に客観的なオッペンハイマーは、身近で観察する人々にとっては常に、謎のような人物だった。研究所でほとんど毎日彼に会っていたパイスは、彼のことを「個人的な感情を自慢しない」、とても引っ込み思案な人だと考えていた。窓が開け放たれることはめったになく、彼の感情の緊張を目にすることはなかった。

ある晩パイスは、ジャン・ルノアールが一九三七年に作った『大いなる幻影』をプリンストンの庭園劇場へ観に行った。これは第一次世界大戦中、兵士の間にあった仲間意識、階級問題、裏切りを取り上げた反戦映画である。明かりがついたとき、パイスはロバートとキティが後方の席にいるのに気づいた。ロバートが上映中涙を流していたのに気づいた。

また一九四九年のある日、パイスはディキンソン通りに面した彼の小さなアパートでのパーティーに、ロバートとキティを招待した。夕暮れの進む間、パイスはギターを弾く気になり、床に座ると皆にフォークソングを歌うようけしかけた。ロバートは応じたが、パイスが気づいたのは「こんなところに自分がいるのは場違いだといった、尊大さを明らかに示していた」ことだ。だが、グループがしばらく歌った後、パイスがもう一度ロバートをちらっと見ると、「尊大な態度は消えており、代わりに単純な友達関係を求めている、感性の鋭い人間を見て感動した」。

研究所の生活のペースは穏やかで、文化的だった。お茶は毎日、午後三時と四時の間にフルト・ホールの主要階にあるコモンルームで出された。「お茶は、われわれが分からないことを互いに説明し合う場所である」と、あるときオッペンハイマーが言った。一週間に二回、ときには三回、オッペンハイマーは活発なセミナーを主催した。多くの場合物理学に関するセミナーだが、たまには他の分野も取り上げた。「情報を送る最高の方法は、それを個人別にまとめることである」と、彼は説明した。理想的には、アイデアの交換には、ある種の激情の爆発が必要だった。研究所の経済学者ウォルター・スチュワート博士は言う。「若手の物理学者は間違いなく最もうるさく、最も乱暴かつ活発で、知的関心が最も先鋭なグループだ。数日前、彼らがあるセミナーからガヤガヤと出てきたので、そのうちの一人に訊いた。『セミナーはどうだった？』。その男は『よかったよ』と言った。『先週まで物理学で知っていたものは、すべて真実でなくなった！』」

しかし、ときにゲストスピーカーたちは、「オッペンハイマー処置」と呼ばれているものに巻き込まれ、不安になることがあった。ダイソンは、英国にいる両親に宛てた手紙の中で、この経験を記述している。「わたしはかなり慎重に、セミナー中のオッペンハイマー先生の振る舞いを観察しました。ある人が聴衆に向かって話している内容が、彼がすでに知っているものであるときは、他の話題に進むよう急がせます。その気持ちを抑えられないのです。今度は、彼の知らないことや、直ちに合意できないことがあると、その点が完全に解明されるまで、痛烈な批判とともに話に割り込みます。神経質そうに動き回り、また決してタバコを手離しません。この短気は自分ではどうにもならないのだと思います」。何人かは彼のチックを見て狼狽した。前歯をカチカチ鳴らしながら、彼は親指の先端をかむのだ。

ダイソンは、彼が量子電気力学に関するディック・ファインマンの近著を称賛する講義の最中、オッペンハイマーがレンガ一トン分くらいの重さで自分を非難し始めたことを思い出した。しかしその後、オッペンハイマーはダイソンに近づいて、自分の振る舞いについて謝罪した。直観力を最大限に、数学的な計算を最小限に用いたファインマンのアプローチは基本的に誤っていると、そのときオッペンハイマーは考えたのである。そして、ダイソンの擁護論に耳を貸さなかったのだ。ハンス・ベーテがコーネル大学から来て、ファインマンの理論を応援する講義をしたとき、初めてオッペンハイマーは自分の見解を見直すことを認めた。ダイソンが次に講義をしたとき、オッペンハイマーは彼には珍しく沈黙していた。そしてその後、ダイソンは非常に簡潔なメモを彼の郵便ポストに発見した。

「不抗争の答弁R・O」

ダイソンはオッペンハイマーの存在にさまざまな感情を抱いた。オッピーの方が「ずっと深く研究しているから」彼のところで勉強しろと、ダイソンに勧めたのはベーテだった。しかしダイソンは、物理学者としてのオッペンハイマーに失望していた。オッピーはもはや、激しい作業である計算をする時間がないように思えた。これがあってこそ、理論物理学者として納得がいくのだ。「彼はより深く研究していたかもしれない」と、ダイソンが回想する。「しかし、それでも彼は何が進行しているか、本当は分からなかった!」。そして彼は、人間としてのオッペンハイマー、その哲学的超然たる態度と、追い立てられるような野心の奇妙な組み合わせに、戸惑うことがしばしばあった。彼はオッピーのことを、「悪魔を退治し、それから人類を救う」という最悪の誘惑から逃れられないタイプの人間と考えた。

ダイソンはオッピーを、「思い上がり」の欠点があるとみなした。彼はときどき、単純にオッペンハイマーの曖昧な意見表明が理解できないことがあった。その度に思い出す言葉がある。「不可解さは、ときに深遠さと間違えられることがある」。しかしそれでもダイソンは、オッペンハイマーに引き付けられている自分に気づくのだった。

一九四八年前半に《タイム》誌は、オッペンハイマーが《テクノロジー・レビュー》誌に最近発表したエッセイに関する、短いニュース記事を掲載した。「科学が持つ罪悪の側面を、先週オッペンハイマー博士は率直に認めた」と、《タイム》誌は報じた。記事は、戦時中ロスアラモス研究所の幹部であった科学者が、次のように言ったと伝えた。「卑俗な言い方、ユーモア、誇張などいずれの表現によっても完全には消すことのできない、ある種の粗っぽい意味合いではあるにせよ、この一群の物理学者たちは罪を認識していたのである……しかも、その認識をぬぐい去ることもできないのである」

そのような言葉が、特に自分の口から出た場合、論争の種になることをオッペンハイマーは理解していたに違いない。親友のイシドール・ラビでさえ、これは言葉の選択を誤ったと考えた。「その種類のたわごとを、われわれはこのような形では決して口にしなかった。彼は罪を感じたという。さて、彼は自分がだれであるか分かっていない」。この事件を耳にしたラビは、すぐにひらめいて、友達のために次のように弁護した。「彼には、人間愛が詰まりすぎている」。オッピーのことを怒るには、ラビはあまりによくオッピーを知っていた。この男の弱さの一つが、「ものごとを、神秘的に聞こえるようにしてしまう」ことであるとラビは知っていた。オッペンハイマーのハーバード時代の恩師パーシー・ブリッジマン教授は、記者に向かって話した。「科学者は自然の中にある事実に対しては責任がない。だれか罪の意識があるとしたら、それは神である。彼は、そこを言わんとしたのだ」

もちろん、そのような考えを抱いている科学者は、オッペンハイマーだけではなかった。その年、ケンブリッジ時代の指導教官パトリック・ブラケット（「毒りんご事件」の）は、『原子力の軍事的、政治的影響』という本を出版した。日本での原爆使用決定に向けた初めての本格的批判である。一九四五年八月までに、日本は実質的に敗北していたとブラケットは主張した。実は原爆は、戦後の日本占領におけるソビエトの取り分の要求に、事前に対処するために投下されたのだ。「当時完成していたわずか二個の原爆を、あれだけ大慌てに太平洋の向こうに運び、広島と長崎に投下したのは、日本が米軍だけに降伏したのだという主張に間に合わせるためだったと想像するしかない。それも間一髪のところで間に合った」。ブラケットはこのように書いた。原爆投下は、「第二次世界大戦最後の軍事行動ではなく、現在進行している外交冷戦の最初の大型行動であった」と結論している。

「原子外交が原因であり、何がしかの事実を知っているか、存在を懸念している多くの英国人と米国人の心に、これが緊張度の高い心理的葛藤《かっとう》を生み出したことを、多くのアメリカ人は気づいていた。この葛藤は特に原子科学者自身の心において激しかった。すばらしい科学的な仕事がこのような形で使われるのを見て、彼らは当然ながら深い責任を感じた」と、ブラケットは示唆《しさ》した。もちろんブラケットは、彼の教え子たちが感じていた内面的苦悩にも触れた。一九四六年六月一日にオッペンハイマーがMITで行った講演まで引用している。この講演で、オッペンハイマーは単刀直入に述べている。「米国は核兵器を、すでに敗北していた敵に対して使った」

ブラケットの著書は、その翌年アメリカで出版されると物議をかもした。ラビは、《アトランティック・マンスリー》誌に寄稿して次のように攻撃した。「広島について嘆いても、日本から何の共感も得られないだろう」。都市は「正当な目標物」であったとラビは主張した。しかし、オッペンハイマー自身がブラケットの論文を批判しなかったことは意義深い。そしてその年の後半、ブラケットがノーベル物理学賞を受賞すると、オッペンハイマーは旧師を温かく祝福した。さらに数年後ブラケットが、原爆を使用した米国を批判した別の著書『核兵器と東西関係』を出版すると、オッペンハイマーは「完全に正しい」と思えない部分もあるが、著書の「主要部分には」同意する旨を書き送った。

その春新しく発行された月刊誌《フィジックス・トゥデイ》は創刊号の表紙を、金属パイプに乗ったポークパイハットの白黒写真で飾った。この有名な帽子の持ち主がだれか、説明は不要だった。アインシュタイン以後、特に科学者が急に知恵の規範のように見られるようになった時代に、オッペンハイマーが米国で一番有名な科学者であったことは、疑う余地もなかった。政府の内外から彼のアドバイスを求める声は強く、彼の影響力はときに広範囲にわたるように思われた。「彼はワシントンの将軍たちとうまくやっていきたいと望んでいた。同時に人類の救世主になりたいとも思っていたのだ」。ダイソンの言葉である。

（下巻に続く）

解　説

オッペンハイマーとフォン・ノイマン

哲学者・論理学者
高橋昌一郎

ロバート・オッペンハイマーという偉才と同時代を生きたにもかかわらず、まったく正反対の思想に到達したのがジョン・フォン・ノイマンである。二人の生涯は、まるで螺旋状に絡まるように何度か交差して、互いに反発し合いながら、目の前に現実の危機が迫ると、互いに助け合った。その興味深いエピソードを紹介しよう。

ノイマンは、一九〇三年一二月二八日にハンガリーのブダペストで生まれた。オッペンハイマーは、一九〇四年四月二二日にアメリカ合衆国のニューヨークで生まれているので、ノイマンより約五カ月年下ということになる。両者とも裕福なユダヤ家系の出身である。

ノイマンと少年時代を共に過ごしたノーベル物理学賞受賞者ユージン・ウィグナーは、「なぜ当時のブダペストに多くの天才が出現したのか」と問われて、「その質問は的外れだ。なぜなら天才と呼べるのはただ一人、フォン・ノイマンだけだからね」と答えている。

後にアメリカでノイマンと一緒に原子爆弾の爆縮法を研究したノーベル物理学賞受賞者ハンス・ベーテは、「ノイマンの頭脳は常軌を逸している。彼は人間よりも進化した生物ではないか」と本気で考えていた。

もしノイマンがいなければ、現代のパソコンやスマートフォンや天気予報は存在しないかもしれない。

ノイマンは、わずか五三年あまりの短い生涯の間に、論理学・数学・物理学・化学・計算機科学・情報工学・生物学・気象学・経済学・心理学・社会学・政治学という極めて幅広い分野に関する一五〇編の先駆的な論文を発表した。

拙著『フォン・ノイマンの哲学』(講談社現代新書)では、彼のあだ名「人間のフリをした悪魔」を副題にして、ノイマンの生涯と思想に迫った。

そこに浮かび上がってきたのは、科学で可能なことは徹底的に突き詰めるべきだという「科学優先主義」、目的のためならどんな非人道的兵器でも許されるという「非人道主義」、この世界には普遍的な道徳や責任など存在しないという一種の「虚無主義」である。

二二歳のノイマンは、スイス連邦工科大学チューリッヒ校応用化学科を卒業すると同時に、試験のためだけに帰省して単位を取得し続けたブダペスト大学大学院数学科博士課程も修了した。彼は、前代未聞の「学士・博士」として、最優秀成績で卒業したのである。

ノイマンの博士論文を読んで感激した数学界の大御所ダフィット・ヒルベルトは、彼をロックフェラー研究員としてゲッチンゲン大学に招聘した。すでに彼の実力を知っているヒルベルトは、面接で「君が着ているものほど立派なスーツは見たことがない。どこで仕立てたのか教えてくれないかね」とノイマンに尋ねたと伝えられている。

さて、一九二六年九月、ノイマンがゲッチンゲン大学に赴任するのと同時に物理学科の博士課程に編入してきたのが、オッペンハイマーだった。彼は、ハーバード大学を三年間の繰り上げで、しかも首席で卒業し、ケンブリッジ大学大学院に進学した後、物理学者マックス・ボルンの指導を受けるためにゲッチンゲンに移ってきたわけである。

オッペンハイマーは、アメリカでは「早熟の天才」と呼ばれていたが、同じ二二歳のノイマンが、すでにゲッチンゲン大学で研究員としてセミナーを開催しているのを見て、自分以上の「早熟の天才」が存在することに驚愕したに違いない。

だからこそ、三八歳の若さでロスアラモス研究所の所長に抜擢されたオッペンハイマーは、アメリカ合衆国に移住してプリンストン高等研究所教授となっていたノイマンを研究所に招こうとした。しかし、戦争省の科学顧問であり、「爆発研究の第一人者」として陸軍・海軍・空軍の複数の研究機関を飛び回っていたノイマンは、その誘いを断っている。

一九四三年七月二七日付の手紙で、オッペンハイマーは、二週間だけで構わないからロスアラモスに来てほしいとノイマンに懇願している。そこでノイマンは、九月二〇日から一〇月四日までロスアラモス研究所に滞在し、行き詰っていた原爆の爆縮法を大きく進展させた。その後、彼だけはロスアラモスに自由に出入りできる特権の顧問となった。

原爆を完成させるまでに、ロスアラモス研究所には一二万人の科学者・技術者・労働者がつぎ込まれ、開発に関わったノーベル賞受賞者だけで二一人にもなる。ベーテは、「オッペンハイマーは、プリマドンナを大勢集めて、各自が才能を最大限に活かせるように配置し、実にうまく全員を踊らせた。その演出の手腕は、絶品だったよ」と述べている。

一九四五年八月六日と九日の原爆投下による日本の被害を知り、放射線被爆を受けた犠牲者の写真を見て、アインシュタインをはじめとする良心的科学者の多くが、恐れおののいた。オッペンハイマーが、ヒンズー教の経典から「我は死神なり、世界の破壊者なり」という言葉を引いて、その恐怖を表現したことは、よく知られている。

ただし、このオッペンハイマーの発言は、研究所の科学者からは大変な悪評だった。原爆がロスアラモスの無数の科学者・技術者・労働者の共同作業で完成した成果であるにもかかわらず、彼が「我」を主語にして、あたかも自分一人で原爆を生み出したかのように表現したからである。ノイマンは、『原爆の父』オッペンハイマーは、罪を自白して自分の手柄にしたというわけさ」とジョークを飛ばして、皆を笑わせた。

戦後、ノイマンは、ソ連を先制核攻撃すべきだとトルーマン大統領に進言した。彼は「ソ連を攻撃すべきか否かは、もはや問題ではありません。問題は、いつ攻撃するか、ということです」と主張し、「明日爆撃すると言うなら、なぜ今日ではないのかと私は言いたい。今日の五時に攻撃すると言うなら、なぜ一時にしないのかと私は言いたい！」と叫んだ。この発言によって、彼は「マッド・サイエンティスト」の代表とみなされるようになった。

さらにノイマンは、水素爆弾も早急に開発すべきだと公言した。なぜなら、アメリカこそが常に「世界で最大の武器を保有するべき」だからである。彼は、良心的科学者たちからの道徳的批判に対しても「いっさい躊躇してはならない」と平然と答えている。

一方、オッペンハイマーは、水爆開発には猛反対の立場を取った。原爆は一〇万人単位の死傷者を生み出すが、その数千倍の威力を持つ水爆は、一〇〇万人から一〇〇〇万人の一般市民を瞬時に大量殺戮する。水爆は、もはや人類を滅亡させるための最終兵器であり、その開発に科学者は加担すべきでないと主張したのである。

トルーマン大統領は、科学者たちに水爆開発を命じたが、それは理論的にも原爆開発より遥かに困難だった。その難関を突破する方法を発見したのが、長年ノイマンの助手を務めていた物理学者スタニスワフ・ウラムである。一九五一年二月、ウラムは、原爆を起爆剤に用いることによって、重水素に「核融合」を生じさせる方法を思いついた。

このウラムの方法を検証するためには、膨大な数の微分方程式や複雑な関連計算を行う必要があった。ノイマンは、一九五一年八月から九月にかけて、プリンストン高等研究所のコンピュータ「MANIAC」を二カ月にわたり二四時間連続で稼働させて膨大な計算を行い、ウラムの理論が正しいことを検証した。

実は、このコンピュータの使用を許可したのが、一九四七年にプリンストン高等研究所の所長に就任したオッペンハイマーだったのである。ノイマンの申請に対して、オッペンハイマーは、莫大な経費の掛かるコンピュータ使用を「所長権限」により禁じることもできた。実はノイマンは、このような状況を見越して、オッペンハイマーの所長就任に反対した経緯がある。ところが、所長があっけなくコンピュータ使用を認めたので、ノイマンも驚愕したに違いない。オッペンハイマーの人間性には、底知れない奥深さがあった。

さて、一九五四年四月一二日から五月六日にかけて「オッペンハイマー聴聞会」が開催された。オッペンハイマーがアメリカの水爆開発に反対するのは「ソ連のスパイだからだ」という偏見に満ちた告発を行った国会議員がいたためである。

この聴聞会には三九名の証人が喚問され、ノイマンもその一人だった。当時、大統領科学顧問に就任していたノイマンは、水爆開発推進派の最重要人物であり、しかもオッペンハイマーを猛攻撃する物理学者エドワード・テラーと同じブダペスト出身である。周囲は、ノイマンの証言でオッペンハイマーは窮地に追い込まれるだろうと予測していた。

ところが、証言台に立ったノイマンは、オッペンハイマー所長がプリンストン高等研究所のコンピュータで水爆計算を行う申請を即座に許可した事実を挙げて、「オッペンハイマー博士の決断は、水爆開発において非常に建設的なものでした」と彼を擁護した。さらにノイマンは、過去のオッペンハイマーと共産主義者との繋がりを問われた際にも、「私は、それらの交友関係が大した問題だとは思いません」と明言している。

六月二九日、オッペンハイマーは「公職追放」されることに決まった。その二日後の七月一日、プリンストン高等研究所の教授陣二九名がオッペンハイマーを支持する声明を発表した。そこにアインシュタインと並んで、フォン・ノイマンの署名もある。

聴聞会から三年後にノイマン、それから一〇年後にオッペンハイマーは逝去した。

二〇二三年十二月

◎訳者略歴

河邉俊彦（かわなべ・としひこ）

1933年静岡県生まれ。一橋大学社会学部卒。日本アイ・ビー・エム株式会社、三菱自動車工業株式会社勤務の後、《日経サイエンス》の記事をはじめ、経済・法律・文化など多方面の翻訳を手がける。

◎監訳者略歴

山崎詩郎（やまざき・しろう）

東京大学大学院理学系研究科物理学専攻博士課程修了。東京工業大学理学院物理学系助教。著書『独楽の科学』『実験で探ろう！光のひみつ』、監修書『ノーラン・ヴァリエーションズ　クリストファー・ノーランの映画術』、映画『TENET テネット』字幕科学監修など。

本書は、二〇〇七年八月にＰＨＰ研究所より刊行された単行本『オッペンハイマー　「原爆の父」と呼ばれた男の栄光と悲劇』に新たな監訳・解説を付して改題・文庫化したものです。

本書の原注は https://www.hayakawa-online.co.jp/oppenheimer よりご覧いただけます。

HM=Hayakawa Mystery
SF=Science Fiction
JA=Japanese Author
NV=Novel
NF=Nonfiction
FT=Fantasy

オッペンハイマー
〔中〕
原爆

〈NF606〉

二〇二四年一月二十日 印刷
二〇二四年一月二十五日 発行

（定価はカバーに表示してあります）

著者 カイ・バード
マーティン・J・シャーウィン
監訳者 山《やま》崎《ざき》詩《し》郎《ろう》
訳者 河《かわ》邉《なべ》俊《とし》彦《ひこ》

発行者 早川 浩
発行所 株式会社 早川書房
郵便番号 一〇一 - 〇〇四六
東京都千代田区神田多町二ノ二
電話 〇三 - 三二五二 - 三一一一
振替 〇〇一六〇 - 三 - 四七七九九
https://www.hayakawa-online.co.jp

乱丁・落丁本は小社制作部宛お送り下さい。
送料小社負担にてお取りかえいたします。

印刷・星野精版印刷株式会社　製本・株式会社フォーネット社
Printed and bound in Japan
ISBN978-4-15-050606-3 C0198

本書は活字が大きく読みやすい〈トールサイズ〉です。